일러두기
본문에 실린 맥주 하단에 표기된 문의처는 해당 맥주의 일본 내 수입처입니다.
이 표기는 도판 저작권을 겸하고 있으며, 자세한 정보는 204페이지의 목록을 참고하시기 바랍니다.

KNOWLEDGE OF BEER

맥주의 모든 것

맥주 도감

일반사단법인 일본맥주문화연구회, 일본맥주저널리스트협회 감수
송소영 옮김

한스미디어

CONTENTS 맥주 도감

INTRODUCTION
의외로 몰랐던 맥주 상식 …… 8

PART 1
세계 맥주를 알자

BEER IN THE WORLD
맛있고 즐거운 세계 맥주 136종 …… 18

 **독일** …… 20

독일 지도 …… 22

독일의 주요 스타일 …… 24

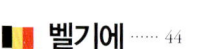 **벨기에** …… 44

벨기에 지도 …… 46

벨기에의 주요 스타일 …… 48

🇬🇧 🇮🇪 **영국·아일랜드** …… 68

영국·아일랜드 지도 …… 70

영국과 아일랜드의 주요 스타일 …… 72

영국 …… 74

아일랜드 …… 85

그 밖의 유럽 …… 88

그 밖의 유럽의 주요 스타일 …… 90

🇨🇿 체코 …… 91

🇦🇹 오스트리아 …… 94

🇩🇰 덴마크 …… 97

🇳🇱 네덜란드 …… 99

🇮🇹 이탈리아 …… 102

🇷🇺 러시아 …… 103

 **미국·멕시코** …… 106

미국의 주요 스타일 …… 108

미국 …… 109

멕시코 …… 120

아시아 …… 122

유럽에서 식민지로 들여온 맥주 …… 124

🇨🇳 중국 …… 125

🇸🇬 싱가포르 …… 126

🇹🇭 태국 …… 127

🇱🇰 스리랑카 …… 128

🇮🇩 인도네시아 …… 129

🇵🇭 필리핀 …… 130

🇹🇼 타이완 …… 131

🇻🇳 베트남 …… 131

🇯🇵 **일본** …… 132

일본 지역 맥주 …… 140

지도로 보는 일본 지역 맥주

동일본편 …… 148

서일본편 …… 150

PART 2
맥주 기초 지식

맥주의 역사 …… 154

맥주의 원료 …… 158
맥아 …… 158
홉 …… 159
물 …… 160
부원료 …… 161
효모 …… 161

맥주 제조 공정 …… 162
❶ 제맥 공정 …… 163
❷ 담금 공정 …… 163
❸ 발효 공정(주발효) …… 164
❹ 숙성(후 발효 / 2차 발효) …… 165
❺ 여과 또는 열처리 …… 165
❻ 포장 …… 165

맥주 맛에 숨은 비밀 …… 166
색 …… 166
맛 …… 167
향 …… 168
거품 …… 169

맥주 마시는 법과 온도 …… 170
맥주잔으로 맛있게 마시기 …… 172
다양하게 즐기는 맥주잔 도감 …… 174

PART 3
맥주를 좀 더 즐기자

비어 바에 가자 …… 178
비어 바에서 즐기는 법 …… 180
맥주와 어울리는 요리 고르는 법 …… 182

집에서 맥주 즐기기 …… 186
'세 번 나눠 따르기'로 맛을 업그레이드! …… 186
보관법과 냉장법 …… 188
하프 & 하프 만드는 법 …… 189
비어 칵테일 만드는 법 …… 190

COLUMN
옥토버페스트로 만나는 세계 맥주 축제 …… 42
본고장에서만 맛볼 수 있는
캐스크 컨디션이 지닌 매력 …… 87
세계 맥주를 계절별로 즐기는 법 …… 104
인기 상승 중! 크래프트 맥주 축제 …… 152
맥주 제조 과정을 보러 가자! …… 176
맥주 관련 자격증 …… 191

맥주를 즐기기 위한 용어 모음 …… 192

BEER INDEX
국가별 맥주 색인 …… 04
스타일별 색인 …… 195
맥주 이름 색인 …… 198
양조장 색인 …… 200

계통도로 익히는 맥주 스타일 …… 202

도판 제공처 및 일본 내 수입처 …… 204

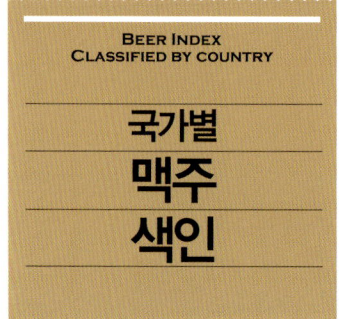

BEER INDEX
CLASSIFIED BY COUNTRY

국가별
맥주 색인

독일

 p.26
슈파텐
뮌헤너 헬레스

 p.27
슈파텐
옥토버페스트비어

 p.27
비트부르거
프리미엄 필스

 p.28
호프브로이 뮌헨
오리지널 라거

 p.29
벨텐부르거
바로크 둥켈

 p.30
안덱스
바이스 둥켈

 p.31
안덱스
보크 헬

 p.31
플렌스버거
필스너

 p.32
파울라너
살바토르

 p.33
슈나이더 바이세
TAP 7 오리지널

 p.33
슈나이더 바이세
아벤티누스 아이스보크

 p.34
아인벡커
마이 우어 보크

 p.35
쾨스트리처
슈바르츠비어

 p.36
슈렝케클라
라우흐비어 메르첸

 p.37
바이엔슈테판
크리스탈 바이스비어

 p.38
프란치스카너
헤페 바이스비어

 p.38
에딩거
바이스비어

 p.39
돔 쾰슈

 p.39
가펠 쾰슈

 p.40
춤 유리게
유리게 알트 클래식

번외편

p.41
• 아우구스티너 헬레스
• 베를리너 킨들 바이세

벨기에

 p.50
호가든
화이트

 p.51
생 푀이엥
트리펠

 p.52
듀벨
모르트가트
듀벨

 p.53
세인트
버나두스
압트 12

 p.53
휴
델리리움
트레멘스

 p.54
오르발

 p.55
로슈포르
10

 p.55
베스트말레
트리펠

 p.56
시메
블루

 p.57
뒤퐁
세종 뒤퐁

 p.58 칸티용 괴즈

 p.59 드 할브 만 브뤼흐스 조트 블론드

 p.60 보렌스 비켄

 p.61 보스텔스 데우스

 p.62 분 프랑부아즈

 p.62 린데만스 카시스

 p.63 헤트 앙케르 구덴 카롤루스 클래식

 p.63 데 릭 스페셜 데 릭

 p.64 반 덴 보쉐 버펄로 스페셜 스타우트

 p.64 반 에케 포페링스 호멜 비어

번외편

 영국

 p.65 데 캄 오드 괴즈

 p.65 벨하게 듀체스 드 부르고뉴

 p.66 로덴바흐 클래식

p.67
• 베스트블레테렌 12
• 리프만 그뤼크릭

 p.74 풀러스 런던 프라이드

 p.75 풀러스 런던 포터

 p.75 풀러스 ESB

 p.76 바스 페일 에일

 p.77 사무엘 스미스 오가닉 페일 에일

 p.78 보딩턴 펍 에일

 p.79 뉴캐슬 브라운 에일

 p.80 벨헤이븐 세인트 앤드루스 에일

 p.80 셰퍼드 님 스핏파이어

 p.81 위치우드 홉고블린

 p.82 하비스턴 비터 & 트위스티드

 아일랜드

 p.82 트라퀘어 자코바이트 에일

 p.83 브루독 펑크 IPA

 p.84 켈트 블레딘 1075

 p.84 블랙 아일 골든아이 페일 에일

 p.85 기네스 엑스트라 스타우트

체코

 p.86 킬케니

 p.86 머피스 아이리시 스타우트

 p.91 필스너 우르켈

 p.92 부드바이제르 부드바

 p.93 플라탄 그라나토 11

🇦🇹 오스트리아

- p.94 칠러탈 필스 프리미엄 클래스
- p.95 에델바이스 스노 후레쉬 
- p.96 괴서 괴서 필스 

🇩🇰 덴마크

- p.97 칼스버그
- p.98 미켈러 블랙홀 임페리얼 스타우트 

🇳🇱 네덜란드

- p.99 라 트라프 블론드
- p.100 하이네켄 
- p.101 그롤쉬 프리미엄 라거 맥주 스윙 톱 

🇮🇹 이탈리아

- p.102 모레티 모레티 맥주

🇷🇺 러시아

- p.103 발티카 No.9

🇺🇸 미국

- p.109 앵커 브루잉 앵커 스팀 비어
- p.110 그린 플래시 브루잉 웨스트코스트 IPA 
- p.111 스톤 브루잉 루이네이션 IPA 
- p.112 코나 브루잉 파이어 락 페일 에일 
- p.113 에픽 브루잉 스모크 & 오크 
- p.114 보스턴 비어 사뮤엘 아담스 보스턴 라거 
- p.115 라구니타스 브루잉 라구니타스 IPA 
- p.116 서던 티어 브루잉 언얼스리 임페리얼 IPA 
- p.117 코로나도 브루잉 오렌지 에비뉴 윗 
- p.117 스카 브루잉 모더스 호퍼랜디 IPA 
- p.118 로그 에일즈 데드 가이 에일 
- p.118 빅토리 브루잉 프리마 필스 
- p.119 블루 문 브루잉 블루 문 
- p.119 앤호이저-부시 버드와이저 

🇲🇽 멕시코

- p.120 세르베세리아 모델로 코로나 엑스트라

- p.121 세르베세리아 모델로 네그라 모델로

🇨🇳 중국
- p.125 칭다오

🇸🇬 싱가포르
- p.126 타이거 라거 비어

🇹🇭 태국
- p.127 싱하 라거 비어

🇱🇰 스리랑카
- p.128 라이온 스타우트

🇮🇩 인도네시아
- p.129 빙탕

🇵🇭 필리핀
- p.130 산 미구엘 스타이니

🇹🇼 타이완
- p.131 타이완 비어 진파이 

🇻🇳 베트남
- p.131 사이공 엑스포트

🇯🇵 일본
- p.134 기린

 p.135 아사히
 p.136 삿포로
 p.137 에비스
 p.138 산토리
 p.139 오리온

일본 지역 맥주

 p.142 스완 레이크 맥주 앰버 스완 에일
 p.143 코에도 맥주 코에도 베니아카
 p.144 장크트갈렌 쇼난 골드
 p.145 베어드 맥주 스루가 베이 임페리얼 IPA
 p.146 미노 맥주 유즈 화이트

동일본편

 p.147 요 호 브루잉 요나요나 에일
 p.147 긴가고겐 맥주 고무기노 맥주
 p.148 에치고 맥주 레드 에일
 p.148 오라호 맥주 쾰슈
 p.148 아쿠라 맥주 사쿠라 효모 위트

 p.148 시가고겐 맥주 IPA
 p.149 이와테쿠라 맥주 재패니즈 허브 에일 산쇼
 p.149 로만칫쿠무라 (로맨틱 마을) 교자로만
 p.149 쇼난 맥주 슈바르츠
 p.149 노스 아일랜드 맥주 브라운 에일

서일본편

 p.149 히타치노 네스트 맥주 화이트 에일
 p.149 후지자쿠라고겐 맥주 라우흐
 p.150 마쓰에 비어 헤룬 엔무스비 맥주 스타우트
 p.150 사누키 맥주 슈퍼 알트
 p.150 브루마스터 아마오우 노블 스위트

 p.150 사쓰마 골드
 p.150 이시가키지마 지역 맥주 마린 맥주
 p.150 구레 맥주 발리 와인
 p.150 미야자키 히데지 맥주 미야자키 망고 라거
 p.151 오야마G 맥주 필스너

 p.151 나기사 맥주 아메리칸 위트
 p.151 이세카도야 페일 에일
 p.151 모리타 긴샤치 맥주 나고야 아카미소 라거

INTRODUCTION

의외로 몰랐던
맥주 상식

전 세계를 대상으로 본다면 맥주 종류는 정말 다종다양하다.
황금색 맥주부터 새까만색 맥주까지 있으며
알코올 도수가 2%인 것도 맥주지만 10% 이상인 맥주도 있다.
다채롭고 흥미진진한 맥주의 세계를 소개한다.

맥주는 황금색과 검은색뿐?!

버드와이저 (미국)

라이온 스타우트 (스리랑카)

쇼난 골드 (일본)

맥주는 어떤 술인가? 당신이라면 이 질문에 어떻게 답을 하겠는가. 아마도 '황금색에 투명한 느낌, 알코올 도수는 5% 정도며 쓴맛이 강하고 탄산을 함유한 술!'이란 이미지를 가장 먼저 떠올릴지도 모른다.
맥주는 생각보다 종류(스타일)가 다양하다. 색은 밝은 황금색부터 검은색까지 있으며, 알코올 도수가 2~3%짜리도 있고 10%를 넘는 맥주도 있다.
과일 향과 고소한 향, 어린 풀이 생각나는 향에 쓴맛, 단맛, 신맛. 차게 마시는 맥주는 물론이고 미지근하게 마셔야 제맛이 나는 맥주도 있다.

마이 우어 보크
(독일)

린데만스 카시스
(벨기에)

사무엘 스미스 오가닉 페일
에일(영국)

술술 넘어가는 맥주, 한편으로는 묵직한 감칠맛이 도는 맥주도 있다. 맥주의 이런 광범위하고 다채로운 향과 맛은 원료인 맥아·홉·물·효모를 어떻게 조합하느냐에 따라 다르다. 그 외에 부재료를 사용하기도 한다.

이처럼 포함하는 분야가 넓은 술은 맥주 이외에는 없지 않을까? 심오하고 다채로운 맥주의 세계를 알아가다 보면, 때와 장소에 적합하고 함께 마시는 사람들 그리고 요리와도 잘 어울리는 맥주를 고를 수 있다. 맥주는 여러분이 아는 것 이상으로 만능 음료다.

의외로 몰랐던 맥주 상식

유명 상표만도 1만 종 이상
맥주는 전 세계에서 사랑받고 있다

맥주 제조는 세계 각 지역에서 왕성하게 이루어지며, 지금도 여전히 진화를 계속해 상표만도 1만 종 이상이라 한다. 주로 유럽·북미·아시아에 맥주 세계가 펼쳐져 있다.

역사와 전통으로 단장한 맥주
유럽
EUROPE

이탈리아·스페인·프랑스 등 포도를 재배하는 지역에서는 와인을 중심으로 한 식생활이 발달했다. 그보다 북쪽에 해당하는 지역에서는 포도 대신 보리를 이용한 술 제조를 한다. 특히 독일부터 체코·벨기에·영국·아일랜드 같은 지역은 각 지역에 뿌리내린 특색 있는 맥주가 탄생했다. 수백 년의 역사와 전통을 자랑하는 양조장도 존재한다.

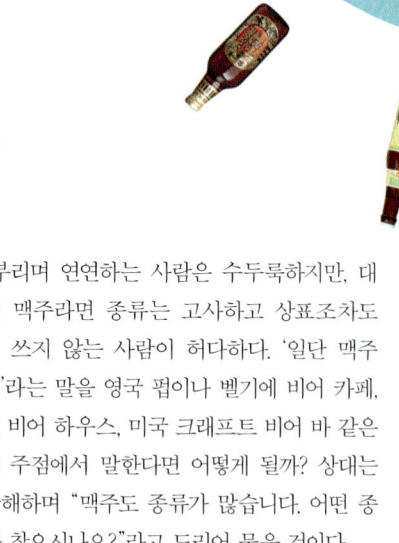

오늘날 우리가 가장 즐겨 마시는 술은 '맥주'라 해도 과언이 아니다. 알코올을 못 마시는 사람을 제외하고, '맥주를 마신 적이 없다'는 성인은 아마 거의 없을 것이다.

맥주는 가장 친숙한 술이면서도 '푸대접'받기 쉬운 술이기도 하다. 일본의 술집에 가면 '일단 맥주부터'라는 말도 자주 쓴다. 위스키 상표, 와인 빈티지(생산 연도), 청주 정미 비율에 까탈을 부리며 연연하는 사람은 수두룩하지만, 대상이 맥주라면 종류는 고사하고 상표조차도 신경 쓰지 않는 사람이 허다하다. '일단 맥주부터'라는 말을 영국 펍이나 벨기에 비어 카페, 독일 비어 하우스, 미국 크래프트 비어 바 같은 세계 주점에서 말한다면 어떻게 될까? 상대는 곤란해하며 "맥주도 종류가 많습니다. 어떤 종류를 찾으시나요?"라고 도리어 물을 것이다.

지금 가장 진화를 거듭하는 맥주
미국
AMERICA

북미에 살던 원주민은 주조 문화가 거의 없어 영국에서 건너온 정착민들이 모국 스타일을 기본으로 맥주를 만들기 시작했다. 라이트 라거에서 발전해온 미국 맥주는 금주법과 대기업의 독점화 역사를 거쳐 오늘날에는 크래프트 맥주(Craft Beer, 수제 맥주)의 선구적인 위치를 차지했다.

우리 입맛에 잘 맞는 맛
아시아
ASIA

아직까지 아시아에서 직접 계승된 토착 맥주 문화는 발견하지 못했다. 북미와 마찬가지로 유럽에서 맥주가 들어오면서 맥주 문화가 시작되었다. 스리랑카 등 영국 식민지였던 지역에는 에일 문화가 남아 있다. 아시아 대부분 국가는 필스너 스타일이 세계적으로 유행한 이후에 맥주가 들어와 라이트 컬러 라거가 주류를 이룬다.

'일단 맥주부터'라는 말이 일반적으로 사용될 정도로 맥주는 우리 주변 깊이 침투했다. 하지만 그 이면에는 맥주란 황금색에 탄산이 들어간 것이 유일무이하다는 생각에 빠지기 쉽다. 이렇게 단정짓기에는 정말 아깝다는 생각이 들지 않는가. 세계에는 색, 향, 맛, 알코올 도수 등 상표만도 1만 종 이상이 되는 다양한 맥주가 있으니 말이다.

스타일을 알면
맥주를 좀 더 즐겁게 마실 수 있다

맥주를 정확하고 현명하게 알려면 '스타일'을 아는 것이 가장 좋다.
이제부터 맥주의 스타일이 무엇인지 알아보자.

전 세계에 100종 이상!
맥주 스타일이란?

맥주 종류를 말할 때 우리는 주로 '흑맥주 타입'처럼 '타입'이라는 말을 흔히 사용한다. 하지만 세계적으로는 '스타일'이 일반적인 표현이다.
맥주 스타일은 크게 '에일(상면 발효 맥주)', '라거(하면 발효 맥주)', '자연 발효 맥주' 3가지로 나눌 수 있다. 여기에 발생 국가, 색, 알코올 도수, 쓴맛 정도, 향 등에 따라 다시 세세하게 분류한다. 스타일은 각종 비어 컴피티션에서 가이드라인으로 이용되며 아주 세세하게 나눈다면 130가지로 표시할 수 있다.

스타일을 알면
맥주 취향을 알 수 있다!

스타일을 파악하면 맥주를 고를 때 뚜껑을 따지 않아도 맛을 대충 짐작할 수 있다. 맥주 상표와 라벨에는 스타일을 표현하는 단어를 사용하기 때문이다. 특히 외국 맥주와 크래프트 맥주의 경우 '반드시'라는 표현을 써도 될 정도로 표시를 한다.
이를테면 라벨에 '아메리칸 페일 에일'이라는 글자가 쓰여 있다면 '시트러스처럼 새콤한 미국산 홉 향과 쓴맛이 인상적인 맥주'라는 식으로 내용물을 추측할 수 있다.

스타일을 알기 위한 전문 용어 익혀두기

맥주를 표현하려면 테이스팅(tasting, 시음) 용어를 알아두면 좋다. 먼저 익혀두어야 할 단어부터 소개한다.

기본 용어

아로마
마시기 전에 코로 느끼는 향.

플레이버
입에 머금었을 때 느끼는 향과 맛, 균형감, 뒷맛 등. 향미라고도 한다.

외관
색, 투명감, 거품 생성, 거품 유지 등 잔에 맥주를 따라 놓은 상태를 표현할 때 사용한다.

보디
목을 타고 넘어가는 저항감. 술술 넘어가는 것은 라이트, 묵직하고 무겁게 넘어가는 것은 풀, 중간을 미디엄이라 표현한다.

아로마와 플레이버를 표현하는 용어

캐러멜
설탕을 구운 듯한 고소한 향.

토스트 향
빵을 갓 구웠을 때 느끼는 향.

스모크 향
훈제와 연기, 장작불을 연상케 하는 향.

에스테르
프루티한 향.

페놀릭
클로브(정향)를 연상케 하는 스파이시한 향.

디아세틸
버터 스카치, 버터 향.

DMS
옥수수 캔을 열었을 때 느끼는 향.

일광취 日光臭
고양이 소변이나 짐승 냄새에 가까운 불쾌한 향.

외관을 표현하는 용어

헤드 리텐션
헤드는 잔에 따를 때 생기는 거품. 헤드 리텐션 Head Retention 은 거품을 유지하는 정도를 이른다.

저온 백탁
저온 상태에서 맥주가 탁해지는 현상. 단백질 등이 원인이다.

의외로 몰랐던 맥주 상식

전 세계 맥주 스타일에서 취향에 맞는 맥주 찾기

맥주 스타일이 발생한 나라는 원칙적으로 다 다르다. 우선은 어떤 나라에 어떤 스타일이 있는지 살펴보자. 취향에 맞는 맥주를 만드는 나라를 찾아서 그 나라 스타일 맥주를 다양하게 마시는 것도 좋은 방법이다.

맥주는 크게 2가지 발효로 분류

스타일은 크게 고온에서 발효하는 향이 강한 '에일(상면 발효)'과 저온에서 발효하는 시원한 '라거(하면 발효)'로 나눌 수 있다.

주로 독일·체코·벨기에·영국에서 시작한 스타일은 각 지역으로 퍼졌고 그 토지가 가진 장점을 추가해가면서 새로운 스타일로 진화했다. 특히 미국에서는 최근 크래프트 맥주 인기에 힘입어 수많은 '아메리칸 스타일'이 생겼다.

그 외에 야생 효모로 만드는 '자연 발효'와 '하이브리드'같이 상면 발효에도 하면 발효에도 속하지 않은 스타일도 존재한다.

세세한 스타일을 익히기 전에 우선 발효의 특징을 알아두는 것이 좋다.

독일 GERMANY p.24

주류는 라거. 지역성이 풍부한 스타일이 모였다.

에일(상면 발효)
- 쾰슈 Kölsch
- 알트 Alt
- 바이젠 Weizen / 바이스 Weiss (헤페 바이젠 Hefeweizen, 크리스털 바이젠 Kristallweizen, 둥켈 바이젠 Dunkelweizen)

라거(하면 발효)
- 헬레스 Helles
- 저먼 필스너 German Pilsner
- 둥켈
- 옥토버페스트비어 Oktoberfestbier
- 슈바르츠 Schwarz
- 보크 Bock (도펠보크 Doppelbock, 아이스보크 Eisbock, 마이보크 Maibock)
- 라우흐 Rauch
- 도르트문더 Dortmunder

벨기에 BELGIUM p.48

허브와 스파이스를 사용한 스타일이 많다.

에일(상면 발효)
- 벨지안 스타일 화이트 에일 Belgian Style White Ale
- 벨지안 스타일 페일 에일 Belgian Style Pale Ale
- 벨지안 스타일 페일 스트롱 에일 Belgian Style Pale Strong Ale
- 벨지안 스타일 다크 스트롱 에일 Belgian Style Dark Strong Ale
- 세종 Saison
- 스페셜 맥주 Special Beer
- 플랑드르 레드 에일 Flanders Red Ale
- 플랑드르 브라운 에일 Flanders Brown Ale
- 두벨 Dubbel
- 트리펠 Tripel
- 애비 맥주 Abbey Beer

자연 발효
- 람빅 Lambic

각국의 주요 스타일

맥주 종류는 스타일이 발생한 국가로 분류하는 것이 알기 쉽다. 주요 국가는 독일·체코·영국·벨기에·미국 등이다.

🇬🇧 영국
THE UNITED KINGDOM p.72

화려한 향이 특징, 에일 맥주가 중심이다.

에일(상면 발효)
- 잉글리시 스타일 페일 에일 English Style Pale Ale
- 잉글리시 스타일 브라운 에일 English Style Brown Ale
- 잉글리시 스타일 인디아 페일 에일 English Style India Pale Ale
- ESB(엑스트라 스페셜 비터 Extra Special Bitter)
- 잉글리시 비터 English Bitter
- 포터 Porter
- 스카치 에일 Scotch Ale
- 임페리얼 스타우트 Imperial Stout
- 스코티시 에일 Scottish Ale
- 발리 와인 Barley Wine

🇮🇪 아일랜드
IRELAND p.73

깊이 있고 쓴맛이 도는 스타우트가 인기다.

에일(상면 발효)
- 아이리시 스타일 드라이 스타우트 Irish Style Dry Stout
- 아이리시 스타일 레드 에일 Irish Style Red Ale

유럽 전역
EUROPE p.90

인기 있는 필스너를 세계로 발신하는 지역이다.

라거(하면 발효)
- 인터내셔널 필스너 International Pilsner

🇨🇿 체코
THE CZECH REPUBLIC p.90

필스너의 발생지. 필스너와 다크 라거가 중심이다.

라거(하면 발효)
- 보헤미안 필스너 Bohemian Pilsner

🇦🇹 오스트리아
AUSTLIA p.90

독일의 영향을 강하게 받아 필스너와 바이젠이 많다.

라거(하면 발효)
- 비엔나 스타일 Vienna Style

🇺🇸 미국
THE UNITED STATES OF AMERICA p.108

인기 있는 스타일은 아메리칸 라거. 크래프트 맥주도 급성장하는 추세다.

에일(상면 발효)
- 아메리칸 스타일 페일 에일 American Style Pale Ale
- 아메리칸 스타일 인디아 페일 에일 Style India Pale Ale
- 임페리얼 인디아 페일 에일 Imperial India Pale Ale

라거(하면 발효)
- 아메리칸 라거 American Lager
  (라이트 라거 Lite Lager, 앰버 라거 Amber Lager)
- 캘리포니아 커먼 비어 California Common Beer
  (스팀 비어 Steam Beer)

발생지 불명
THE BIRTHPLACE IS UNKNOWN p.108

허브를 사용했던 옛 제조 방식을 재연한 스타일이다.

- 커피 플레이버 비어 Coffee Flavor Beer
- 초콜릿 비어 Chocolate Beer
- 허브 Herb / 스파이스 비어 Spice Beer
- 미숙성 맥주

의외로 몰랐던 맥주 상식

맥주란 과연 어떤 술일까?

맥주란 '麥酒'라는 한자를 보면 알 수 있듯이 맥곡을 원료로 양조한 술이다.
그 밖의 원료로는 홉·물·효모가 있다.
(부원료가 들어가기도 한다.)

맥주 기본 원료

맥곡
주로 보리. 그 외에도 밀·귀리·호밀 등도 사용한다. 대부분은 몰트(malt, 맥아 : 맥곡에 물을 주어 발아를 촉진한 후에 건조한 것) 상태로 사용한다.

물
페일 에일과 다크 라거 등 색이 진하며 맛이 깊은 맥주는 경수 硬水를 사용하고, 필스너처럼 색이 연하고 맛이 산뜻한 맥주는 연수 軟水가 적당하다.

홉
삼과의 덩굴성 여러해살이풀. 솔방울 모양을 한 '구화毬花'라 부르는 암꽃을 만든다. 쓴맛과 향을 내며 거품을 유지하고 방부제 역할을 한다.

효모
(이스트)
직경 5~10미크론의 미생물. 당을 알코올과 이산화탄소 등으로 바꾼다. 상면 발효 효모, 하면 발효 효모, 자연 발효 맥주를 만드는 야생 효모도 있다.

맥주를 만드는 데 쓰이는 주된 원료는 맥아·홉·물·효모다. 이 원료들을 조합하고 분량을 조절하여 맥주가 만들어진다. 같은 맥아, 같은 물, 같은 홉을 사용하더라도 효모가 다르면 향과 맛이 전혀 다른 맥주로 탄생한다. 마찬가지로 효모·물·홉이 같더라도 맥아가 다르면 색과 향도 달라진다.
스파이스와 과일·커피·초콜릿 등을 사용해 개성 있고 독특한 맛을 만들기도 한다.

맥주 도감
KNOWLEDGE OF BEER

PART 1

세계 맥주를 알자

맥주의 세계는 광대하다.
세계 맥주는 어떤 것이 있는지,
각국에서 인기 있는 것만
골라 소개한다.

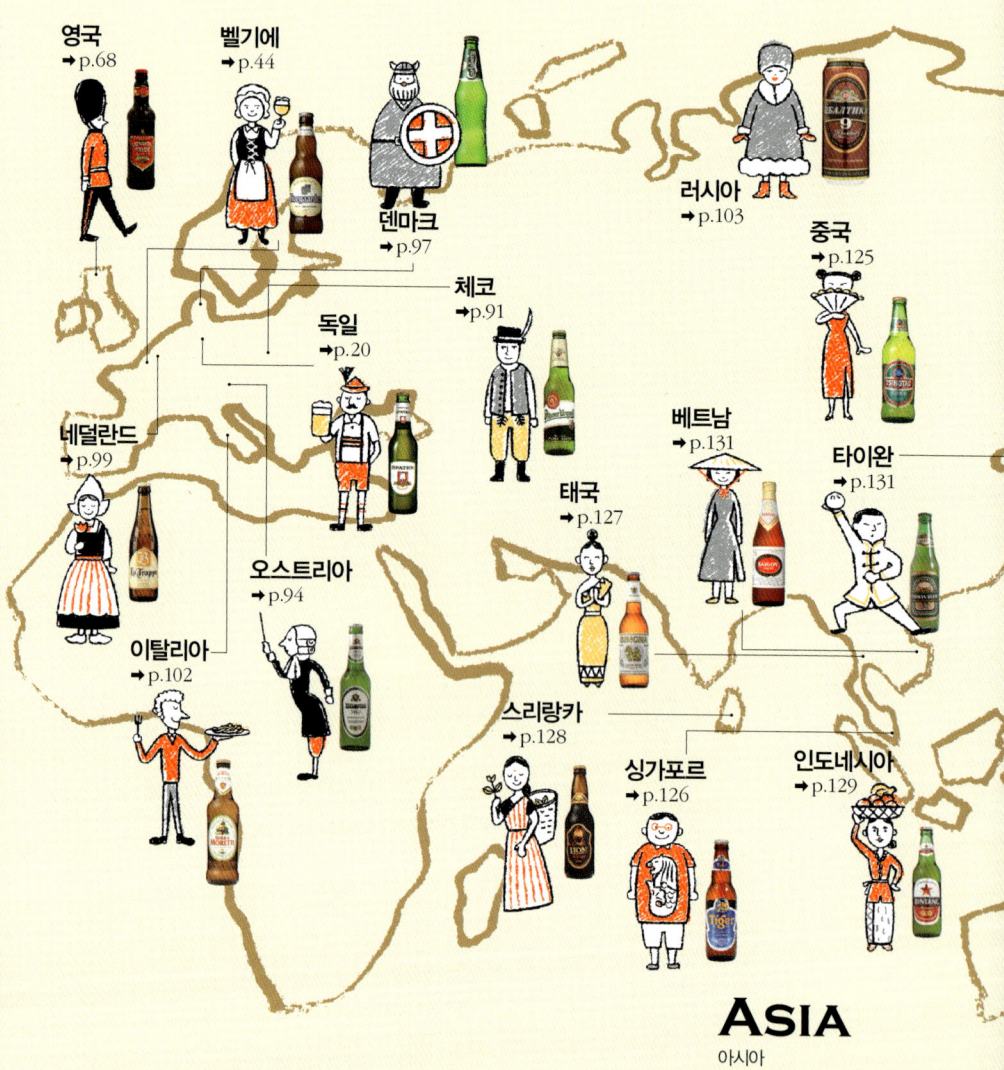

THE WORLD

AMERICA
미국

일본
➡ p.132

미국
➡ p.106

맛있고 즐거운 세계 맥주 136종

필리핀
➡ p.130

멕시코
➡ p.120

골드·레드·브라운·블랙 등
다양한 색에 거품마저 아름다운 세계 맥주.
맛도 향도 다채롭게 즐길 수 있는 맥주는
병도 잔도 멋진 디자인이 많다.
여기서는 맛은 물론 보기에도 좋고
알아두면 즐거운 전 세계의 맥주를 엄선했다.
역시 맥주는 직접 마시는 것이 가장 즐겁다!
마음에 드는 맥주가 있다면 마셔보길 바란다.

독일

GERMANY

우리에게 익숙한
라거가 태어난 곳
법률로 보호받은
순수한 맥주가 매력적이다

저온 장기 숙성으로 만드는 라거는 15세기경 남독일에서 탄생했으며, 오늘날 우리에게 가장 대중적인 스타일의 맥주다. 황금색을 띤 시원한 라거 맥주는 사람들을 매료시켰으며, 18세기에 발명한 냉장 기술과 함께 전 세계로 퍼졌다. 일본에 맥주가 들어온 것은 메이지 시대 초기다. 처음에는 영국 쪽 에일이 주류였지만, 깔끔한 독일 라거가 점차 인기를 얻었다. 독일에서 맥주 양조를 배워온 일본인 기술자도 생기면서 라거는 일본인에게 아주 익숙한 술이 되어갔다. 독일 맥주 맛의 비결은 맥주를 아주 좋아하는 국민성을 법률에 반영한 '맥주순수령'에 있다. 맥주순수령은 맥주 원료를 '맥아·홉·물(나중에 효모를 추가)'로 한정한 법률로 1516년 4월 23일, 당시 바이에른 공작 빌헬름 4세가 제정했다. 이 법률은 식품 품질 보증에 대한 법률로는 세계에서 가장 오래되었다. 제정 이후로 500년 가까이 지난 오늘날까지도 독일 국내에서 제조 판매하는 맥주는 이 법률에 따라 만든다.

남독일에 위치한 도시 뮌헨은 맥주순수령이 발생한 지역이며, 양질을 자랑하는 맥주를 만드는 '맥주 수도'로 유명하다. 가을에는 세계 최대 규모를 자랑하는 맥주 축제 '옥토버페스트'를 개최해 전 세계 맥주 팬의 군침을 흘리게 한다. 맥주 양조 역사가 오래된 독일에서 맥주는 단순한 기호품이 아닌 생활과 문화 일부분으로 자리한다. 양조장에 가면 교사에게 이끌려 견학을 하는 고등학생들을 자주 만날 수 있다. 독일에서는 16세부터 맥주를 마실 수 있어 견학을 마치면 갓 만든 싱싱한 맥주로 건배한다.

GERMANY
AREA MAP
독일 지도

각 지역 대표 맥주

북부

플렌스버거 필스너
북독일을 대표하는 드라이한 맥주. 맥주 당도를 낮추고 몰트가 가진 풍미보다는 상쾌한 홉 향과 쓴맛을 강조한 맥주다. 깨끗하고 산뜻한 맛이 특징이다.

유리게 알트 클래식
적동색으로 홉이 가진 특유의 쓴맛을 세련되게 살려 화려한 맛이 난다. 구 시가지에 레스토랑이나 술집이 줄줄이 늘어선 '세계에서 가장 긴 바 카운터'라 불리는 지역이 있는데, 그곳에서도 유리게 펍은 인기 있다.

서부

  베를린

돔 쾰슈
지역을 상징하는 건물인 쾰른 대성당을 라벨에 그렸다. 대성당 주변에는 쾰슈(p.24)를 만드는 양조장 직영점이 늘어선 것이 눈에 띈다. 황금색이며, 샴페인 같은 상쾌한 맛이 난다.

동부

쾨스트리처 슈바르츠비어
구 동독일 바트 쾨스트리츠 Bad Köstritz 마을에서 만드는 가장 유명한 흑맥주. 이 마을은 온천이 나는 휴양지로 맥주는 영양을 보충하려고 마셨다. 힘 있고 부드러우며 향이 깊은 맥주다.

쾰른

프랑크푸르트

남부
(바이에른 지방, 뮌헨)

슈파텐 옥토버페스트비어
뮌헨에서 600년 역사를 지닌 세계 최대 맥주 축제 '옥토버페스트'에 출점 자격을 가진 공식 양조장 중 하나다. 축제를 위해 특별히 양조하는 맥주며, 축제가 벌어지면 마스라 불리는 1ℓ 맥주잔에 제공한다.

파울라너 살바토르
수도원 안에서 금식 기간에 마셨던 맥주다. 고알코올 맥주는 시민에게 팔기 시작하자 순식간에 인기를 끌었다. 상당수 양조장이 이름 끝에 '-tor'를 붙인 도펠보크(p.25)를 팔게 되었다.

뮌헨

지역마다 표정이 바뀌는 독일 맥주

독일에는 양조장이 1300곳 정도 있고, 상표도 5000종에 달한다. 1명당 연간 107.6ℓ의 맥주를 소비하는데, 이 숫자는 한국의 3배에 달한다. 각 마을에 적어도 양조장 한 곳이 있으며 자기 지역에서 생산하는 맥주를 즐겨 마시는 것이 특징이다.

북부

독일 한자동맹과 무역으로 번영한 역사를 가진 자연경관이 맑고 아름다운 토질이다. 맥주는 백색을 띤 세밀한 거품과 옅은 황금색 액체가 아름다운 드라이 맥주로 꽉 조인 듯한 맛이 난다. 일반적으로 남독일은 몰티하고 색이 짙은데, 북쪽으로 갈수록 홉 향과 쓴맛은 강해지고 색은 옅어진다.

동부

제2차 세계대전 후 동독일에 편성된 지역이다. 공산주의 체제에서 물자가 부족한데도 지역 스타일 맥주를 완고하게 지켜왔다. 통일 후에도 화려함은 없지만 성실하고 정직한 맥주 제조를 하는 양조장이 많다.

뮌헨

뮌헨은 독일어로 '승려가 사는 곳'을 뜻한다. 뮌헨과 근방에는 수도원이 많았다. 수도원에서 단식하다가 영양을 보충하려고 만든 것이 도펠보크다.

바이에른 지방

맥주 축제 '옥토버페스트'와 비어 가든같이 세계적으로 잘 알려진 독일 맥주 문화는 대체로 남독일 문화에서 상당수 유입되었다. 독일 국내 양조장 중 절반은 남부 바이에른 주에 있다. 이곳에는 홉 명산지 할레타우 지역도 있다.

서부

독일 맥주가 라거 제조법을 받아들여 점점 변화를 시도하는 와중에도 이 지역은 전통적인 상면 발효를 고집한다. 쾰른과 뒤셀도르프는 고속 전철로 30분이면 닿을 정도로 가깝지만, 예부터 앙숙인 지역이라 지금도 축구나 정치 문제로 서로 으르렁거린다. 서로 각자 도시에서 상대편 맥주를 마시는 일은 없다.

18세기까지 작은 국가(영방 국가. 13세기에 독일 황제권이 약화되자 봉건 제후들이 세운 지방 국가-옮긴이) 집합체였던 독일에서 맥주는 각 지역에서 만들어 그 지역에서 소비하는 음료였다. 종류도 풍습도 각 토지만의 개성을 담아 만들어졌으며 그런 특성이 오늘날에도 고스란히 존재한다.

남부 바이에른 주의 '비어 가든'도 그런 특별한 풍습 중 하나다. 겨울이 끝나면 공원과 광장에 긴 의자와 긴 탁자를 놓고 비어 가든을 연다. 바이에른 주는 비어 가든에 관한 조례를 정해놓았다. 나무로 둘러싸인 곳에 벤치는 나무 그늘 아래 놓아야 하고, 음식을 싸와도 된다는 규정이다.

쾰른과 뒤셀도르프 등 서부 도시에서는 200㎖ 정도 따를 수 있는 좁고 긴 잔에 맥주를 제공하고, 잔 위에 컵 받침(코스터)을 얹지 않는 한 웨이터가 맥주를 계속 가져다준다.

한편, 남독일에서는 맥주를 '마스'라 불리는 1ℓ 맥주잔이나 500㎖ 잔에 제공한다. 컵 받침은 옥외에서 자주 마시는 여름철에는 나뭇잎 등이 잔에 들어가는 것을 방지하는 역할도 한다.

STYLE
독일의 주요 스타일

에일(상면 발효)
ALE

쾰슈
쾰른에서 만드는 옅은 색 계열 맥주. 와인용 포도 샤르도네와 비슷한 상큼한 단맛이 난다. 상면 발효 효모를 하면 발효와 비슷한 방식으로 저온에서 숙성시켜 라거가 가진 장점인 산뜻함도 겸비한다. 쾰슈란 쾰른 지방에서 만드는 맥주만을 지칭하며 그 외에는 '쾰슈풍'이라 한다.

알트
뒤셀도르프 근방에서 18세기경부터 만든 중간 정도 짙은 색을 띠는 맥주다. 알트는 독일어로 '오래되었다'는 뜻이다. 당시 새로운 스타일이었던 하면 발효와 비교해 오래되었다는 뜻으로 이름 지었다. 푸르티한 향이 특징이며 쓴맛이 강한 것부터 연한 것까지 폭넓게 제조한다.

라거(하면 발효)
LAGER

헬레스 / 뮌헤너 헬레스
독일 남부 뮌헨에서 만드는 맥주다. 독일어로 헬레스Helles는 '옅은'이라는 뜻으로, 문자 그대로 옅은 색에 쓴맛이 적은 드라이한 맛이 매력이다.

둥켈
헬레스와 마찬가지로 뮌헨에서 만드는 맥주다. 독일어로 둥켈은 '어둡다'는 뜻으로, 그 이름대로 짙은 색을 띤 맥주다. 입안에서 가볍게 느껴지며 순하다.

저먼 필스너
체코 필젠Pilsen에서 개발한 필스너의 독일판이다. 독일의 전 국토에서 만든다. 북부는 홉이 가진 쓴맛이 강하고 드라이하며 섬세한 맛인 반면, 남부는 홉이 가진 쓴맛은 억제하고 몰트 맛이 강한 편이다.

옥토버페스트비어(메르첸Märzen)
9월부터 10월에 걸쳐 진행하는 세계 최대 맥주 축제 '옥토버페스트'에서 마시는 맥주다. 3월에 담가 '메르첸'(3월)이라고도 불린다. 일반적인 필스너보다 몰트감과 알코올 도수가 강하다.

바이젠 / 바이스
(헤페 바이젠, 크리스털 바이젠, 둥켈 바이젠)

남독일에서 탄생한 밀 맥주다. '바이젠'이란 밀을 뜻한다. 전통적인 헤페는 효모가 들어가고 맑아 바이스(독일어로 '희다')로도 불린다. 헤페에서 효모를 여과한 크리스털, 짙은 색을 띠는 둥켈 등이 있다. 바나나와 클로브(정향) 향이 감돌며 쓴맛은 약한 맥주다.

슈바르츠

바이에른 지방이 발생지인 맥주. 독일어로 '검다'는 뜻을 담은 슈바르츠는 이름 그대로 검은색 맥주다. 로스팅한 몰트에서 풍기는 고소한 향이 특징이다.

보크

알코올 도수가 높은 맥주다. 독일어로 '2배'를 뜻하는 도펠보크는 알코올 도수가 강하다. 아이스보크는 보크를 얼려 알코올 도수를 높인 것이며, 마이보크는 5월(마이)에 마시는 보크다.

라우흐

남부 도시 밤베르크Bamberg가 발생지인 맥주다. 스모크한 몰트를 사용해 맥주에서 훈제 향을 느낄 수 있다. 너도밤나무로 연기를 내는 것이 전통 제조법이라고 한다.

도르트문더

서부 도시 도르트문트에서 만든 필스너를 답습한 맥주다. 필스너보다 홉이 가진 쓴맛과 향은 약하지만 보디감은 강하고 맛도 진하다.

독일

양조장 근대화를 견인한 역사적 맥주
Spaten
슈파텐
뮌헤너 헬레스(프리미엄 라거)

LABEL
슈파텐은 독일어로 '삽'을 뜻한다. 삽 그림 양쪽에 보이는 'G'와 'S'는 양조장 기초를 구축한 가브리엘 제들마이어에서 따온 머리 글자다.

맛은 상쾌하다. 서양배와 비슷한 향과 몰트의 단맛이 균형을 잘 이룬다.

 아로마 ● 가마에서 갓 구워낸 빵 같은 온기가 느껴지는 향. 홉 향도 상쾌하다.
향 **플레이버** ● 쓴맛은 은은하며 몰트가 주는 온화한 단맛이 전체를 감싼다. 서양배와 재스민 같은 신선한 플레이버가 특징이다.

 밝고 옅으며 투명한 노란색. 거품은 레이스처럼 희고 결이 곱다.
외관

 미디엄 보디. 몰트의 단맛과 온화한 알코올감으로 윤기가 돌며, 목에서 매끄럽게 넘어간다.
보디

〈주요 라인업〉
• 옵티메이터(Optimator)
• 옥토버페스트비어(p.27)

DATA
슈파텐 뮌헤너 헬레스 (프리미엄 라거)
스타일 뮌헤너 헬레스 (하면 발효)
원료 보리·맥아·홉·물
내용량 355㎖
도수 5.2%
생산 슈파텐-프란치스카너 (Spaten-Franziskaner) 양조장

문의 자토 트레이딩

슈파텐 양조장은 1397년 창업했고, 맥주 양조를 근대 산업화하는 데 혁혁한 공적을 남긴 곳이다.
상면 발효 에일이 주류였던 19세기, 이 양조장의 가브리엘 제들마이어Gabriel Sedlmayer가 오스트리아 수도 빈에서 온 기술자와 함께 하면 발효(라거) 효모를 분리하는 데 성공했다. 당시 막 발명된 냉동기를 세계 최초로 맥주 제조에 응용해 저온 숙성의 하면 발효 맥주 제조법을 확립한 것이다.
슈파텐 양조장은 세계 최대 맥주 축제인 옥토버페스트의 6대 공식 양조장 중 한 곳이다. 축제에서 마시는 메르첸(옥토버페스트비어)을 처음 만든 곳이기도 하다. 그래서 경의를 표하려고 맥주 축제 첫날은 뮌헨 시장이 슈파텐 맥주통 꼭지를 내리쳐 개봉한다. 이 신호로 약 2주에 걸친 축제가 열린다.

화려한 퍼레이드가
생각나는 축제 맥주

Spaten
슈파텐
옥토버페스트비어

LABEL
세계 최대 맥주 축제 '옥토버페스트' 퍼레이드에서 선보이는 슈파텐 맥주통이 실린 화려한 마차를 맥주병에 디자인했다.

아로마 ● 백도 같은 달콤한 몰트 향과 캐러멜 몰트에서 느낄 수 있는 고소한 향.
플레이버 ● 연한 레몬 향과 견과 같은 몰트의 여운이 살짝 퍼진다.

오렌지빛이 살짝 도는 노란색. 거품은 흰색이며 잔 가장자리로 부풀어 오른다.

미디엄~풀 보디. 강한 알코올감을 생생한 탄산이 깔끔하게 정리해준다.

DATA
슈파텐
옥토버페스트비어
스타일
메르첸 /
옥토버페스트비어
(하면 발효)
원료
보리 맥아·홉·물
내용량
500㎖
도수
5.9%
생산
슈파텐-프란치스카너 양조장

문의 자토 트레이딩

메르첸(스타일)은 여름용 맥주를 위해 담그는 마지막 달이 3월(메르츠Marz)인 데서 유래한다. 냉장 기술이 발달하기 전이었던 시대에, 부패를 방지하고자 철저히 관리해 만든 맥주는 고품질로 맛이 훌륭했고, 옥토버페스트도 함께 평판이 좋아졌다고 한다.

독일에서 가장 널리 알려진
고급스러운 한잔

Bitburger
비트부르거
프리미엄 필스

LABEL
디자인은 맥주와 거품의 색인 흰색과 금색을 넣어 아름답게 구성했다. 빅토리아 시대를 떠오르게 하는 세련된 라벨이다.

아로마 ● 막 베어낸 싱싱한 풀 향기와 푸른 사과에서 맛볼 수 있는 신선한 향.
플레이버 ● 깨끗하고 고급스러운 몰트 느낌과 상쾌한 홉 향기, 고소한 몰트 향이 여운으로 남는다.

진한 황금색. 거품은 순백색으로 머랭처럼 폭신하다.

라이트~미디엄 보디. 깨끗한 몰트가 주는 풍미와 품위 있는 홉의 쓴맛이 이루는 균형감이 좋다.

DATA
비트부르거
프리미엄 필스
스타일
필스너(하면 발효)
원료
보리 맥아·홉·물
내용량
330㎖
도수
4.6%
생산
비트부르거 양조회사

문의 다이에 인더스트리

독일 서부에서 명수名水의 고향으로 이름난 비트부르크Bitburg에 자리한 양조장이다. 원료를 엄선해 전통적인 장기 저온 발효 방법으로 만든다.
몰트의 고소한 풍미와 고급스럽고 깔끔한 홉의 쓴맛이 어우러지는 조화가 뛰어나 독일 국내에서도 팬층이 넓다.

독일 역사를 만들어온 뮌헤너 헬레스
Hofbräu München
호프브로이 뮌헨
오리지널 라거

LABEL
뮌헨에 있는 호프브로이하우스 건물을 담았다. 이니셜 HB 위에는 바이에른 공의 궁정 양조장이었던 사실을 알리는 왕관을 올렸다.

뮌헨에서 맛볼 수 있는 전통적인 라거 맥주는 '둥켈'이라 불리는 갈색 맥주였지만, 19세기 후반에 융성했던 체코의 필스너에 대항하려고 '헬레스(옅은)' 스타일을 개발했다. 뮌헨에서 나는 물은 미네랄이 풍부해 홉보다는 몰트 뉘앙스가 강하게 느껴진다.

 아로마 ● 꽃향기처럼 달콤한 뉘앙스를 풍기는 질 좋은 몰트 향.
향 **플레이버** ● 말린 짚 냄새 같은 고소한 몰트 향이 입안 가득히 퍼진다. 쓴맛은 연하고 단맛이 내는 여운이 남는다.

 빛나는 보리 같은 황금색. 거품은 결이 곱고 풍부하다.
외관

 미디엄 보디. 맛이 강하고 목 넘김은 부드럽다.
보디

〈주요 라인업〉
• 둥켈
• 뮌헤너 바이스 (Münchner Weisse)
• 슈바르츠 바이스
• 마이보크
• 옥토버페스트비어

호프브로이 뮌헨 오리지널 라거
스타일 뮌헤너 헬레스 (하면 발효)
원료 보리 맥아·홉·물
내용량 330㎖
도수 5.1%
생산 호프브로이 뮌헨 양조장

문의 아이엠에이 엔터프라이즈

뮌헨을 방문한 사람이라면 누구나 들리는 관광 명소 '호프브로이하우스Hofbrauhaus'는 세계에서 가장 유명한 비어홀이다. 연일 축제 분위기를 자아내는 거대한 가게 안에서는 민족의상을 입은 음악대가 경쾌하고 밝은 바이에른 민속 음악을 연주한다. 세계 각국에서 방문한 손님들이 건배를 제의하는 〈아인 프로짓Ein Prosit〉을 함께 노래하고 함께 잔을 기울인다.

1589년, 바이에른 공작 빌헬름 5세가 궁정 양조장으로 개설한 호프브로이하우스는 뮌헨 맥주 양조를 위한 본보기가 되었다. 오늘날에는 주립 양조장으로 운영하며, 이곳에서 만드는 뮌헨 맥주는 전 세계로 수출한다.

독일 비어홀에는 '스탐티슈Stammtisch'라 불리는 단골을 위한 자리가 있다. 특히 오랜 단골은 가게에 전용 잔을 맡겨둘 수도 있다. 호프브로이하우스에 내 잔을 둘 수 있는 것이 뮌헨인의 명예라고 한다.

세계에서 가장 오래된 수도원 부속 양조장에서 만드는 맥주

Weltenburger

벨텐부르거
바로크 둥켈

LABEL
배경에는 자급자족하던 시절에 경작하던 밭과 숲, 빨간 지붕과 첨탑이 달린 수도원. 그 앞으로 도나우 강을 그렸다.

〈주요 라인업〉
- 필스(pils)
- 아삼보크(Asam Bock)
- 바로크 헬(Barock Hell)
- 헤페 바이스비어 헬
- 헤페 바이스비어 둥켈
- 아노(Anno) 1050

월드 비어 컵(World Beer Cup, 2년에 한 번 미국에서 열리는 가장 권위 있는 맥주 컴피티션)이나 DLG(Deutsche Landwirtschafts Gesellschaft, 독일농업협회) 등 국내외 굵직한 대회에서 메달을 꽤 받았다.

아로마 ● 로스팅한 몰트에서 느낄 수 있는 고소한 향 뒤편에 화려한 홉 향이 숨어 있다.
플레이버 ● 초콜릿칩 쿠키 같은 몰트의 달콤한 풍미. 바삭하게 구운 토스트와 간장 같은 고소함이 뒷맛으로 남는다.

외관: 붉은색이 가미된 갈색. 투명감이 있다. 거품은 초콜릿 우유 같은 갈색.

보디: 미디엄 보디. 알코올 뉘앙스는 약하고 색깔만큼 무게감은 없어 깔끔하고 마시기 편하다.

DATA
벨텐부르거 바로크 둥켈
스타일 둥켈(하면 발효)
원료 보리 맥아·홉·물
내용량 500㎖
도수 4.5%
생산 벨텐부르크 수도원 부속 양조장

문의 겟케이칸

오늘날까지 운영 중인 수도원 부속 양조장으로는 세계에서 가장 오래되었다. 벨텐부르크 수도원Kloster Weltenburg의 기원은 7세기로 거슬러 올라간다. 1050년에 맥주를 만들어 먹었다는 기록이 남아 있어 바이엔슈테판(p.37), 안덱스(p.30)와 역사를 겨룬다.

기도와 노동을 신을 위한 봉사라고 생각한 벨텐부르크 수도원은 속세와 접촉을 거부하듯 도나우 강가에 지어졌다. 오늘날에도 이곳은 레겐스부르크Regensburg에서부터 흘러오는 물살이 빠른 도나우 강을 배로 거슬러 올라가거나, 깎아지른 듯한 절벽 위로 난 길로 차를 몰아가지 않으면 도착할 수 없는 육지의 외딴 섬이다. 그래서 수도원은 매번 도나우 강이 범람하는 위험에 노출된 상태다. 맥주와 함께 바로크 양식으로 지어진 고풍스러운 수도원과 빛나는 황금 제단이 유명하다. 중정에서는 여름 한정으로 비어 가든을 운영해 방문객들을 신선한 맥주로 맞이한다.

계절 한정 맥주도 포함해 10종류 정도 되는 맥주를 양조하며 하나같이 평판이 좋다.

독일

환경을 배려한 심오한 한 잔
Andechs
안덱스
바이스 둥켈

아로마 ● 초콜릿 바나나 같은 달콤한 향. 시나몬(계피)과 넛맥(육두구) 비슷한 스파이시한 뉘앙스도 난다.
향
플레이버 ● 효모 향이 달고 프루티하다. 구운 보리 향이 캐러멜 향으로 퍼진다.

LABEL
안덱스 관련 모든 라벨에는 수도원과 부지인 언덕을 담았다. 맥주 종류에 따라 라벨 주위 색이 달라진다.

〈주요 라인업〉
• 스페셜 헬(Special Hell)
• 엑스포트 헬(Export Hell)
• 도펠보크 둥켈
• 바이스 헬(Weiss Hell)
• 보크 헬(p.31)

맥주순수령으로 밀 사용을 금지한 시절에도 수도원에서는 전통적인 바이젠 제조 기법을 지켜왔다. 원료에 로스팅한 보리를 부분적으로 사용해 바나나 같은 푸티함과 연한 로스트 향이 인상적이다.

외관
보라색이 보이는 태운 갈색으로 탁하다. 거품이 오래가며 노르스름한 빛이 돈다.

보디
미디엄~풀 보디. 부드러운 산미로 혀끝에 닿는 맛이 좋다.

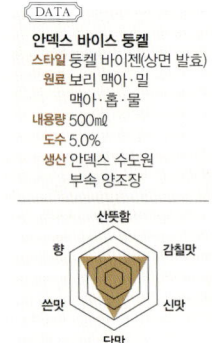
DATA
안덱스 바이스 둥켈
스타일 둥켈 바이젠(상면 발효)
원료 보리 맥아·밀 맥아·홉·물
내용량 500㎖
도수 5.0%
생산 안덱스 수도원 부속 양조장

문의 히로시마

뮌헨 남서부에 위치한 나무와 호수에 둘러싸인 안덱스 수도원은 지금도 바이에른 주 최대 가톨릭 성지다. 중세 베네딕트파 수도원에서는 자급자족하면서 순례 온 방문자를 대접하기 위한 시설을 만들어 작은 마을 같은 기능을 해왔다. 지식 계층이 모이는 싱크 탱크이기도 해 건강식품에 관한 연구 성과도 탁월했다. 오늘날에도 교회를 정점으로 자리 잡은 안덱스 언덕에는 맥주 양조장, 레스토랑, 비어 가든, 숙박 시설, 축사, 정육점, 약초원이 자리 잡고 있어 중세 수도원다운 옛 면모가 고스란히 남아 있다. 전통 제조법을 기반으로 만든 햄, 유제품, 빵도 건강에 좋고 맛있기로 유명하다. 주말에는 뮌헨에서 이곳까지 소풍을 오는 사람도 있다.

양조장 외관은 세월을 느낄 수 있는 목조 건물이지만, 내부 시설은 자동화되어 근대적이다. 복잡한 컴퓨터 위에는 십자가가 걸려 있어 지금도 신에게 감사하는 마음으로 맥주를 빚는다는 것을 짐작할 수 있다.

유명 분필가 모리 오가이가
유학 시절에 마신 특별한 수도원 맥주
Andechs
안덱스
보크 헬

LABEL
바이스 둥켈(p.30)과 마찬가지로 수도원과 언덕을 라벨 디자인에 표현했다. 은색 라벨이 돋보인다.

- 아로마 ● 온순한 알코올 향. 깔끔하고 싱싱한 홉 향이 더해졌다.
- 플레이버 ● 노릇하게 구운 비스킷과 레몬 피낭시에 향.

깨끗한 황금색. 거품은 희고 매끄럽다.

미디엄~풀 보디. 온화한 알코올 감과 탄산이 혀와 목을 자극한다. 깨끗한 홉 향이 상쾌함을 불러일으킨다.

DATA
안덱스 보크 헬
스타일
보크 헬(하면 발효)
원료
보리 맥아·홉·물
내용량
500㎖
도수
6.9%
생산
안덱스 수도원
부속 양조장

문의 히로시마

최북단 항구 도시에서 만든
드라이한 맥주
Flensburger
플렌스버거
필스너

〈주요 라인업〉
- 둥켈
- 바이젠
- 골드

LABEL
북해 여러 나라와 무역으로 번영한 바다 도시답게 라벨에는 바다와 배, 시의 문장(紋章)인 사자와 붉은 탑을 그렸다.

- 아로마 ● 시원하고 청청한 홉 향.
- 플레이버 ● 몰트 향은 줄였고 홉의 풍미가 화려하고 싱싱하게 입안 가득히 퍼진다.

깨끗하고 밝은 골드. 희고 풍만한 거품은 좀처럼 사라지지 않고 잔에 남는다.

미디엄 보디. 혀를 자극하는 쓴맛과 탄산이 강하고, 깔끔하고 산뜻한 맛에 만족감이 높다.

DATA
플렌스버거 필스너
스타일
필스너(하면 발효)
원료
보리 맥아·홉·물
내용량
330㎖
도수
4.8%
생산
플렌스버거 양조장

문의 자토 트레이딩

일본 근대 문학가 모리 오가이(森鷗外)가 독일 유학 중이던 1886년에 이곳을 방문해 마셨다는 맥주다.
알코올 도수는 높지만 부드럽게 느껴진다. 단맛을 절제했으며 몰트에서 풍기는 풍미와 연한 홉 향이 복잡하게 겹쳐지는 맛이다.

독일 최북단 항구 도시에서 만드는 드라이한 맥주. 강한 홉이 주는 쓴맛이 특징이며, 매운맛과 산뜻함은 독일에서도 톱 클래스를 자랑한다. 병따개가 필요 없는 스윙 톱으로 마개를 따는 순간 '펑' 하고 상쾌한 소리가 울려 퍼진다.

Paulaner

파울라너
살바토르

LABEL
수도원 승려가 뚜껑이 달린 잔에 맥주를 흘러넘치도록 담아 귀족에게 바치는 장면을 나무 판에 그린 디자인이다. 상표 엠블럼 인물은 15세기 이탈리아 파올라에서 태어난 성인 프란시스코다.

〈주요 라인업〉
- 옥토버페스트비어
- 헤페 바이스비어
- 헤페 바이스 둥켈 알코올 프리
- 오리지널 뮌헤너 둥켈

양조장 바로 옆에 마련된 홀에서는 매년 3월, 슈타르크비어페스트(Starkbierfest, 강한 맥주 = 도펠보크 축제)를 개최한다. 옥토버페스트 못지않게 열기가 뜨겁다.

 아로마 ● 구운 캐러멜 같은 달콤한 향. 위스키 같은 알코올 향도 난다.
플레이버 ● 말린 과일 같은 달콤하고 차분한 향이 일품이다. 바삭하게 구운 비스킷 같은 고소함과 희미하게 시가를 태운 느낌도 느껴진다.

 외관 약간 붉은색이 도는 갈색. 거품은 연한 갈색으로 부드럽게 올라온다.

 보디 풀 보디. 고알코올 온기가 느껴진다. 홉 향은 거의 없고 기분 좋은 쓴맛이 혀에 남는다.

DATA
살바토르
스타일 도펠보크 / 더블보크 (하면 발효)
원료 보리 맥아·홉·물
내용량 330㎖
도수 7.9%
생산 파울라너 양조장

문의 아이콘 유로팝

파울라_{Paula} 성 프란시스코회 수도사가 1634년에 지은 수도원에서 만드는 맥주다. 이 맥주는 보리 엑기스 성분을 응축해 알코올 도수를 높였다. 4월 부활제 전에 2주 동안 진행하는 단식을 위한 '액체 빵' 용도로 수도원에서 마셨다.

1780년부터 살바토르(Salvator, 구세주)라 이름 지어 일반 판매를 시작하자, 많은 양조장에서 이를 흉내 내 이름에 '-tor'를 붙여 도펠보크를 만들었다. 양조장은 뮌헨 시내를 흐르는 이자르 강가 노커베르크 Nockherberg 언덕에 위치하며, 근처 비어 가든과 레스토랑은 시민을 위한 휴식 장소로도 이용한다. 옥토버페스트가 열리는 테레지엔비제(Theresienwiese, 테레제 공주의 잔디밭이라는 뜻–옮긴이) 남쪽에는 자가 양조를 하는 술집이 있어 가게 지하에서 만드는 신선한 맥주를 즐길 수 있다. 도펠보크 외에도 바이젠과 헬레스 등 여러 스타일을 양조한다. 강호 축구팀 바이에른 뮌헨의 공식 스폰서이기도 하다.

왕실 전매였던 밀 맥주를 계승하다
Schneider Weisse
슈나이더 바이세
TAP 7 오리지널

〈주요 라인업〉
- TAP 1 블론드
- TAP 2 크리스털
- TAP 3 알코올 프리
- TAP 4 그뤼네스(Grünes)
- TAP 5 호펜바이세(Hopfenweisse)
- TAP 6 아벤티누스
- 아벤티누스 아이스보크(오른쪽)

한번 마시면 잊지 못하는 향이 좋은 맥주
Schneider Weisse
슈나이더 바이세
아벤티누스 아이스보크

LABEL
라벨에 그려진 인물은 16세기 바이에른 지방에 있는 온천 지역 아벤스베르크에서 역사와 지도를 정리한 요하네스 투르마이르(Johannes Thurmayr)다. 투르마이르는 자신을 '아벤티누스'라 소개했다.

Germany

 아로마 ● 시나몬 같은 스파이시한 향과 바나나 풍미.
 플레이버 ● 남국에서 맛볼 수 있는 과일 향, 밀 향, 볶은 견과 같은 고소한 향이 한데 섞여 깊이가 느껴진다.
 온기가 느껴지는 오렌지색. 거품은 노란색이 약간 돌고 풍부하게 부풀어 오른다.
 미디엄~풀 보디. 농후하고 크리미하며, 연한 산미와 스파이시한 느낌이 악센트를 준다.

DATA
TAP 7 오리지널
스타일
헤페 바이젠
(상면 발효)
원료
보리 맥아·
밀 맥아·홉·물
내용량
500㎖
도수
5.4%
생산
슈나이더 양조장

수입 쇼와 무역

 아로마 ● 클로브(정향)과 시나몬 같은 스파이시한 향과 말린 과일이 응축된 달콤한 향.
 플레이버 ● 건포도, 푸룬(서양자두), 견과, 데친 바나나 등 여럿이 겹친 복잡한 향.
 홍갈색으로 깊이가 느껴지는 색. 거품은 약간 회색빛이 돈다.
 풀 보디. 응축된 깊은 향과 강한 알코올 온기가 전해진다.

DATA
아벤티누스
아이스보크
스타일
바이젠 아이스보크
(상면 발효)
원료
보리 맥아·
밀 맥아·홉·물
내용량
330㎖
도수
12.0%
생산
슈나이더 양조장

수입 쇼와 무역

'TAP 7'은 창업자 게오르크 슈나이더Georg Schneider 1세가 왕실에 전매특허였던 밀 맥주 양조권을 손에 넣은 1872년 레시피 그대로 만든 맥주다. 뮌헨 중심부에 위치한 직영점 '바이센 브로이하우스Weissen Brauhaus'는 세계에서 가장 맛있는 바이스비어를 마실 수 있는 가게로 지역민들의 사랑을 듬뿍 받는다.

밀을 쓴 맥주(바이스비어)를 전문 양조하는 곳으로 유명한 슈나이더 양조장에서 만든 아이스보크. 같은 양조장에서 제조한 알코올 도수가 높은 'TAP 6 아벤티누스Aventinus'를 냉동한 후 언 물만 제거해 알코올 도수와 맥아 농도를 높여 농후하게 완성한다.

독일

뮌헨이 동경한 원조 보크비어
Einbecker
아인벡커
마이 우어 보크

LABEL
원조 보크비어를 상징하듯이 왕관을 쓴 'E' 글자가 디자인된 엠블럼. 광택 나는 라벨이라 고급스럽다.

5월에 열리는 봄 축제를 겨냥해 만드는 특별한 보크. 뚜렷한 맛 속에는 봄을 알리는 신선하고 스파이시한 플레이버가 느껴진다. 3월 말부터 출하를 시작해 5월 중순이면 매진된다.

 향

아로마 ● 베어낸 풀처럼 부드러운 향과 달콤한 향. 희미하게 천연 꿀 같은 스파이시한 향도 느껴진다.

플레이버 ● 사과 같은 상쾌함과 산미, 갓 구워낸 케이크가 떠오르는 고소한 토스트 향이 함께 느껴진다.

 외관

약간 붉은색을 띤 진한 골드.

 보디

미디엄~풀 보디. 몰트의 강한 캐릭터와 알코올이 주는 온기가 느껴져 진한 맛을 음미할 수 있다.

〈주요 라인업〉
- 필스
- 우어 보크 헬
- 알코올 프리
- 둥켈

DATA
마이 우어 보크
스타일 마이보크 (하면 발효)
원료 보리 맥아·홉·물
내용량 330㎖
도수 6.5%
생산 아인벡커 양조장

문의 다이에 인더스트리

보크 발생지 아인베크에서 만든 맥주로 우어 보크Ur Bock란 '원조 보크'라는 뜻이다. 17세기, 맥주 양조 중심지였던 아인베크 양조 기술자를 뮌헨으로 초빙해 제조법을 채용한 것이 보크비어의 시작이다. 어원은 '아인베크'가 '보크'로 변형되었다는 말도 있으며, 숫염소(보크Bock)같이 힘이 강해서라고도 한다.

1250년경부터 아인베크에서는 일반 가정에서 맥주를 양조했으며, 맥주 양조 통을 커다란 바퀴가 달린 수레에 싣고 마차로 다니면서 집집마다 팔았다. 지금도 오래된 집 입구는 큰 맥주 양조 통이 통과할 수 있도록 높은 아치형이다. 17세기에 일어난 30년전쟁으로 마을은 파괴되고 각자 집에서 맥주를 만드는 일은 불가능해졌다. 하는 수 없이 시민들은 마을 뒤쪽에 공동으로 새로운 시민 양조장을 만들었다. 이것이 바로 아인벡커 양조장이다. 종교개혁 주창자 루터도 '인류에게 가장 맛있는 음료는 아인벡커 맥주'라 칭송했다.

괴테도 사랑한 비터 초콜릿 같은 흑맥주
Köstritzer

쾨스트리처
슈바르츠비어

Germany

LABEL
오늘날 라벨에는 양조장 근원이 된 지역 귀족을 상징하는 문장을 그렸다. 이전 라벨에는 이 맥주 팬이던 괴테 초상을 그렸다.

슈바르츠란 독일어로 '검다'는 뜻이다. 이름 그대로 외관은 깊은 검은색. 비터 초콜릿이 연상되는 약간 쌉쌀하면서 부드러운 단맛. 색에서 느껴지는 무게감보다는 맛이 가벼우며 깔끔하다.

향

아로마 ● 로스팅한 맥아의 쌉쌀한 맛을 느끼게 해주는 향. 카카오와 견과 향도 난다.
플레이버 ● 비터 초콜릿 맛이 느껴지는 풍미. 무화과 같은 짙은 향도 감돈다.

외관

깊은 검은색. 빛을 비추면 약간 붉은색도 보인다. 거품은 연한 구리색.

보디

미디엄 보디. 샤프한 목 넘김을 만들어주는 하면 발효 효모를 사용해서 짙은 색에서 연상되는 무게감은 없다.

〈주요 라인업〉
● 필스너

DATA
쾨스트리처 슈바르츠비어
스타일 슈바르츠
(하면 발효)
원료 보리 맥아·홉·물
내용량 330㎖
도수 4.8%
생산 쾨스트리처사

산뜻함 / 감칠맛 / 신맛 / 단맛 / 쓴맛 / 향

문의 다이에 인더스트리

라이프치히에서 남서쪽으로 50킬로 떨어진 바트 쾨스트리츠 마을에서 만드는 맥주다. 독일을 대표하는 문호 괴테가 좋아하는 맥주로 유명하다. '괴테는 수프도 고기도 먹지 않았다. 괴테는 맥주와 작은 빵으로 살았다. 하인에게 쾨스트리처 흑맥주나 다갈색 맥주를 주문하는 게 전부였다'는 친구가 쓴 편지글이 괴테의 맥주 사랑을 증명한다.
창업은 1543년. 부원료를 인정하던 구 동독 시대에는 설탕을 넣은 것도 판매했다. 1950년대까지는 통 맥주만 취급하고 병맥주는 취급하지 않아, 시민은 반주용이나 선물용으로 빈 병에 이 맥주를 담아 집으로 돌아가곤 했다. 1991년, 비트부르거 양조장 산하로 들어가면서 판로를 넓혀 오늘날에는 '슈바르츠라면 쾨스트리처'라 불릴 정도로 독일에서 지명도가 높다.
9℃ 정도로 차게 한 상태에서 마시기 시작해 점점 온도가 올라가면서 향이 열리는 것을 즐기는 것도 애주가답게 마시는 방법이다.

스모크 향이 감도는 강렬한 훈제 맥주
Schlenkerla

슈렝케를라
라우흐비어 메르첸

LABEL
상단 문자 '에히트(Aecht)'는 독일 고어(古語)로 '진정한'이라는 뜻이다.

국내외에서 수많은 상을 받았다. 개성 있는 맛이라 호불호가 확실히 나뉘지만, 마시다 보면 반해버려 멈출 수 없다. 훈제 치즈나 베이컨을 곁들여 마시면 최고다.

아로마 ● 강렬한 스모크 향. 스카치위스키나 블랙커피와 비슷한 향도 난다.
플레이버 ● 장작불을 피운 나무에서 배어 나온 기름 향. 연기 향과 함께 태운 토스트와 볶은 견과 같은 고소함도 입안에서 코로 빠져나간다.

외관 보라색이 들어간 칠흑. 거품은 약간 갈색이 나며 풍만하다.

보디 풀 보디. 입안 가득히 스모크 향이 피어난다. 혀에서 느껴지는 감촉은 부드러우며, 연하게 산미도 느껴진다.

〈주요 라인업〉
- 라우흐비어 바이젠
- 라우흐비어 라거
- 라우흐비어 우어 보크

DATA
슈렝케를라
라우흐비어 메르첸
스타일 라우흐(하면 발효)
원료 보리 맥아·홉·물
내용량 500㎖
도수 5.1%
생산 헬러 양조장
(Brauerei Heller)

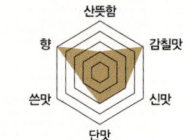

문의 쇼와 무역

1678년부터 시작된 역사가 오래된 슈렝케를라 양조장에서 만든다. 양조장이 위치한 밤베르크 구 시가지는 중세 마을의 자태를 고스란히 간직하고 있어 '작은 베네치아'라고도 불린다. 마을 경관이 아름다워 유네스코 문화유산에도 올랐다.

'라우흐'는 독일어로 '연기'를 이른다. 이름 그대로 연기 향이 강렬한 맥주다. '라우흐비어Rauchbier'를 만드는 맥아는 로스팅하기 전에 너도밤나무를 태우는 불 위에 직접 얹어 건조한다. 맥아를 연기로 그슬려주면 독특한 풍미가 생긴다. 너도밤나무는 현지 프랑켄 지방에서 자라는 나무를 잘라 3년 동안 천천히 건조한 것을 사용한다. 양조장 직영 레스토랑에서는 나무통에 담긴 라우흐를 마실 수 있어 관광객과 맥주 애호가들로 늘 북적인다.

시내에 자리한 양조장 10곳 중에서 항상 라우흐비어를 만드는 곳은 슈렝케를라와 슈페치알Spezial, 이 두 양조장뿐이다. 슈렝케를라 맥주는 스모크 향이 상당히 강하다.

현존하는 가장 오래된 양조장에서 만드는 아름다운 바이젠

Weihenstephaner

바이엔슈테판
크리스털 바이스비어

Germany

LABEL
바이에른 주 공영 기업이라는 것을 나타내는 사자 2마리가 엠블럼을 떠받치는 디자인이 돋보인다. 아래쪽 녹색 띠에 적힌 글자 'ALTESTE BRAUEREI DER WELT'는 '세계적으로 가장 오래된 양조장'을 뜻한다.

필터에 효모를 여과시켜 바이젠 특유의 바나나 향은 약하고 맛은 깔끔하다. 바이젠 초심자라도 마시기 편한 맛이다.

 향
아로마 ● 덜 익은 바나나가 풍기는 싱싱한 향과 와인용 포도 샤르도네가 생각나는 달콤한 향.
플레이버 ● 꽃 같은 섬세함과 열대 과일 같은 풍부하고 상쾌한 향이 겹친다.

 외관
밝은 황금색. 흰 거품은 풍부하고 폭신하다.

 보디
라이트 보디. 시원한 과즙처럼 목에 걸리는 것 없이 꿀꺽꿀꺽 넘어간다.

〈주요 라인업〉
• 헤페 바이스비어
• 헤페 바이스비어 둥켈

DATA
바이엔슈테판
크리스털 바이스비어
스타일 크리스털 바이젠 (상면 발효)
원료 보리 맥아·밀 맥아·홉·물
내용량 500ml
도수 5.4%
생산 바이엔슈테판 양조장

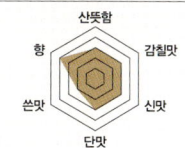

문의 닛폰 맥주

뮌헨 북쪽, 공항에서 가까운 도시 프라이징Freising 언덕에 지은 현존하는 세계에서 가장 오래된 양조장 바이엔슈테판. 725년에 베네딕트파 전도사가 수도원을 세웠고, 1040년에 맥주 양조를 시작했다고 한다.
수도원은 나폴레옹이 침공해 폐쇄되고 오늘날에는 바이에른 주 공영 기업으로 운영한다. 부지 내에 자리한 뮌헨 공과대학에서는 전 세계에서 연구가와 학생들이 모여 세계 맥주 양조 발전에 공헌한다. 가장 오래된 양조장으로서 전통과 격식을 유지하며 신기술을 개발하는 싱크 탱크로서 부지 내 곳곳에는 연구 시설이 즐비하다. 양조장은 숲에 둘러싸인 모습이며, 레스토랑과 비어 가든을 운영해 금방 만든 신선한 맥주를 맛볼 수도 있다.
'크리스털 바이스비어' 외에도 효모가 들어간 '헤페 바이스비어'도 유명하다. 맥주뿐 아니라 우유와 치즈 등 유제품도 같은 브랜드로 제조해 뮌헨 시민들의 식탁에 오르고 있다.

🇩🇪 독일

순하고 프루티한 바이젠
Franziskaner
프란치스카너
헤페 바이스비어

〈주요 라인업〉
- 바이스비어 둥켈
- 바이스비어 크리스탈클라

LABEL
프란치스코회 수도사가 그려진 라벨은 양조장 맥주가 지나온 역사와 유래, 탁월한 품질을 나타낸다.

향
아로마 ● 클로브 같은 스파이시한 향, 짙게 감도는 프루티한 향, 갓 구워낸 빵같이 온기가 느껴지는 향이 난다.
플레이버 ● 데친 바나나 같은 달콤한 향기에서 연하게 감귤류와 효모 풍미가 살아 있다.

외관
효모를 듬뿍 사용해 탁한 흰색이 섞인 진한 오렌지색. 거품은 결이 곱고 봉긋하게 솟아난다.

보디
미디엄~풀 보디. 크리미하면서 연한 산미, 균형 잡힌 깊은 맛이 일품이다.

DATA
프란치스카너
헤페 바이스비어
스타일
헤페 바이젠
(상면 발효)
원료
밀 맥아·보리 맥아·홉·물
내용량
355㎖, 500㎖
도수
5.0%
생산
슈파텐-프란치스카너 양조장

문의 자토 트레이딩

효모가 자연스럽게 만드는 탁한 색이 특징이다. 감칠맛이 풍부하고 맛이 강한 바이에른을 대표하는 바이스비어. 밀 맥아를 넉넉하게 사용해 전통적인 상면 발효 제조법으로 만들었다.
병 바닥에 가라앉은 효모까지 잔에 따라 끝까지 마시는 것이 좋다.

독일에서 가장 많이 팔리는 바이스비어
Erdinger
에딩거
바이스비어

〈주요 라인업〉
- 바이스비어 둥켈
- 비이스비어 크리스털

LABEL
라벨 상징 마크만 봐도 맥아에 대한 고집이 느껴진다. 단백질이 적은 종을 선택해 계약한 농가에서 재배한다.

향
아로마 ● 달고 프루티한 바나나 향이 강하다. 오렌지와 서양배처럼 싱싱한 향이 계속 난다.
플레이버 ● 바이젠 특유의 바나나와 클로브 향은 아로마보다는 억제되었다. 레몬 같은 산미와 효모에서 생긴 청주 향도 난다.

외관
탁한 흰색이 섞인 황금색. 거품은 견고하고 높이 솟아오른다.

보디
미디엄~풀 보디. 맛이 깔끔해 음식과 궁합이 잘 맞는다.

DATA
에딩거
바이스비어
스타일
헤페 바이젠
(상면 발효)
원료
보리 맥아·밀 맥아·홉·물
내용량
500㎖
도수
5.6%
생산
에딩거 바이스 브로이

문의 다이에 인더스트리

독일에서 가장 많이 마시는 바이스비어 시리즈 중 하나인 에딩거. 뮌헨 중심부에서 북동쪽으로 30킬로 떨어진 에딩Erding에 자리한 이 양조장은 바이스비어를 특화한 것으로 유명하다.
화려하면서 절제된 향은 바이젠 초심자도 마시기 편하다.

쾰른이 만든
아름답고 고급스러운 맥주
Dom Kölsch
돔 쾰슈

LABEL
지역 상징이면서 세계 문화유산에도 등록된 쾰른 대성당(Dom) 실루엣을 라벨에 그렸다.

아로마 ● 보리의 부드러운 향과 화이트 와인 같은 프루티한 향.
플레이버 ● 샤르도네처럼 싱그러운 향. 뒤로 갈수록 고급스러운 홉 향이 퍼져 나간다.

선명한 황금색. 슈탕에라는 좁고 긴 전용 잔에 따를 때는 거품 두께를 2.5센티로 만드는 것이 전통이다.

라이트~미디엄 보디. 샤르도네처럼 맛이 산뜻하고 화려하다. 혀와 목구멍을 가볍게 통과해 상쾌하다.

DATA
돔 쾰슈
스타일
쾰슈
(상면 발효)
원료
보리 맥아·홉·물
내용량
330㎖
도수
4.8%
생산
돔 양조장

문의 쇼와 무역

쾰슈는 맥주에 드물게 존재하는 원산지 통제 호칭이다. 쾰른 부근 양조장 24곳에서 만드는 것만 '쾰슈'라는 이름을 붙일 수 있다.
섬세하고 세밀한 제조법은 로마 시대부터 이어지는 그 지역 역사와 자긍심이 느껴진다. 맛은 화려하고 목 넘김이 샤프하다.

에일과 라거 장점만 따온
하이브리드 맥주
Gaffel Kölsch
가펠 쾰슈

Germany

LABEL
'가펠'이란 쾰슈가 발전하는 데 공헌한 중세 길드(동업 조합)의 한 일파를 이른다. 엠블럼 속 인물은 쾰른 문장(紋章)을 든 모습이다.

아로마 ● 제비꽃 같은 향기와 샤르도네 같은 과즙 향.
플레이버 ● 섬세하고 고급스러운 홉 향. 흰 빵 같은 보리의 부드러운 향이 희미하게 난다.

탁한 흰색이 조금 섞인 황금색. 거품은 결이 곱고 잔에 오래 남는다.

라이트~미디엄 보디. 프루티하지만 단맛이 적은 꽉 조여진 라이트한 맛.

DATA
가펠 쾰슈
스타일
쾰슈
(상면 발효)
원료
보리 맥아·밀 맥아·홉·물
내용량
330㎖
도수
4.8%
생산
가펠 양조장

문의 다이에 인더스트리

쾰슈는 상면 발효 효모를 사용하지만, 저온에서 숙성한다. 해서 상면 발효 맥주 같은 프루티한 향이 감돌면서도 샤프한 맛으로 완성된다.
그중에서도 '가펠'은 보리만이 아니라 밀 맥아도 사용해 프루티한 느낌이 한층 더하다.

독일

쓴맛의 여운이 인상적인, 전통 기법의 새로운 알트 맥주
Zum Uerige
춤 유리게
유리게 알트 클래식

LABEL
병뚜껑 대신 스윙 톱을 장치해 개성 넘치는 병에 매치한 유니크한 라벨. 라벨에 원재료를 적어 넣는다. 유리게 고유 효모를 사용한 것을 강조하기 위해 마지막 한 줄은 다른 색을 사용했다.

농후한 맥아가 풍기는 풍미와 뒤따라오는 홉이 내는 쓴맛. '독일에서 가장 쓴 맥주'라 불리지만 텁텁함은 없는 깨끗하고 싱그러운 맛.

향

● **아로마** ● 잘라낸 풀 향기. 설탕 사탕 같은 고소하고 달콤한 향.
● **플레이버** ● 볶은 보리 같은 고소한 향 뒤로 홉이 뿜어내는 화려하고 신선한 향이 코를 빠져나간다.

외관

효모에서 나온 탁한 색이 섞인 붉은색이 감도는 구리색이다. 거품은 갈색이 가미된 크림색.

보디

미디엄 보디. 캐러멜 몰트가 주는 단맛과 홉의 쓴맛이 주는 콘트라스트가 빼어나다.

〈주요 라인업〉
· 유리게 바이젠
· 유리게 슈티케
· 유리게 도펠 슈티케

DATA
유리게 알트 클래식
스타일 알트
(상면 발효)
원료 보리 맥아·물·홉
내용량 330㎖
도수 4.7%
생산 유리게 양조장

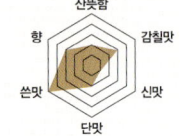

문의 쇼와 무역

알트 맥주의 '알트alt'는 독일어로 '오래된'이라는 뜻이다. 맥주가 오래됐다는 것이 아니라 새롭게 등장한 하면 발효에 비해 전통적인 상면 발효를 가리킨다. 1862년, 춤 유리게 양조장은 뒤셀도르프 구 시가지에서 창업했다. 유리게Uerige란 '독특한', '기묘한'을 뜻하는 단어로 창업자 성격이 독특해 이름 지어졌다고 한다. 뒤셀도르프 구 시가지는 크고 작은 다양한 브루펍 (BrewPub, 양조장과 함께 운영하는 펍-옮긴이)과 레스토랑이 줄지어 있어 '세계에서 가장 긴 바 카운터'라 불린다. 그 일각에 있는 유리게는 현지에서도 인기가 높아 길가까지 사람이 넘쳐나 북적인다.
1년에 2회, 슈티케(Sticke, 사투리로 '비밀'이라는 뜻)라 불리는 특별 양조 맥주를 만든다. 이 맥주도 병에 담아 수출하지만, 수량은 적다.

미수입 맥주와 구하기 쉽지 않은 한정품 등 희귀 맥주 소개

Germany

파란색 라벨 맥주에는 시럽이 안 들어 있다.

미수입 뮌헨 부근에서 판매

Augstiner Hells
아우구스티너 헬레스

- **아로마** ● 홉의 부드러운 향과 순한 보리가 풍기는 고소함.
- **플레이버** ● 보리가 풍기는 고소한 향과 홉의 편안한 청량감이 코를 자극한다. 상쾌한 향.

외관
- 밝은 황금색. 거품은 흰색으로 결이 곱다.

보디
- 미디엄 보디. 혀 위에서 편안한 쓴맛과 감칠맛이 남는다. 탁하지 않다.

DATA
아우구스티너 헬레스
스타일
헬레스(하면 발효)
원료
보리 맥아·홉·물
내용량
500㎖
도수
5.2%
생산
아우구스티너 양조장

뮌헨 토박이만 아는 맥주
창업은 1328년. 아우구스티너 수도원 부속 양조장에서 시작한, 뮌헨 시내에서 가장 오래된 양조장에서 만드는 맥주다. 현지에서도 압도적인 인기를 자랑한다. 뮌헨과 그 근처에서만 팔아 맥주가 외부로 나가는 일이 거의 없다. 맛이 깊으면서도 질리지 않는 깨끗한 맥주다.

미수입 베를린 부근에서 판매

Berliner Kindl Weisse
베를리너 킨들 바이세

- **아로마** ● 레몬이나 요구르트 같은 산미가 있는 향. 꽃 같은 달콤한 향도 난다.
- **플레이버** ● 레몬과 푸른 사과, 드라이한 리슬링 와인을 연상케 하는 시원한 향.

외관
- 시럽을 넣기 전에는 탁한 흰색이 섞인 노란색. 거품은 잘 생기지만 곧 꺼진다.

보디
- 라이트 보디. 상큼한 산미에 부드러운 밀의 단맛이 희미하게 더해져 상쾌하다.

DATA
베를리너 킨들 바이세
스타일
베를리너 바이세 (상면 발효)
원료
보리 맥아·밀 맥아·홉·물
내용량
500㎖
도수
3.0%
생산
킨들 양조장

시큼하고 상쾌하며, 시럽을 넣는 맥주
베를린에서 '베를리너 바이세'를 주문하면 빨간색과 녹색 중 어떤 걸로 마시겠느냐고 묻는다. 유산균으로 발효해서 그대로 마시면 레몬처럼 산미가 강해, 빨간색(로즈베리)이나 녹색(선갈퀴) 등의 시럽을 섞어 마시는 것이 일반적이다.

COLUMN

옥토버페스트로 만나는 세계 맥주 축제

'옥토버페스트'의 기원은 독일로 거슬러 올라간다. 독일 지역에서 축제를 즐기는 법을 소개한다.

옥토버페스트는 10월의 첫 일요일을 마지막 날로 하는 9월 하순부터 시작해 16일 동안, 뮌헨 시내 남서부에 위치한 '테레지엔비제'에서 개최하는 세계 최대 맥주 축제다.

놀랄 만한 점은 규모다. 42헥타르(도쿄 돔 9개 넓이!)

부지 안에 거대한 텐트 14개를 설치한다. 축제 중에는 전 세계에서 600만 명 이상에 달하는 맥주 팬이 몰려온다. 부지 내는 이동 유원지가 되어 대관람차와 사격장, 유령의 집, 제트코스터 등 여흥 거리가 늘어선다. 축제에 텐트를 칠 수 있는 양조장은 뮌헨 시내에 있는 전통 양조장 6곳뿐이다. 아우구스티너, 슈파텐, 파울라너, 하커 프쇼르Hacker Pschorr, 호프브로이, 뢰벤브로이Löwenbrau. 경마장처럼 만든 슈파텐, 천국 하늘을 그린 하커 프쇼르 등 텐트마다 테마가 다르다.

텐트 안은 한낮에도 대성황을 이룬다. 민족 음악을 연주하는 음악대가 유쾌한 리듬을 연주하고 여기저기에서 사람들이 큰 소리로 웃고 노래하며 굉장한 열기를 내뿜는다. 제공하는 맥주는 전부 이 축제를 위해 특별히 양조한 옥토버페스트비어(메르첸)다. '마스Mass'로 불리는 1ℓ 맥주잔에 나온다. 1ℓ가 많다고 생각하겠지만, 적당한 알코올 도수와 시원한 목 넘김에 바로 몸이 뜨거워지면서 흥겨운 분위기에 휩쓸리다 보면 순식간에 맥주잔을 비우게 마련이다.

GNTB/ Niedermuller, Thomas

GNTB/Buro Gaff Adenis, Pierre

Oktoberfest
뮌헨에서 시작한 세계 최대 맥주 축제

연주가 한 팀 끝날 때마다 건배 음악이 흘러나오는데 이때는 모두 일어서 어깨동무를 하고 노래하면서 건배한다. 긴 테이블의 옆자리에 앉은 낯선 사람도 분위기에 취해 친구처럼 함께 노래하고 마시다보면 순식간에 친해진다. 해가 지면 회장에 오른 열기는 최고조에 달한다. 모두 맥주잔을 한 손에 들고 긴 의자 위로 올라가 발로 박자를 퉁기며 춤추기 시작한다. 체격 좋은 독일인이 춤을 추면서 점프하는데 의자가 부서지지 않는 것이 신기할 정도다.

옥토버페스트 기원은 1810년. 바이에른 왕국 황태자였던 루트비히 1세와 테레제 공주의 결혼을 기념하며 목장에서 경마를 개최했다. 경마 대회가 시민에게 호평을 받자 다음 해에도 개최했는데, 언젠가부터 맥주 포장마차가 늘어서더니 맥주 축제가 되어버렸다. 덧붙이자면 루트비히 1세는 후일 뮌헨 거리에 로마풍 건축물과 조형물을 많이 세운 인물로 노이슈반슈타인 성을 지은 광기 어린 왕 루트비히 2세의 할아버지다.

최근 이 축제는 일본에서도 성황이다. 일본에서는 봄부터 겨울까지 장소를 바꿔가며 개최한다. 1977년부터 비어홀에서 소리 소문 없이 시작했는데, 2003년에는 요코하마에서 대규모 축제를 연 이후로 매년 규모가 커간다. 도쿄는 히비야 공원, 오다이바, 도쿄 돔에서 개최하며, 지방 도시는 요코하마·센다이·고베·나가사키가 유명하다. 규모는 독일과 비교하면 작고 이동 유원지도 없지만, 민족음악 연주에 함께 건배하고 어깨동무를 하며 신나게 즐기는 광경은 독일과 다름없다.

독일 맥주만이 아니라 일본 지역 맥주 제조사도 자신들만의 최고 맥주를 준비해 축제에 참여한다. 작은 맥주잔도 마련해놓아 여러 종류의 맛을 다양하게 즐길 수 있다. 물론 1l짜리 맥주잔으로 쭉 들이켜 주변 시선을 한몸에 받는 것도 즐거운 일일 것이다. 올해는 각 지역 옥토버페스트에 참가해 독일스러운 분위기에서 맥주를 즐겨보는 것은 어떨까?

벨기에

🇧🇪 **BELGIUM**

다양한 문화를 배경으로
화려하게 감도는 깊은 전통

국토 면적 30,278제곱킬로미터에 1000만쯤 되는 사람들이 사는 벨기에. 이 작은 나라에서도 1000여 종이 넘는 맥주 상표를 만들며, 국민 1명당 맥주 소비량은 한국의 2배가 넘는다.

벨기에는 중세 이후 주변 여러 나라 영토에 속한 적도 있었지만, 거의 1000년이란 기간 동안 유럽의 중심이었다.

크게 나눠 게르만 계열 플라망족과 라틴 계열 왈론족이 산다. 세 언어(네덜란드어·프랑스어·독일어)를 공용어로 쓰는 다민족 다언어 국가다. 이렇게 벨기에는 다양한 민족이 모여 기호도 다르고, 주변 여러 국가로부터 적지 않은 영향을 받을 수밖에 없었다. 다양한 문화를 받아들이면서 다종다양한 맛을 담은 벨기에만의 수많은 상표를 탄생시킨 것이다. 지역마다 그 지방 특산물(곡물·과일 등)을 맥주에 사용한 것도 다양한 지역 맥주가 태어난 요인으로 꼽을 수 있다. 벨기에 맥주는 허브와 스파이스를 사용한 맥주가 많다. 원래 그 지역에서 나는 천연 보존료를 맥주 제조에 사용한 것이다.

더구나 19세기까지 주류를 이뤘던 자연 발효 맥주(람빅)를 양조할 수 있는 조건이 갖춰진 것도 독특한 맥주 문화가 생겨난 배경과 관련 깊다.

복잡한 역사, 다양한 요인 속에서 모두가 소중히 지켜온 벨기에 맥주. 벨기에 지방 도시에는 반드시 비어 카페가 있으며, 그곳에 가면 각 지역 토지만이 낼 수 있는 다양성이 풍부한 맥주를 즐길 수 있다.

BELGIUM
AREA MAP
벨기에 지도

각 지역 대표 맥주

호가든 화이트
보리 맥아와 밀 이외에 오렌지 필, 허브로 코리앤더(고수)를 사용한 밀 맥주. 안개가 낀 듯이 뿌옇고 옅은 노랑으로 상쾌한 산미를 자랑한다.

칸티용 괴즈
강한 산미와 독특한 향이 특징이다. 인공 재배한 효모가 아니라 공기 중에 떠다니는 야생 효모와 미생물을 이용해 자연 발효한 전통적인 벨기에 맥주.

로덴바흐 클래식
맥주를 상면 발효에서 발효한 후 오크 통에 장시간 숙성한다. 새콤달콤하고 상쾌한 맛이 특징이다.

북부 / 플랑드르 지방
(블랑데렌 지방 또는 플랜더스 지방)

북해

플랑드르

●브뤼셀

●리에주

남부 / 왈롱 지방
(왈로니아 지방)

왈로니아

세종 뒤퐁
주로 왈롱 지방에서 만들며 병 안에서 2차 발효를 하는 맥주다. 원래는 농가에서 겨울에 담아 여름에 마실 때까지 저장해 두는 가정용 맥주였다.

오르발
수도원 내에 양조장을 둔 트라피스트 수도원 맥주를 대표한다. 오르발 수도원은 남동부 뤽상부르Luxembourg 주에 있다.

생 쾨이엥 트리펠
수도원에서 위탁받은 일반 양조장에서 만든 애비 맥주. 일반적으로 트라피스트 맥주에 가까운 맛이 나는 맥주가 많다.

남북으로 나뉜 문화와 야생 효모 수도원 맥주 등 독자적으로 발전한 맥주로 가득한 곳

북부 / 플랑드르
북부 플랑드르 지역에는 게르만 계열 플라망인(약 60%)이 살며 플라망어를 사용한다. 화이트 에일, 레드 에일, 람빅(자연 발효) 등 프루티하고 산미가 있는 맥주를 생산한다.

남부 / 왈롱
남부 왈롱 지역에서는 라틴 계열 왈롱인(약 40%)이 살며 왈롱어를 쓴다. 세종 맥주 등과 같은 스파이시하고 상큼한 맥주를 생산한다.

벨기에에서 태어난 트라피스트 맥주

수도원 내부에 양조장을 둔 트라피스트회 수도원에서만 만드는 맥주. 이 호칭을 사용하도록 허가받은 양조장은 전 세계에서 8곳뿐이다(2013년 4월 기준). 1997년부터 '트라피스트'라는 호칭을 지키기 위해 'Authentic Trappist Products(트라피스트 정품)'라는 독자적인 마크를 사용한다.

브랜드	제조 수도원	역사
시메 ➡ P.56	스쿠르몽 수도원	1850년 설립. 1862년 제조 개시.
오르발 ➡ P.54	오르발 수도원	1070년대 설립 개시. 1930년대부터 양조 개시.
베스트말레 ➡ P.55	베스트말레 수도원	12세기 설립. 1836년부터 양조 개시. 1921년부터 일반 판매 개시.
아헬	아헬 수도원	1845년 설립. 1850년 양조 개시. 1998년에 승인받아 2001년부터 일반에게 유통했다. 브랜드는 5종으로, '브라운 5'와 '블론드 5'는 수도원 병설 카페에서만 마실 수 있다.
로슈포르 ➡ P.55	생 레미 수도원	1230년 여성 수도원으로 설립. 1465년 남성 수도원으로 전환. 1595년 양조 개시.
베스트블레테렌 ➡ P.67	성 식스투스 수도원	1831년 설립. 1838년 양조 개시. 병에는 라벨이 없고 현지 판매만 한다.
라 트라프(네덜란드) ➡ P.99	코닝스후벤 수도원	1881년 설립. 1884년 양조 개시.
엥겔스첼 (오스트리아)	엥겔스첼 수도원	1293년 설립. 1590년 양조 개시. 2012년에 양조를 다시 시작해 그해에 트라피스트 맥주로 인정받았다.

벨기에 지방에는 우리에게 익숙한 시원하게 마시는 필스너뿐 아니라 야생 효모의 힘을 빌려 만든 맥주, 상면 발효로 만든 맥주, 각 지방에서 수확한 곡물·과일·스파이스 등을 사용해 만든 맥주 등 전통 제조법을 계승한 맥주가 많다.

이렇게 만든 다종다양한 맥주는 식사 전, 식사 중, 식사 후, 취침 전 등 모든 상황에 맞춰 즐긴다. 요리와 어울리는 페어링은 물론이고 맥주를 사용한 요리, 온도 변화에 따른 향과 맛 차이, 숙성에 따른 맛 변화 등 즐기는 법은 정말 다양하다. 벨기에 맥주는 맛 자체 외에도 맥주마다 다양한 일화가 숨어 있어 묘미가 쏠쏠하다. 전용 잔, 컵 받침, 병뚜껑 등 조연들의 존재도 벨기에 맥주가 주는 커다란 즐거움 중 하나다.

STYLE
벨기에의 주요 스타일

에일(상면 발효)
ALE

벨지안 스타일 화이트 에일

호가든 마을에 오래전부터 전해 내려오는 밀 맥주. 밀을 맥아로 만들지 않고 사용해 생기는 백탁 현상 때문에 '화이트'라 부른다. 코리앤더와 오렌지 필을 사용해 맛은 스파이시하면서도 프루티하다.

벨지안 스타일 페일 에일

홉 캐릭터를 잘 살린 구리색 맥주. 알코올 도수는 5.0~6.0% 정도가 많고 벨기에 맥주치고는 가벼운 편이다.

벨지안 스타일 페일 스트롱 에일

알코올 도수가 7.0% 이상인 맥주. 프루티하면서도 벨지안 캔디 슈가(Belgian Candi Sugar, 주로 벨지안 스타일 맥주에 들어가는 재료로 알코올 도수를 높여주고 보디감은 가볍게 해주면서 캐러멜 아로마를 생성하는 역할을 담당 — 옮긴이) 캐릭터가 뚜렷하게 드러난다. 맥주 색은 프루티한 향의 밝은 황금색과 캔디 슈가의 고소한 향이 나는 짙은 색이 있다.

벨지안 스타일 다크 스트롱 에일

호박색부터 진한 갈색까지 있으며, 알코올 도수는 7.0% 이상인 맥주. 크리미하고 달며 흑설탕 같은 캐릭터가 인상적이다. 실제 도수와 달리 알코올감이 강하게 느껴지지 않는다.

세종

처음에는 농민들이 여름에 일하다가 마시려고 집에서 만들던 맥주라고 한다. 당시에는 겨울에 담아 여름까지 보관했으므로 부패를 방지하기 위해 홉을 많이 사용했고 지금도 그 방식대로 만든다. 야성의 맛과 향이 풍부한 맥주, 산미가 있는 맥주 등 개성이 강하다.

스페셜 맥주

메이플 시럽, 포테이토, 꿀 등 맥주를 제조할 때 통상적으로 사용하지 않는 발효 원료를 사용한 맥주 총칭이다.

Belgium

플랑드르 레드 에일

플랑드르 지방 서부에서 맛볼 수 있는 붉은 색이 도는 맥주. 체리와 시트러스 같은 프루티한 산미가 신선한 인상을 준다.

플랑드르 브라운 에일

플랑드르 지방 동부에서 맛볼 수 있는 붉은 색을 띤 갈색 맥주. 고소한 향과 프루티한 산미가 균형을 잡아준다.

두벨

몰티하면서도 프루티한 짙은 색 맥주. 알코올 도수는 6.0~7.5%. 대개가 수도원 맥주 제조 방식을 답습한다.

트리펠

프루티한 옅은 색 계열 맥주. 알코올 도수는 7.0~10.0% 이상. 두벨과 마찬가지로 대개가 수도원 맥주 제조 방식을 답습한다.

애비 맥주

수도원으로부터 수도원 이름과 맥주 제조 레시피를 위탁받아 민간 양조장에서 만든 맥주.

자연 발효
Natural

람빅

공기 중이나 나무통에 사는 야생 효모로 자연 발효한 맥주로 산미가 강하다. 통에서 숙성시킨 것과 새 술을 블렌딩한 '괴즈Gueuze', 크릭(Kriek, 체리)과 프랑부아즈(Framboise, 라즈베리)같이 과일을 절여 만든 '프루트 람빅Fruit Lambic'이 유명하다. 오늘날 시판하는 맥주 중에서는 가장 고전적인 양조 방법이다.

가장 대표적인 벨지안 화이트
Hoegaarden

호가든
화이트

아로마 ● 오렌지·사과·살구 같은 과일 향.
플레이버 ● 오렌지 같은 감귤류 플레이버.
향

불투명한 흰색이 섞인 밝은 노랑.
외관

라이트 보디. 프루티하고 스파이시하다. 상큼한 산미가 특징인 편안한 맛.
보디

LABEL
상부에는 맥주를 담글 때 사용했던 노와 가톨릭 주교를 의미하는 지팡이 마크를 디자인했다. 하부에는 네덜란드어와 프랑스어로 '희다'고 써놓았다.

밀을 사용한 맥주. 코리앤더 씨앗과 오렌지 필 등 스파이스를 사용한다.

〈주요 라인업〉
• 금단의 열매(Forbidden Fruit)
• 그랑 크뤼(Grand Cru)

DATA
호가든 화이트
스타일 화이트 에일
(상면 발효)
원료 맥아·홉·밀·
코리앤더 씨앗·
오렌지 필
내용량 330㎖
도수 4.9%
생산 앤호이저
-부시 인베브사

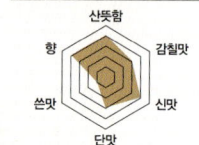

문의 아사히 맥주

현재 매출과 시장 점유율 모두 세계 넘버원을 자랑하는 앤호이저-부시 인베브사Anheuser-Busch InBev 산하 호가든 양조장. 브뤼셀에서 동쪽으로 자동차로 1시간 정도 달리면 호가든 마을에 도착한다. 이 마을에서 15세기에 시작한 화이트 맥주 양조는 2번에 걸친 세계대전과 필스너 맥주와 벌인 경합, 주세 인상 등이 원인이 되어 1957년에 일단 맥이 끊어졌다. 마지막에 문을 닫은 톰신 양조장 옆집에 살던 우유 가게 주인 피에르 셀리스Pierre Celis 덕분에 부활할 수 있었다.

오늘날 벨기에에서 소비하는 스페셜 맥주 가운데 약 20%는 '호가든 화이트'다. 스페셜 화이트의 본보기라 할 수 있는 맥주가 된 것이다. 스파이시하면서 향수 같은 향, 상큼한 과일 풍미와 베이스에 깔린 꿀 같은 맛으로 벨기에 맥주 중에서도 인기 만점이다. 전용 잔은 조종約鐘을 거꾸로 세워놓은 모양으로 손의 열기가 맥주에 전해지지 않도록 두껍게 만든다.

구 수도원과 이어지는 애비 맥주
St.Feuillien

생 푀이엥
트리펠

향
아로마 ● 유자·그레이프프루트 등 상큼한 감귤류 향기와 사과 같은 향. 후추 같은 스파이시한 향도 난다.
플레이버 ● 아로마 외에 서양배, 감귤류 플레이버.

외관
투명하면서도 진한 골드.

보디
미디엄~풀 보디. 홉이 강하게 작용해 스파이시한데도 감칠맛도 풍부하다. 균형감이 좋다.

LABEL
생 푀이엥은 같은 라벨이 3개다. 트리펠이 파란색, 부륀(Brune)이 빨간색, 블론드가 노란색이다. 루 루 마을 정경을 담은 라벨은 이전 라벨 타입이다. 지금은 로고만 들어간다.

예전에 존재했던 수도원 제조 방식을 이어받은 애비 맥주. 트리펠은 알코올 도수가 높은데, 강한 알코올 도수가 느껴지지 않을 정도로 맛이 상쾌하다.

〈주요 라인업〉
• 블론드
• 부륀

DATA
생 푀이엥 트리펠
스타일 애비 맥주 (상면 발효)
원료 맥아·홉·스파이스·당류
내용량 330㎖
도수 8.5%
생산 생 푀이엥 양조장

문의 브뤼셀

생 푀이엥 양조장은 1873년에 스테파니 플리어가 설립했다. 설립 당시 이미 '그리제트Grisette'를 포함한 몇 가지 맥주를 양조했으며, 1950년부터는 필스너와 스타우트 등 다양한 맥주, 거기에 생 푀이엥 수도원 맥주 양조도 시작했다. 2000년에는 주력 상표를 더 받아 플리어 양조장에서 생 푀이엥 양조장으로 개명했다. 최근에는 4대째 형제들이 경영한다.

'생 푀이엥'은 예전에 존재했던 수도원의 제조방식을 이어받은 애비 맥주다. 7세기, 포교하려고 대륙으로 건너온 푀이엥이라는 아일랜드 수도사 이름에서 유래했다. 655년에 푀이엥은 오늘날 루 루라는 작은 마을에서 박해를 받아 처형되었다. 1125년, 그 장소에 제자들이 세운 건물이 생 푀이엥 수도원이다.

'생 푀이엥'은 330㎖ 병 외에도 살마나자르Psalmanazar라 불리는 9ℓ 병까지 용량을 다양하게 출시한다.

'세계에서 마성이 가장 강한 맥주'라 불리는 골든 에일
Duvel Moortgat
듀벨 모르트가트
듀벨

아로마 ● 오렌지·레몬 같은 감귤류 향. 클로브·후추 등의 스파이시한 향.
플레이버 ● 아로마에 바나나 등을 숙성한 과일 향이 추가된 플레이버.

아름답게 빛나는 밝은 황금색. 머랭 같은 거품이 확실하고 크게 부풀어 오른다.
외관

풀 보디. 홉에 의한 쓴맛과 풍부한 감칠맛이 균형 있게 정리된 맛.
보디

LABEL
'듀벨'은 프랑스어로 악마를 뜻한다. 병 속 숙성 맥주라는 것을 나타내는 'Bottle Conditioned'라는 글자가 쓰여 있다.

2개월에 걸친 오랜 숙성과 병 속 발효로 섬세한 향과 절묘한 쓴맛이 만들어진다.

〈주요 라인업〉
- 베데트 엑스트라 화이트(Vedett Extra White)
- 마레드수스(Maredsous)

DATA
듀벨
스타일 스트롱 골든 에일 (상면 발효)
원료 맥아·홉·당류·효모
내용량 330㎖
도수 8.5%
생산 듀벨 모르트가트사

듀벨 모르트가트 양조장은 안트베르펜Antwerpen 주 브린동크에 1871년에 설립한 양조장이다. 처음에는 상면 발효로 가벼운 블론드 에일을 만들었는데, 그 후 영국풍 에일 양조를 시험해 '악마'라는 의미를 지닌 유명한 '듀벨'을 탄생시켰다. 1970년, 황금색 '듀벨'을 판매하면서 황금시대를 열었다. 최근에는 아슈프Achouffe 양조장, 리프만스Liefmans 양조장, 드 코닉De Koninck 양조장을 산하에 두는 등 벨기에 스페셜 맥주의 최고봉으로 존재감을 키워간다.

듀벨은 병에 담은 후, 온도 차이가 나는 두 저장고에서 2개월에 걸친 숙성과 병 속 발효를 한다. 온도에 따라 맛이 바뀌므로 식전주뿐만 아니라 식사 중이나 식후에도 다 즐길 수 있다. 튤립 모양을 한 전용 잔은 천천히 마시며 즐기려고 연구해 만든 것이다. 잘록하게 들어간 부분이 솟아오르는 거품이 넘치는 것을 막아주고, 잔 바닥에 새겨진 글자(D가 쓰여 있음-옮긴이)에서는 세밀한 거품이 피어오른다.

'세계 으뜸 맥주'를 특허 생산
St. Bernardus
세인트 버나두스
압트 12

〈주요 라인업〉
- 화이트
- 파테흐(Pater)
- 프리오르(Prior)

LABEL
맥주를 한 손에 들고 미소 짓는 수도사 모습을 담았다.

귀여운 코끼리가 그려진 위험한 맥주
Huyghe
휴
데릴리움 트레멘스

〈주요 라인업〉
- 데릴리움 녹터눔
- 데릴리움 레드
- 길로틴

LABEL
데릴리움 트레멘스를 마시면 나타난다는 분홍색 코끼리, 악어, 용, 새를 표현했다.

Belgium

아로마 ● 사과·살구·서양배·바나나·건포도 같은 복잡한 과일 향과 숲지게미 같은 향.
플레이버 ● 커피·캐러멜·초콜릿 같은 플레이버.

외관 붉은색이 들어간 진한 브라운.

보디 풀 보디. 입안에 도는 느낌은 달콤하고 부드러우며 알코올의 매운맛이 균형 있게 퍼진다.

DATA
세인트 버나두스 압트 12
스타일
애비 맥주
(상면 발효)
원료
맥아·홉·당류·효모
내용량 330㎖
도수 10.5%
생산
세인트 버나두스 양조장

문의 엠스키친

아로마 ● 사과·오렌지·바나나 같은 과일 향. 후추·클로브 같은 스파이시 향.
플레이버 ● 아로마 외에 서양배와 꿀 같은 단맛이 느껴진다.

외관 투명한 골드.

보디 미디엄~풀 보디. 프루티하고 연한 단맛이 느껴지다가 나중에 강렬한 알코올의 매운맛이 느껴진다.

DATA
데릴리움 트레멘스
스타일
스트롱 골든 에일
(상면 발효)
원료
맥아·홉·당류·효모
내용량 330㎖
도수 8.5%
생산
휴 양조장

문의 히로시마

세인트 버나두스 양조장은 세계 으뜸 맥주라 불렸던 '베스트블레테렌'이 제2차 세계대전으로 파괴된 후 재건하다가 '성 식스투스St. Sixtus'라는 이름을 단 맥주를 특허로 생산하면서 알려졌다. '압트'는 대수도원 원장이라는 뜻이며 이름 그대로 시리즈 중에서 가장 강한 맥주다.

'데릴리움 트레멘스Delirium Tremens'는 라틴어로 '알코올 중독증으로 인한 떨림과 환각'을 뜻한다. 라벨에는 행복을 상징하는 분홍색 코끼리와 동물 몇 종류를 그렸다. 마시면 순서대로 환각이 나타난다는 의미를 포함한다. 1988년, 벨기에에 주재하던 이탈리아 수상이 요청해 처음 만들었다고 한다.

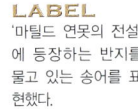
벨기에

트라피스트 맥주 중에서도 독보적인 존재
Orval
오르발

LABEL
'마틸드 연못의 전설'에 등장하는 반지를 물고 있는 송어를 표현했다.

아로마 ● 오렌지·레몬·사과 같은 과일 향.
플레이버 ● 오렌지 같은 감귤류 플레이버.

향

아주 밝은 오렌지색.

외관

미디엄 보디. 드라이 호핑(Dry-hopping)에 의해 홉이 주는 강렬한 개성이 느껴진다. 드라이하면서도 단맛과 산미가 복잡하게 섞여 있다.

보디

벨기에에 존재하는 6개 트라피스트 맥주 중 하나. 오르발 수도원이 만들어 출하하는 맥주는 이 '오르발' 단 한 종류뿐이다.

DATA
오르발
스타일 트라피스트(상면 발효)
원료 맥아·홉·당류·효모
내용량 330㎖
도수 6.2%
생산 오르발 수도원

문의 고니시 브루잉

이 맥주의 특색 있는 드라이한 맛은 1931년 양조장을 창립할 당시에 초빙한 첫 양조사 독일인 팟펜하이메르와 두 번째 양조사인 벨기에인 오노레 방 잔데 Honoré Van Zande가 만들었다. 두 사람은 숙성 단계에 홉을 추가하는 드라이 호핑 등 대중에게 알려지지 않은 기술을 사용했다. 양조 공정에서 효모를 넣는 타이밍은 3회 있으며, 3회째 병에 담을 때 넣는 효모 중 하나가 브레타노마이세스(Brettanomyces, 야생 효모)다.

이 효모도 '오르발' 맛을 결정하는 중요한 요인이다. '오르발' 라벨에 그려진 송어에는 전설이 있다. 1076년경 양조장 주변을 다스리던 토스카나 출신 마틸드 백작 부인이 먼저 세상을 뜬 남편에게 받았던 결혼반지를 연못에 빠뜨리고 말았다. 백작 부인이 "반지를 찾기만 한다면, 답례로 훌륭한 수도원을 짓겠다"고 기도하자, 송어가 반지를 물고 나타났다고 한다. 약속을 지키기 위해 지은 건물이 바로 오르발 수도원이다.

엄격한 수도원에서 만드는 농후한
트라피스트 맥주

Rochefort
로슈포르
10

〈주요 라인업〉
- 로슈포르 6
- 로슈포르 8

LABEL
숫자는 벨기에에서 쓰던 옛 단위며, 당분 비중을 나타낸다. 병뚜껑과 라벨 색이 '6'은 빨간색, '8'은 초록색이다.

 아로마 ● 바나나·건포도·무화과 같은 과일 향이나 캐러멜·초콜릿 같은 달콤한 향 등 복잡한 향.
플레이버 ● 서양자두·꿀·흑설탕·블랙 체리·견과 등 다종다양한 향.

 깊은 다크 브라운. 거품 결이 곱디곱다.

 풀 보디. 3종류 중에서 가장 알코올 도수가 높고 농후하다. 단맛과 뒷맛에서 느껴지는 쓴맛이 제대로 균형을 이룬다.

DATA
로슈포르 10
스타일
트라피스트
(상면 발효)
원료
맥아·홉·당류·효모
내용량
330㎖
도수
11.3%
생산
로슈포르 양조장

문의 고니시 브루잉

트라피스트 맥주 중 하나다. 다른 트라피스트 수도원에 있는 카페와 오베르주(Auberge, 주로 교외나 지방에 숙박 시설을 갖춘 레스토랑—옮긴이) 같은 시설이 없고, 외부인 출입 허가도 엄격하기로 유명하다. '로슈포르 10' 외에 알코올 도수 9.2%에 달하는 '8', 1년에 한 번만 담가 생산량이 아주 적은 '6'이 있다.

트리펠의 대명사가 된
트라피스트 맥주

Westmalle
베스트말레
트리펠

〈주요 라인업〉
- 베스트말레 두벨

LABEL
베스트말레 로고 마크가 들어간 크림색 라벨. 두벨은 라벨이 적자색이다.

 아로마 ● 바나나·클로브 같은 향, 감귤류 과일 향.
플레이버 ● 열대 과일, 오렌지 향이 퍼진다.

 오렌지색이 가미된 골드.

 미디엄~풀 보디. 아주 드라이한 풀 보디 맥주. 단맛, 감칠맛, 쓴맛이 균형을 이뤄 우아한 맛.

DATA
베스트말레
트리펠
스타일
트라피스트
(상면 발효)
원료
맥아·홉·당류·효모
내용량
330㎖
도수
9.5%
생산
베스트말레 양조장

문의 고니시 브루잉

트라피스트 맥주 중 하나다. 양조장이 있는 베스트말레 수도원은 1836년에 자급자족하려고 양조를 시작했으며, 1921년부터 일반에게 판매를 개시했다. 제2차 세계대전 이후에 만들어진 트리펠이 유명해지면서 '트리펠은 색이 연하고 알코올 도수가 높다'는 인식이 퍼졌다. '트리펠 맥주의 어머니'라고도 불린다.

트라피스트에서 유통량 넘버원을 자랑하는 맥주
Chimay
시메
블루

LABEL
상표마다 라벨 색이 다르다. '블루'에는 세 종류 중 유일하게 빈티지(생산 연도)를 적어놓았다.

'시메 블루'는 1948년에 크리스마스 맥주로 발매했던 맥주다. 인기가 높아 요즘은 1년 내내 생산한다.

향
아로마 ● 건초·빵·건포도·무화과·후추·캐러멜 같은 고소함. 감귤류에서 느껴지는 프루티한 향.
플레이버 ● 캐러멜·다크 체리·서양자두·연초 잎 같은 플레이버.

외관
붉은색이 감도는 다크 브라운.

보디
풀 보디. 농후하고 스파이시함도 느껴지는 맛.

〈주요 라인업〉
● 레드
● 화이트(트리펠)

DATA
시메 블루
스타일 트라피스트(상면 발효)
원료 맥아·홉·당류
내용량 330㎖
도수 9.0%
생산 스쿠르몽 수도원

출처 닛폰 맥주

스쿠르몽 수도원은 브뤼셀에서 약 2시간 정도 떨어진 에노 주 남단에 위치한다. 1850년 창설되어 1862년에 맥주 양조를 시작했다. 제2차 세계대전 당시는 양조를 중단하기도 했지만, 전쟁이 끝나자마자 맥주 제조를 재건하는 데 돌입했다. 당시 양조 기술 재건을 위해 컨설턴트로 초대한 양조학자 장 드 클레르크Jean De Clerck 교수와 당시 수도원 양조 주임을 담당한 테오도르Théodore 신부가 현재의 시메 맛을 확립했다.

트라피스트 맥주 중에서 가장 먼저 시판된 것이 시메며, 지금도 여러 맥주 시장에서 만날 수 있다. 수도원에서는 맥주 외에 치즈도 5종류 만든다.

'블루'는 3가지 유명 상표 가운데 유일하게 빈티지를 표시했으며, 맛은 매년 다르다. 용량은 4종류로 나눠 판매한다. 750㎖ 이상 맥주는 '그랑 리저브Grande Reserve'라 부른다.

예전에는 농가에서 만들었던 상쾌한 세종 맥주

Dupont

뒤퐁
세종 뒤퐁

 Belgium

LABEL
4대째인 지금 사장이 가업을 이어받은 후 라벨 디자인을 바꾸었다. 오늘날 만나볼 수 있는 시크한 라벨 디자인은 사장의 형이 했다고 한다.

세종 뒤퐁은 뒤퐁 양조장을 대표하는 메인 상표다. 세종 맥주다운 전통 맛을 담았다고 한다.

향 / 아로마 ● 오렌지 같은 감귤류 향. 바나나·사과 같은 과일 향. 꿀 향. 홉이 가진 특징을 충분히 살려 스파이시한 향과 유산(乳酸) 향도 느껴진다.
플레이버 ● 아로마에 더해 레몬·서양배 향이 난다.

외관 오렌지색이 약간 가미된 골드. 볼륨감 있는 섬세한 거품이 계속 유지된다.

보디 미디엄 보디. 홉의 쓴맛과 감칠맛, 산미가 이루는 균형이 좋으며, 시원하면서도 충분한 보디감을 느낄 수 있다.

〈주요 라인업〉
• 세종 뒤퐁 비올로직 (Saison Dupont Biologique)
• 모네트 블론드(Moinette Blonde)

DATA
세종 뒤퐁
스타일 세종(상면 발효)
원료 맥아·홉·당류·효모
내용량 330㎖
도수 6.5%
생산 뒤퐁 양조장

문의 브뤼셀

뒤퐁 양조장은 투르네 동쪽에 위치한 에노 주 토르프Tourpes라는 작은 농촌에서 오래전부터 운영해온 중견 규모의 양조 농가다. 뒤퐁 양조장 초대 운영자 루이 뒤퐁은 농학자였는데 캐나다로 이주하기를 원했다. 이주를 반대한 부친이 세종 맥주와 꿀 맥주로 평판이 좋은 양조 농가를 사들인 것이 시작이다. 그 후 4대에 걸쳐 뒤퐁 일족이 양조장을 소유했다.

이곳에서 만드는 세종 맥주란, 벨기에 남부 왈롱 지방에 전해 내려오는 전통 제조법으로 만드는 맥주 이름이다. 냉장 기술이 발달하기 전부터 왈롱 지방 에노 주, 나뮈르 주, 룩상부르 주 지역 소규모 농가에서 겨울에 맥주를 담아 여름까지 저장해두었다가 밭일을 하다 목이 마를 때 목을 축였다.

세종 맥주를 만드는 양조장 중에서도 뒤퐁 양조장은 옛날부터 전해오는 전통 제조법을 고수하는 생산자다.

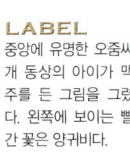

전통 맥주 제조법을 지키는 람빅

Cantillon

칸티용
괴즈

아로마 ● 레몬·오렌지 같은 과일 향.
향
플레이버 ● 감귤류 향에 사과와 식초 향이 섞여 있다.

외관
오렌지색이 섞인 밝은 호박색.

보디
미디엄 보디. 샤프한 산미가 특징이다. 균형이 잘 맞은 본격 람빅.

LABEL
중앙에 유명한 오줌싸개 동상의 아이가 맥주를 든 그림을 그렸다. 왼쪽에 보이는 빨간 꽃은 양귀비다.

칸티용 괴즈는 연대가 다른 3종류 람빅을 블렌딩해 병 안에서 2차 발효를 한다. 식욕이 없거나 생기를 되찾고 싶을 때 마실 수 있는 최적의 맥주다.

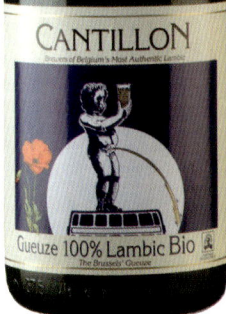

〈주요 라인업〉
- 크릭
- 프랑부아즈

DATA
칸티용 괴즈
스타일 람빅(자연 발효)
원료 맥아·홉·밀·효모
내용량 375㎖
도수 5.0%
생산 칸티용 양조장

문의 고니시 브루잉

칸티용 양조장은 1900년 창업했다. 국제 특급 열차 유로스타Eurostar도 정차하는 국제적인 역인 브뤼셀 미디 역에서 10분 정도 걸어가면 보인다. 지금은 '브뤼셀 괴즈 박물관'으로 관광 명소가 되었다. 산미가 강한 본격 람빅 맥주를 꾸준히 만들어왔으며, 어떤 제품도 칸티용에서 만들었다는 것을 바로 알 수 있을 정도로 개성이 강렬하다. 특징인 산미는 처음에는 놀랄 정도로 강하게 느껴지지만 마시는 동안 멈추지 못할 정도로 멋진 맛이다.

1999년부터는 무농약 인증을 받은 원료를 사용한다. 라벨에 그려진 양귀비꽃은 농약을 사용한 토양에서는 재배되지 않는 식물이라서 '무농약'을 의미하며, 이 꽃을 칸티용 양조장에서 생산한 유기농 맥주 심볼 마크로 사용한다. 같은 브랜드 괴즈와 크릭은 오가닉 식품 인정 기관 '설티시스Certisys' 인증을 받았다.

브뤼헤 마을 유일한 양조장에서 만드는 프루티한 스페셜 맥주
De Halve Maan

드 할브 만
브뤼흐스 조트 블론드

LABEL
조트 전설과 관련 있는 어릿광대 그림. 'Brugse Zot' 글자는 브뤼헤 출신 유명 캘리그래피 전문가 브로디 노이슈반더(Brody Neuenschwander)가 디자인 했다.

드 할브 만 양조장 메인 상표. 브뤼헤에서 만드는 유일한 지역 맥주로 지역민들에게 사랑받는다.

아로마 ● 바나나·사과·서양배 같은 과일 향.

향

플레이버 ● 프루티하고 싱싱한 홉의 풍미, 부드러운 감귤류 산미가 느껴진다.

외관 아름답게 빛나는 투명한 골드.

보디 미디엄 보디. 감칠맛과 산미의 균형감이 좋고 스파이시한 맛도 느낄 수 있다.

〈주요 라인업〉
- 브뤼흐스 조트 두벨
- 스트라페 헨드릭 트리펠
- 스트라페 헨드릭 쿼드루펠

〈DATA〉
브뤼흐스 조트 블론드
스타일 스페셜 맥주 (상면 발효)
원료 맥아·홉·효모
내용량 330㎖
도수 6.0%
생산 드 할브 만 양조장

문의 기야

드 할브 만 양조장은 물의 도시 브뤼헤에 위치한다. 2005년, 3년 동안의 양조 정지 기간을 거쳐 6세대째인 자비에르 바네스타Xavier Vanneste가 양조장을 다시 사들이고 이름도 예전에 썼던 드 할브 만 양조장으로 지어 양조를 재개했다. 자비에르는 독자적인 레시피를 개발해 '브뤼흐스 조트'로 판매를 개시했다.
'브뤼흐스 조트'에는 특별한 일화가 숨어 있다. 옛날 브뤼헤로 오스트리아 대공 막시밀리아Maximilia가 방문했을 때, 사람들은 대공에게 새 정신병원을 세우기 위한 자금 원조를 의뢰하려고 바보를 흉내 낸 퍼레이드를 화려하게 펼쳤다. 그러자 막시밀리아는 "오늘 나는 바보들만 만났다. 브뤼헤야말로 큰 정신병원"이라고 말했다고 한다. 그 후부터 브뤼헤 사람들은 '브뤼흐스 조트(브뤼헤의 바보)'라 불렀다.
양조장을 마을 사람들과 관광객에게 개방하여 견학 코스와 카페가 늘 북적인다.

벨기에

꿀벌 여성이 그려진 라벨이 인상적인 꿀 람빅

Boelens

보렌스
비켄

LABEL
꿀벌 몸을 한 여성을 그렸다. 지역에서 유명한 화가가 그린 디자인이다.

비켄은 보렌스 양조장에서 사용하는 전통 레시피에 따라 꿀을 넣은 맥주. 희미하게 쓴맛이 느껴지는 여운이 샐러드나 과일 같은 디저트에도 잘 어울린다.

아로마 ● 벌꿀이나 꽃 같은 화려한 향.
향
플레이버 ● 부드럽게 달콤한 향과 사과·서양배·빵·허브·후추 등의 향.

오렌지가 섞인 밝은 골드. 약간 불투명하다.
외관

미디엄 보디. 부드러운 단맛이 주체이지만 스파이시한 맛도 느껴진다. 볼륨감이 있으며 단맛과 쓴맛의 균형감이 뛰어나 알코올 도수가 느껴지지 않는다.
보디

〈주요 라인업〉
• 산타비(Santabee, 계절 한정)

DATA
비켄
스타일 스페셜 맥주
(상면 발효)
원료 맥아·홉·꿀·효모
내용량 330㎖
도수 8.5%
생산 보렌스 양조장

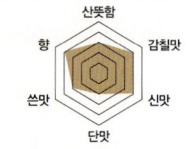

문의 기야

보렌스 일족은 플랑드르 주 베르세라에서 1800년대경부터 이미 양조를 했다. 제1차 세계대전으로 양조를 중지해야 할 상황에 빠졌지만, 1970년대부터 1980년대에 걸쳐 벨기에서 옛날에 마시던 스페셜 맥주로의 회귀가 왕성해지자, 지금의 오너 크리스는 어떻게든 양조를 재개하고 싶었다. 그는 일부 기기를 스테인리스 제품을 사용하는 등 EU와 벨기에 새 식품 제조 기준에 맞는 설비 투자를 했다. 결국, 벨기에 대학 양조 관계자들로부터 지식과 의견을 얻어 1915년 이후 중지했던 양조를 1993년에 재개했다.

노력을 기울인 결과 1993년 8월, 처음 담은 '비켄Bieken'은 보렌스 양조장 전통 레시피에 따라 꿀을 넣은 맥주다. 비켄은 플라망어로 '작은 꿀벌'을 뜻한다. 남성이 여성에게 무언가를 부탁하거나 달콤한 속삭임을 나눌 때도 이 단어를 쓴다고 한다.

샴페인과 똑같은 독특한 제조법으로 만든 고급 맥주

Bosteels

보스텔스
데우스

LABEL
샴페인 같아 보이는 병과 라벨 디자인. 'Brut des Flandres(플랑드르의 드라이한 샴페인)'라고 쓰여 있다.

샴페인과 같은 제조법으로 만든 이 고급 맥주는 꽤 복잡한 공정을 거친다.

아로마 ● 꽃향기·민트·풋사과·생강 등 상쾌한 향. 서양배·모과·살구 같은 달콤한 과일 향.
플레이버 ● 아로마를 느꼈을 때의 기대감을 저버리지 않는 아로마 그대로를 재현하는 플레이버.

향

아름답게 빛나는 투명한 골드.

외관

풀 보디. 입에 머금으면 강한 발포감이 느껴져 샴페인에 가까운 맛이 난다. 사과와 클로브 향이 퍼지면서 마지막에 오는 알코올로 드라이한 여운을 길게 느낄 수 있다.

보디

〈주요 라인업〉
• 파우벨 크왁(Pauwel Kwak)
• 트리펠 카르메리트 (Tripel Karmeliet)

DATA
데우스
스타일 벨지안 스타일 스트롱 에일 (상면 발효)
원료 맥아·홉·당류·효모
내용량 750㎖
도수 11.5%
생산 보스텔스 양조장

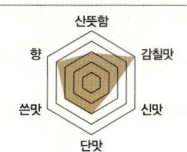

문의 히로시마

보스텔스 양조장은 브헨하우트Buggenhout라는 작은 마을에 있다. 1791년, 에바리스트 스테일Evarist Stale이 설립해 이후 7세대에 걸쳐 일족이 양조장을 경영한다.
데우스Deus는 아주 복잡한 과정을 거쳐 만드는 맥주다. 처음에는 벨기에서 술을 담아 1차 발효한 후, 2차 발효인 숙성을 한다. 그 후에 프랑스로 운반해 발효용 당분과 효모를 넣어 병에 담는다. 그리고 병속에서 3차 발효를 하며 다시 몇 개월 동안 숙성한다. 다음에 이어지는 과정은 샴페인과 동일한 독특한 공정이다. 우선은 병 돌리기(르뮈아주Remuage)로, 병 뚜껑 쪽이 아래로 가도록 사선으로 기울여 늘어놓는다. 매일 조금씩 회전해 서서히 병을 세우면서 침전물을 병 입구로 몬다. 다음은 앙금 빼기(데고르주망Dégorgement). 병 입구를 얼려 임시 마개와 함께 침전물을 제거한다. 그다음은 보주(補酒. 도자주Dosage). 앙금을 빼는 과정에서 줄어든 부분에 리큐어를 넣고 마지막으로 코르크 마개를 끼워 완성한다.

벨기에

라즈베리를 절여 만든 고급스러운 맛
Boon
분
프랑부아즈

〈주요 라인업〉
- 크릭
- 괴즈

LABEL
병목에 과일 수확 연도를 나타내는 빈티지를 적어놓았다. 싱싱한 라즈베리 일러스트가 눈에 띈다.

아로마 ● 라즈베리가 풍기는 싱싱한 향. 감귤류 향.
플레이버 ● 풍부한 라즈베리 느낌에 오크 향이 더해진다.

아름다운 핑크색으로 결이 고운 거품이 난다.

미디엄 보디. 과실의 달콤함과 람빅의 산미가 멋지게 조화를 이룬 맛이다.

〈DATA〉
분 프랑부아즈
스타일
프루트 에일
(자연 발효)
원료
맥아·홉·밀·라즈베리·당류·효모
내용량 375㎖
도수 5.0%
생산
분 양조장

분의 고니시 브루잉

카시스의 달콤함이 터져 나오는 람빅
Lindemans
린데만스
카시스

〈주요 라인업〉
- 괴즈
- 크릭
- 프랑부아즈
- 페슈레제(pécheresse)

LABEL
어두운색을 기조로 한 시크한 라벨. 중앙에 카시스 그림이 유독 돋보인다.

아로마 ● 그야말로 카시스 그대로의 향. 블루베리와 건포도 같은 향도 난다.
플레이버 ● 블랙베리·서양자두 같은 프루티한 플레이버.

오렌지색이 살짝 보이는 짙은 루비색.

라이트 보디. 단맛은 억제해 산미와 균형이 잘 맞는다. 순순히 맛있게 마실 수 있는 과일 맥주.

〈DATA〉
린데만스 카시스
스타일
람빅
(자연 발효)
원료
맥아·밀·과즙·홉
내용량 375㎖
도수 3.5%
생산
린데만스 양조장

분의 사사키 상사

분 양조장은 '람빅'이라는 이름이 유래하는 계기가 되었다고 하는데, 이 양조장은 브뤼셀 남쪽 렘비크Lembeek에 위치한다. 1978년에 프랑크 분Frank Boon이 양조장을 사들여 오늘날에 이르렀다.
아름다운 핑크색을 자랑하는 '분 프랑부아즈'는 새콤달콤한 맛으로 식전주로도 썩 어울린다.

린데만스 양조장은 드라이하면서도 산미가 있는 전통 람빅을 만들면서 한편으로는 달콤하고 마시기 편한 과일 람빅(프루트 람빅)을 양조해 성공했다. 과일 람빅 시리즈는 대개가 알코올 도수도 낮고 마시기 편하다. 벨기에 맥주 입문편으로도 추천할 만하다.

신성 로마 황제에게 바치는 맥주
Het Anker
헤트 앙케르
구덴 카롤루스 클래식

〈주요 라인업〉
- 구덴 카롤루스 트리펠
- 구덴 카롤루스 암브리오(Ambrio)
- 구덴 카롤루스 홉신요르 (Hopsinjoor)
- 보스콜리(Boscoli)

LABEL
신성 로마 황제 카를 5세를 의미하는 로고와 그림을 디자인했나.

여성 양조 전문가가 만드는 일품 에일
De Ryck
데 릭
스페셜 데 릭

〈주요 라인업〉
- 크릭 판타스틱
- 아렌드 블론드
- 아렌드 두벨
- 아렌드 트리펠

LABEL
최근에는 네이비와 빨간색 로고 마크만 그려 넣은 단순한 디자인으로 바뀌었다. 사진은 예전 라벨이다.

Belgium

아로마 ● 건포도·서양자두·서양배 같은 과일 향. 홉에서 나오는 싱싱한 풀 향. 꿀·클로브·캐러멜 같은 향.
플레이버 ● 토피 캔디(설탕과 버터를 함께 끓여 만든 사탕–옮긴이)나 오렌지·무화과·초콜릿이 생각나는 향.

외관
빨간색이 가미된 다크 브라운.

보디
미디엄~풀 보디. 단맛과 산미의 균형감이 좋은 복잡한 맛.

DATA
구덴 카롤루스 클래식
스타일
스페셜 맥주 (상면 발효)
원료
맥아·홉·콘·당류
내용량
330㎖
도수
8.5%
생산
헤트 앙케르 양조장

문의 고니시 브루잉

아로마 ● 레몬·오렌지·서양자두·백도·사과 같은 프루티한 향이 더해진 약간 스모키한 향.
플레이버 ● 아로마의 단맛과 맥아에서 나온 캐러멜 향이 난다.

외관
오렌지색이 가미된 밝은 암갈색.

보디
쓴맛과 균형을 잡기 위해 깊이 있는 강한 보디로 완성한다.

DATA
스페셜 데 릭
스타일
라필스 맥주 (상면 발효)
원료
맥아·홉·효모
내용량
330㎖
도수
5.5%
생산
데 릭 양조장

문의 기야

신성 로마 황제 카를 5세가 즐겨 마시던 전통 있는 헤트 앙케르 양조장을 대표하는 맥주다. 이 양조장은 브뤼셀과 안트베르펜 중간 지점인 메헬렌Mechelen이라는 마을에 자리 잡았다. 마을 중심에 고딕 양식으로 세운 성 롬보우츠 대성당은 카리용(Carillon, 종으로 음을 내는 악기–옮긴이)의 발생지로도 유명하다.

4대째 사장에 오른 앤 데 릭은 독일·영국·벨기에에서 양조 기술을 배워 25세 나이로 양조 전문가가 되었다. 메인 상품 '스페셜 데 릭'은 몰트와 홉 캐릭터가 양립된 맥주다. 1886년 창업한 이후 만들어왔던 상표로, 양조장이 위치한 헤르젤Herzele 지역에서는 일상적으로 마시는 맥주다.

농밀하고 복잡한 스페셜 스타우트
Van den Bossche
반 덴 보쉐
버펄로 스페셜 스타우트

〈주요 라인업〉
- 버펄로
- 버펄로 스페셜 비터
- 파테르 리벤 비트 (Pater Lieven Wit)
- 라모랄 데그몽 (Lamoral degmont)

LABEL
버펄로 빌의 전설을 만든 곡예단 그림을 디자인했다.

아로마 ● 초콜릿, 캐러멜, 볶은 커피의 고소한 향. 블랙 체리·건포도·꿀 같은 달콤하고 농밀한 향도 난다.
플레이버 ● 감귤류 산미, 연한 훈연 향. 시나몬 같은 스파이시한 플레이버.

붉은색이 가미된 짙은 브라운.

풀 보디. 복잡한 맛이 난다. 나중에 기분 좋은 쓴맛이 길게 남는다.

DATA
버펄로 스페셜 스타우트
스타일 스페셜 맥주 (상면 발효)
원료 맥아·홉·효모
내용량 330㎖
도수 9.0%
생산 반 덴 보쉐 양조장

문의 기야

홉 생산지에서 만드는 편안한 쓴맛
Van Eecke
반 에케
포페링스 호멜비어

〈주요 라인업〉
- 와투스 비트(Watou's Wit)
- SAS필스(통생맥주)

LABEL
플라망어로 홉을 뜻하는 '호멜(Hommel)'. 홉을 재배하는 현지 밭 그림을 담아냈다.

아로마 ● 상큼한 홉 향. 후추·민트·클로버 같은 향. 사과·서양배·바나나 같은 과일 향.
플레이버 ● 프루티하고 복잡한 향 속에서 꿀 같은 단맛도 느껴진다.

조금은 탁한 오렌지색이 가미된 골드.

미디엄 보디. 홉의 쓴맛이 있지만, 감칠맛도 풍부하다.

DATA
포페링스 호멜비어
스타일 스트롱 골든 에일 (상면 발효)
원료 맥아·홉·과당·효모
내용량 250㎖
도수 7.5%
생산 반 에케 양조장

문의 긴키

반 덴 보쉐 양조장은 1897년 초대 아서 반 덴 보쉐가 농장을 구입한 장소에 설립한 양조장이다. 오늘날에는 4대째 브루노 부자가 함께 경영한다. 버펄로는 3가지 아이템 시리즈로 버펄로 빌(Buffalo Bill, 1846~1917) 곡예단에서 따온 이름이다.

반 에케 양조장은 프랑스 국경과 인접한 웨스트 플란드르 주 포페링히Poperinge에서 가까운 와투스에 자리한다. 1629년에 지역 영주 양조장으로 설립했다. '포페링스 호멜비어'는 홉 생산지로 유명한 지역에서 수확한 홉을 풍부하게 사용한 맥주다.

섞어서 제조하는 매력적인 괴즈
De Cam
데 캄
오드 괴즈

〈주요 라인업〉
• 오드 크릭

LABEL
쇠망치 3개는 데 캄 마크다. 1700년대에 양조장을 개시했을 때부터 이 마크를 사용했다. 지금은 마을 마크로도 사용한다.

 아로마 • 레몬·그레이프프루트·파인애플·사과 같은 과일 향.
플레이버 • 샴페인 같은 자극과 함께 향이 고급스럽게 섞였다.

외관 오렌지색이 언뜻 보이는 약간 짙은 골드.

 보디 미디엄 보디. 레몬처럼 싱그러움이 느껴지는 부드러운 산미.

DATA
데 캄 오드 괴즈
스타일
람빅
(자연 발효)
원료
보리 맥아·밀 맥아·홉·효모
내용량
375㎖
도수
6.0%
생산
데 캄(블렌더)

문의 기야

부르고뉴 여공작을 기리는 맥주
Verhaeghe
벨하게
듀체스 드 부르고뉴

Belgium

〈주요 라인업〉
• 에히트 크리켄비어
 (Echt Kriekenbier)

LABEL
신성 로마 황제 막시밀리안 1세의 부인. 부르고뉴 여공작 마리 드 부르고뉴를 그렸다. 국민들은 '아름다운 공주님', '우리들의 공주님'이라며 따랐다고 한다.

 아로마 • 산미가 느껴지는 향. 블랙 체리나 패션프루트 같은 복잡한 향.
플레이버 • 사과·서양배·캐러멜·오크 향도 난다.

 외관 붉은색이 가미된 다크 브라운.

 보디 미디엄 보디. 향기에서 상상하는 것만큼 시지 않고 산미와 단맛이 균형감을 이루어 좋다. 볼륨이 풍부하고 복잡한 맛을 가진 한잔.

DATA
듀체스 드 부르고뉴
스타일
플랑드르 레드 에일
(상면 발효)
원료
맥아·홉·밀·당류
내용량
330㎖
도수
6.2%
생산
벨하게 양조장

문의 고니시 브루잉

소수의 괴즈 블렌더 중 하나인 데 캄. 1997년에 설립해 2002년부터 슬라그뮌더Slaghmuylder 양조장의 브루어 카렐 고드Karel Goddeau가 이어받았다.
블렌더에 사용하는 람빅은 각각 분 양조장, 지라르댕Girardin 양조장, 린데만스 양조장에서 가져온 것이다.

'Duchesse de Bourgogne'는 프랑스어로 '부르고뉴 여공작(여군주)'이라는 뜻이다. 브뤼헤에서 태어난 부르고뉴의 샤를 용담공 딸, 마리에서 따온 이름으로 라벨에 초상을 그렸다. 오크 통에 18개월 동안 숙성한 맥주와 8개월 숙성한 젊은 맥주를 블렌딩해 만든다.

오크 통에서 숙성한 새콤달콤한 레드 비어의 대표 상표
Rodenbach

로덴바흐
클래식

아로마 ● 패션프루트·라즈베리·사과 같은 향.

플레이버 ● 프루티한 산미가 있는 향. 체리·건포도·오크 향이 난다.

외관 붉은색이 감도는 브라운.

보디 미디엄 보디. 새콤달콤하고 상쾌한 맛으로 목을 축이기에는 최적이다.

LABEL
선명한 빨간색이 인상적인 디자인. 상부에는 로덴바흐 특징인 숙성용 오크 통이 자리 잡았다.

'로덴바흐 클래식'은 양조장에서 생산하는 레귤러 상품이다. 5~6주 동안 숙성한 젊은 맥주 4분의 3과 2년 이상 숙성한 맥주 4분의 1을 블렌딩해 만든다.

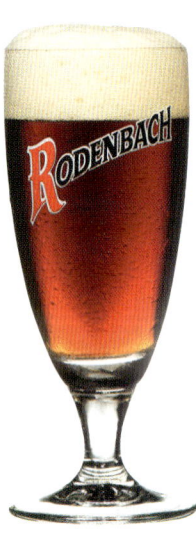

〈주요 라인업〉
● 로덴바흐 그랑크뤼

DATA
로덴바흐 클래식
스타일 플랑드르 레드 에일(상면 발효)
원료 맥아·홉·콘·당류
내용량 250㎖
도수 5.2%
생산 로덴바흐 양조장

문의 고니시 브루잉

로덴바흐 양조장은 1821년 창업자 알렉산더 로덴바흐 Alexander Rodenbach의 형제 넷이 지금 장소에 있던 작은 양조장을 사들인 것이 시작이다. 1878년, 사장에 오른 외젠 로덴바흐 Eugene Rodenbach는 영국 남부에서 포터 양조 기술을 익혀, 오크 통에 맥주를 숙성한 후 블렌딩하는 기술을 배웠다. 이것이 현재 로덴바흐 맛을 이루는 초석이 되었다.

로덴바흐로 대표되는 레드 에일이 가진 특징은 발효 후, 커다란 목재 통에서 장기 숙성하는 것이다. 통은 가장 작은 것이 12㎘, 큰 것은 65㎘에 달한다. 양조장 내 통 저장고에는 천장까지 닿을 정도로 큰 오크 통 300여 개가 늘어서 장관을 이룬다. 이 통에서 숙성하면 캐러멜·타닌 등의 맛과 유산균에 의한 산미 등 특색 있는 맛이 생겨난다.

미수입 맥주와 구하기 쉽지 않은 한정품 등 희귀 맥주 소개

Belgium

왼쪽부터 엑스트라 8, 블론드, 압트 12.
벨기에 국내에서도 유통하지 않는다. 수도원에서 정한 날짜에 사러 가거나 직영 카페 '인 데 브레데(In de Vrede)'에서만 구입할 수 있다.

라벨은 종이 소재며, 베이스로 사용한 크릭(시워 체리) 그림을 그려놓았다.

미수입 수도원에서 한정 판매

Westvleteren XII
베스트블레테렌 12

아로마 ● 무화과·서양자두·망고 같은 과일 향. 꿀·초콜릿 같은 달고 농밀한 향. 견과 같은 고소한 향도 난다.
플레이버 ● 아로마 향 그대로인 플레이버.

DATA
베스트블레테렌 12
스타일
트라피스트
(상면 발효)
원료
맥아·홉·효모
내용량
330ml
도수
10.2%
생산
성 식스투스 수도원

붉은색이 가미된 다크 브라운.

풀 보디. 감귤류 산미, 몰트에서 나오는 캐러멜 향. 알코올감이 풍부하다. 균형감이 좋고 고급스러운 쓴맛이 입안에 남는다.

동계 한정 판매 유통은 극소수

Liefmans Gluhkriek
리프만 그뤼크릭

아로마 ● 체리·사과 등 과일 향. 꿀·시나몬·캐러멜·견과가 한데 섞인 스파이시한 향.
플레이버 ● 아로마 향 그대로인 플레이버.

DATA
리프만 그뤼크릭
스타일
플랑드르
브라운 에일
(상면 발효)
원료
맥아·체리·홉·아니스·시나몬·클로브
내용량
750ml
도수 6.5%
생산
리프만 양조장

붉은색이 가미된 다크 브라운.

미디엄 보디. 온도가 올라가면서 스파이스와 크릭 향이 균형 있게 정리된다. 너무 달지도 않고 산미가 적당하다.

문의 기야

'환상의 트라피스트 맥주'라 불리는 진귀한 트라피스트

트라피스트 맥주 중에서도 '베스트블레테렌'만큼은 현지에 가지 않으면 살 수 없다. 2012년, 딱 1번 유통되었는데 토대가 약한 수도원이 건물을 재건하려고 'Brew-to-Build Box(수도원 재건을 위한 선물 세트)'를 한정 판매했다. 벨기에에서는 9만 3000세트가 이틀 안에 매진됐다.

통상적으로 라벨이 없고 병뚜껑에 모든 정보를 적어놓는다. 한정 세트로 일본에 들어온 것에는 XII(12라는 의미)라 쓰여 있다.

겨울 추위를 따스하게 녹여줄 핫 맥주

데워서 마시는 희귀한 핫 맥주다. 아니스(Anise, 허브 일종), 시나몬, 클로브 등 스파이스 3종을 사용한 맥주와 크릭을 블렌딩해 만든다. 저온일 때는 스파이스가 풍기는 샤프한 향이 도드라지고, 온도가 올라가면서 스파이스와 크릭 향이 균형을 잘 잡아간다. 50~60℃가 마시기 적합한 온도로 추운 겨울에 추천하는 맥주다.

영국·아일랜드

🇬🇧 UNITED KINGDOM 🇮🇪 IRELAND

풍부한 향의 에일을 즐기는
펍 문화가 뿌리내린 나라

영국과 아일랜드에서 맥주는 에일이 일반적이다. 에일이란 상면 발효 효모로 만든 맥주의 총칭으로, 하면 발효 효모로 만들어 상쾌한 향을 자랑하는 라거와는 달리 화려한 향이 특징이다. 스타일에 따라 다르긴 하지만 일반적으로 상온 9℃가 에일 향을 제대로 즐길 수 있는 온도다.
영국과 아일랜드에서 마시는 에일은 몇 종류가 있으며, 대표 스타일은 페일 에일, 브라운 에일, 포터다.
페일 에일은 잉글랜드 버턴온트렌트Burton on Trent 지역에서 처음 시작한 스타일로 영국산 홉에서 생성되는 홍차와 사과 같은 향이 난다. 그때까지 주류였던 짙은 색 맥주와 달리 옅은 색 맥주가 등장하면서 인기를 끌었다. 페일 에일에 대항해 만든 것이 뉴캐슬에서 생산을 시작한 브라운 에일이다. 페일 에일보다 홉 향과 쓴맛이 적고 몰트가 주는 단맛과 고소함을 즐길 수 있다. 페일 에일과 브라운 에일을 섞은 '스리 스레드Three Threads'라 불리는 맥주를 재현한 것이 포터다. 오늘날은 색이 검은 로버스트 포터Robust Porter가 주류다.

아일랜드에서는 로스팅한 보리를 사용해 커피처럼 쓴맛이 나는 스타우트와 붉은색이 도는 색감을 가진 레드 에일 스타일이 인기가 좋다. 영국과 아일랜드 맥주는 전체적으로 부드러운 맛과 볶은 느낌, 알코올감이 있는 차분한 느낌이 난다. 이야기를 나누면서 천천히 마시기에는 최적의 맥주다.

United Kingdom, Ireland

United Kingdom, Ireland
AREA MAP

영국·아일랜드 지도

각 지역 대표 맥주

스코틀랜드

트라퀘어 자코바이트 에일

스코틀랜드에서 가장 오래된 양조장 트라퀘어 하우스Traquair House에서 18세기 양조 시설을 사용해 만든다. 코리앤더의 스파이시함을 느낄 수 있는 스카치 에일.

기네스 엑스트라 스타우트

아일랜드에서 처음 만들었으며, 지금은 세계에서 가장 유명한 브랜드 중 하나가 된 기네스 스타우트. 1759년부터 지금까지 변함없이 전 세계 맥주 애호가들이 사랑하는 맥주.

더블린

뉴캐슬

뉴캐슬 브라운 에일

뉴캐슬Newcastle에서 인기 있는 페일 에일에 대항해 몰트의 캐릭터를 살려 만든 브라운 에일. 투명한 병에 담은 것이 특징이다.

잉글랜드

코크

머피스 아이리시 스타우트

아일랜드에서는 기네스만큼 인기 있다. 같은 스타우트지만 기네스보다는 순하고 프루티한 향을 즐길 수 있다.

런던

런던

풀러스 런던 프라이드

런던 서부 치즈윅Chiswick에서 350년 이상 운영해온 풀러스 양조장. 지금은 세계 각국에 수출할 정도로 규모가 커졌다. '런던 프라이드'는 페일 에일을 대표하는 존재다.

북쪽으로 갈수록 강해지는 몰트 느낌

남쪽부터 페일 에일, 브라운 에일, 스카치 에일 순서로
북쪽으로 갈수록 몰트의 특성인 단맛과 고소함이 강해진다.

잉글랜드 중남부

몰트의 단맛보다 홉의 화려한 향과 쓴맛이 특징인 페일 에일. 발생지는 잉글랜드 중부 버턴온트렌트다. 이 지역에서 나는 경수가 페일 에일 양조를 가능케 한다.

잉글랜드 북부

페일 에일에 대항해 홉을 억제하고 로스트 몰트의 캐릭터를 강하게 한 맥주가 잉글랜드 북부 뉴캐슬에서 시작한 브라운 에일이다. 견과 같은 풍미가 특징이다.

스코틀랜드

풀 보디로 알코올 도수가 높은 편인 스카치 에일. 색은 깊은 구리색에서 갈색까지 색이 진한 맥주다. 스코틀랜드 꽃인 엉겅퀴꽃 모양 잔에 담아 향을 음미하면서 마신다.

아일랜드

대표 스타일은 스타우트. 지역에 따라 플레이버가 조금씩 다르며, 그 지역에 맞는 스타우트가 존재한다. 붉은색이 도는 프루티한 향의 아이리시 레드 에일도 인기가 있다.

영국과 아일랜드에서는 맥주를 펍에서 마시는 습관이 깊게 뿌리내렸다. 펍이란 퍼블릭 하우스의 약칭으로 마치 사교 장소 같은 역할을 한다.

펍은 거리 곳곳에서 만날 수 있으며 피시 앤 칩스(Fish and Chips, 생선튀김에 감자튀김을 곁들여 먹는 영국을 대표하는 요리 - 옮긴이) 같은 간단한 식사와 함께 맥주를 즐긴다. 주변 사람들과 이야기를 나누면서 1파인트(UK파인트=568㎖)들이 맥주잔에 맥주를 여유롭게 오랜 시간 맛보는 것이 펍을 즐기는 방법이다. 맥주를 제조하는 곳에서 경영하는 펍도 흔하다.

펍에서 가장 맛있게 즐길 수 있는 맥주는 통 안에서 2차 발효한 캐스크 컨디션(리얼 에일) 맥주(p.87)다. 영국에서는 많은 펍에서 가볍게 캐스크 컨디션 맥주를 마실 수 있다. 탄산가스를 넣지 않아 매끄럽고 부드러운 맛이 나는 캐스크 컨디션은 펍 운영자가 숙련된 솜씨로 관리해야 한다. 그야말로 영국이 아니면 맛볼 수 없는 맥주다.

STYLE
영국과 아일랜드의 주요 스타일

에일(상면 발효)
ALE

영국

잉글리시 스타일 페일 에일

버튼온트렌트에서 탄생한 황금색부터 구리색까지 색 농도가 중간인 맥주다. 베어놓은 풀 냄새, 아이스티 같은 향이 나는 영국산 홉을 사용한다. 프루티한 아로마와 쓴맛이 인상적이다.

잉글리시 스타일 브라운 에일

뉴캐슬에서 시작된 갈색 맥주. 알코올 도수도 비교적 약한 편이다. 페일 에일의 쓴맛에 대항하기 위해 만든 것이라서 홉의 쓴맛은 약하고 몰트의 풍미가 확실하게 느껴진다.

잉글리시 스타일 IPA

IPA란 '인디아 페일 에일'의 약자다. 영국에서 인도까지 배로 맥주를 옮기던 시대에 부패를 방지하기 위해 홉을 대량으로 넣어 향과 쓴맛의 캐릭터가 도드라진 맥주가 탄생했다.

ESB

'엑스트라 스페셜 비터'의 약자다. 페일 에일의 쓴맛을 강조한 맥주지만, IPA처럼 강렬하지는 않아 안심하고 마실 수 있다. 맥아의 단맛을 강화해 쓴맛과 균형을 맞췄다.

잉글리시 비터

영국의 펍에서 일반적으로 마실 수 있는 드라이 맥주. 영국에서는 에일이라면 이 스타일을 떠올릴 정도로 지명도가 높다. 생산지에 따라 특질이 세세하게 나뉜다.

포터

18세기에 처음으로 런던에서 유행했던 블렌드 맥주를 본보기 삼아 만들었다. 짐을 운반하는 사람(포터)들이 즐겨 찾는 맥주라서 이름을 '포터'라고 지었다.

United Kingdom, Ireland

스카치 에일

스코틀랜드에서 만드는 알코올 도수 6.2~8.0% 에일. 프루티한 에스테르 향에 쓴맛은 약간 강한 편이다. 캐러멜 같은 단맛이 난다.

임페리얼 스타우트

스타우트를 진화시켜 알코올 도수, 홉 캐릭터, 프루티한 향이 강해진 맥주다. 러시아 황제에게 진상했던 경력으로 임페리얼이라 이름 지었다고 한다.

스코티시 에일

스코틀랜드에서 마시는 맥주. 알코올 도수가 3.0~5.0% 정도로 마시기 편하다.

발리 와인

알코올 도수 7.5~12.0% 이상인 맥주와 아주 강한 에일을 말하는 보리 와인. 황갈색~암갈색 풀 보디.

아일랜드

아이리시 스타일 드라이 스타우트

아서 기네스Arthur Guinness가 포터를 개량해 만든 검은색 맥주. 맥아화하지 않은 보리를 구워 사용해서 쓴맛이 강하고 색도 검다.

아이리시 스타일 레드 에일

아일랜드에서 오래전부터 즐겨왔던 붉은색을 띤 맥주. 알코올 도수 4.0%로 가벼운 맥주다.

영국

350년 이상 이어온 영국에서 가장 오래된 양조장에서 생산하는
Fuller's

풀러스
런던 프라이드

 아로마 ● 그레이프프루트 같은 감귤류의 연한 향. 고급 홍차 향도 감돈다.
향
플레이버 ● 캐러멜과 갓 구운 빵이 생각나는 플레이버. 로스팅한 몰트의 고소함도 느낄 수 있다.

 투명하고 밝은 구리색. 거품은 약간 크림색이 돈다.
외관

 미디엄 보디. 적절한 몰트의 단맛이 목에서 부드럽게 넘어가게 해준다.
보디

LABEL
라벨 상부에 그려진 그리핀이 풀러스의 상징 마크다. 원료인 보리와 홉도 그렸다.

영국산 홉 3종(타깃Target, 챌린저Challenger, 노스다운Northdown)을 사용해 만든다. 홉과 몰트의 균형감이 뛰어난 맛을 완성해준다.

DATA
풀러스 런던 프라이드
스타일 잉글리시 스타일 페일 에일 (상면 발효)
원료 맥아·홉
내용량 330㎖
도수 4.7%
생산 풀러·스미스 앤 터너 양조 회사

문의 아이콘 유로팝

'런던 프라이드London Pride'를 만든 풀러·스미스 앤 터너 양조 회사Fuller, Smith&Turner는 런던 서부 템스 강가 치즈윅에 존 버드 풀러, 헨리 스미스, 존 터너가 함께 설립했다. 창업은 1845년에 했지만, 양조장 전신은 치즈윅에서 350년 전부터 맥주를 만든 곳이었다. 가족 경영에서 시작한 이 작은 양조장은 오늘날에는 세계 각국에 맥주를 수출하고 영국 국내에 약 360개 펍과 호텔을 경영하는 규모로 성장했다.
이곳에서 생산하는 맥주는 평판이 좋지만, 그중에서도 '런던 프라이드'는 영국에서 인기 높은 프리미엄 에일 중 하나다. 시민 단체 캄라CAMRA가 매년 8월 런던에서 개최하는 '브리튼 맥주 챔피언Champion Beer of Britain'을 비롯해 전 세계 맥주 경연에서 많은 상을 받는 등 이력이 화려하다.
로고에는 술독을 지키는 전설의 동물 '그리핀Griffin'을 그렸다. 런던 시민도 친근하게 '그리핀 브루어리(양조장)'라 부른다.

맛이 쌉쌀해 디저트와 궁합이 좋은 맥주
Fuller's
풀러스
런던 포터

LABEL
몰트의 고급스러운 쓴맛을 떠올리게 하는 색감. 포터가 맥주를 나르는 일러스트가 도드라진다.

 아로마 ● 초콜릿 몰트에서 나온 커피와 초콜릿이 연상되는 향.
플레이버 ● 커피 같은 쌉쌀한 향이 강하게 느껴지고 캐러멜 같은 단맛도 난다.

 초콜릿처럼 검다. 거품은 갈색으로 약간 돈다.
외관

 미디엄 보디. 약간 무거운 인상이지만 입안에서는 매끄러운 느낌이 돌아 마시기 편하다.
보디

DATA
풀러스 런던 포터
스타일
포터
(상면 발효)
원료
맥아·홉
내용량
330㎖
도수
5.5%
생산
풀러·스미스 앤 터너 양조 회사

문의 아이콘 유로펍

엉국을 대표하는 ESB
Fuller's
풀러스
ESB

United Kingdom

LABEL
강한 힘이 느껴지는 글자 'ESB'. 메달 일러스트와 함께 '챔피언 에일'이라 쓰여 있다.

아로마 ● 체리와 오렌지 향이 느껴진다. 몰트와 캐러멜이 주는 달콤한 향도 난다.
플레이버 ● 그레이프프루트·오렌지·레몬 등 감귤 계통 향과 풀 냄새가 섞여 난다.

 투명하고 약간 진한 구리색. 거품은 크림색.
외관

 풀 보디. 쓴맛과 균형을 맞추려고 깊이 있는 강한 보디로 완성했다.
보디

DATA
풀러스 ESB
스타일
ESB
(상면 발효)
원료
맥아·홉
내용량
330㎖
도수
6.0%
생산
풀러·스미스 앤 터너 양조 회사

문의 아이콘 유로펍

포터의 모범 같은 맥주다. 크리미한 맛은 브라운 몰트, 크리스털 몰트, 초콜릿 몰트 등 몰트 3종을 블렌딩해 만들었다. 홉은 영국산 퍼글Fuggle 홉을 사용했다. 디저트나 초콜릿과 같이 마셔도 좋다.

풀러스 'ESB(Extra Special Bitter, 극상의 쓴맛)'는 이름 그대로 강한 쓴맛이 나는 맥주다. 그렇다고 쓴맛만 돌출되어 느껴지는 것은 아니며, 캐러멜의 달콤한 향과 비스킷 같은 몰트의 플레이버가 짙게 감돈다.

페일 에일이 탄생한 지역에서 세계로

Bass

바스
페일 에일

LABEL
영국에서 상표 등록 제1호 자리를 차지한 레드 트라이앵글. 라벨에 그려진 트라이앵글 모양만 봐도 바스라는 것을 알 수 있다.

입에 머금으면 몰트의 단맛이 맨 먼저 느껴지고 나중에는 홉의 쓴맛이 다가온다. 여유롭게 천천히 마시고 싶은 페일 에일.

아로마 ● 프루티한 향은 나지만 별로 강하지는 않다. 깔끔한 인상을 준다.
플레이버 ● 홉의 상쾌한 과일 향과 함께 몰트에서 나온 빵 같은 플레이버도 느껴진다.

약간 붉은색이 도는 호박색. 유백색 거품과 이루는 대비가 무척 아름답다.

미디엄 보디. 몰트의 단맛은 억제해 입안에서 남지 않는다. 목에서 시원하게 넘어간다.

DATA
바스 페일 에일
스타일 잉글리시 스타일 페일 에일
(상면 발효)
원료 맥아·홉·당류·향료
내용량 355㎖
도수 5.1%
생산 바스 양조 회사

문의 아사히 맥주

'바스 페일 에일'은 1777년 윌리엄 바스가 버턴온트렌트라는 지역에서 만들었다. 이 지역에서 나는 물은 칼슘과 마그네슘 등 미네랄이 풍부한 경수다. 이 미네랄 성분이 독특한 호박색을 만들어준다. 연수가 나오는 지역에서 페일 에일을 만들 때는 연수를 경수로 바꿔줘야 하는데, 그 공정을 '버터나이즈Burtonize(버턴화)'라고 한다. 이것만으로도 버턴온트렌트 지역이 페일 에일에 준 영향이 얼마나 큰지 짐작할 수 있다.

'바스 페일 에일'은 영국 왕실 납품 업체 맥주이기도 해서, 라벨에 그려진 레드 트라이앵글은 영국 상표 제1호로 등록되었다. 유명한 타이타닉 호에도 실었다고 전한다. 일본에서는 메이지 시대부터 수입했다. 당시부터 전 세계적으로 인기를 끌던 '바스 페일 에일'은 지금은 더욱 유명한 페일 에일 자리에 올랐다.

오크 통에서 숙성한 오가닉 페일 에일
Samuel Smith

사무엘 스미스
오가닉 페일 에일

아로마 ● 캐러멜 같은 달콤한 향과 딸기 같은 새콤달콤한 향도 연하게 난다.
플레이버 ● 로스팅한 몰트의 풍미가 감돌아 숙성한 레드 와인에 가까운 향이 느껴진다.

외관 투명한 브라운. 거품도 옅은 갈색으로 페일 에일 중에서도 짙은 인상을 준다. 거품은 오래 유지된다.

보디 풀 보디. 마시는 순간 느껴지는 산미가 너무 무겁지 않은 보디감을 만들어준다.

〈주요 라인업〉
• 오가닉 라거
• 오트밀 스타우트(Oatmeal Stout)
• 테디 포터(Taddy Porter)

DATA
사무엘 스미스 오가닉 페일 에일
스타일 잉글리시 스타일 페일 에일 (상면 발효)
원료 맥아·홉
내용량 355㎖
도수 5.0%
생산 사무엘 스미스 올드 브루어리

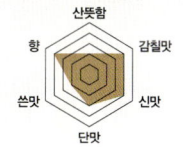

문의 닛폰 맥주

LABEL
라벨 상부에는 1896년에 수상한 골드 메달 일러스트를 그렸다. 오랜 역사가 느껴지는 라벨이다.

오크 통에서 숙성한 순한 맛과 풍미가 특징이다. 마시기 좋은 온도는 11℃로, 잔에서 피어오르는 달콤한 향을 온전하게 즐길 수 있는 온도다.

사무엘 스미스는 영국 북부 요크셔 태드캐스터Tadcaster에 자리 잡은 양조장에서 만든다. 1758년에 설립했는데 요크셔에서 가장 오래된 양조장이다. 설립 당시에 판 우물 깊이는 약 26미터며 지금도 이 우물물(경수)을 양조에 사용한다. 발효에 사용하는 효모는 19세기부터 같은 효모를 줄곧 사용한다. 발효는 '스톤 요크셔 스퀘어'라는 돌로 만든 발효조를 사용하는 등 전통 제조법을 고수하는 많지 않은 양조장 가운데 하나다. 현지에서는 농지 경작용 말이 끄는 마차를 배달에 사용하는 등 제조 방법뿐 아니라 배달 방식까지 전통을 따른다.

'사무엘 스미스 오가닉 페일 에일'은 이름 그대로 오가닉 소재로 만든 맥주다. 물론 이곳에서 제조하는 다른 맥주도 인공 조미료, 향료, 착색제 등은 사용하지 않는다. 모든 면에서 선인의 지혜가 깃든 옛 방식을 고집스럽게 지켜간다.

영국

실크 같은 '맨체스터의 거품'
Boddingtons
보딩턴
펍 에일

LABEL
벌이 앉은 통이 트레이드 마크. 벌에 맞춘 노란색과 검은색의 조화로 '보딩턴'이라는 것을 한눈에 알 수 있다.

매끄러운 거품과 순한 목 넘김이 특징이다. 펍에서 마실 때처럼 천천히 프루티한 플레이버를 느끼면서 마시고 싶어지는 맥주다.

 향
아로마 ● 희미하게 나는 꿀 향. 캔 꼭지를 따는 순간 달고 부드러운 향이 은은하게 퍼져 나온다.
플레이버 ● 사과와 홍차 같은 플레이버와 맥아의 캐러멜 향이 가볍게 코끝을 스친다.

 외관
깨끗한 구리색에 결이 고운 흰 거품. 거품이 오래 유지되어 오랫동안 아름다운 상태에서 마실 수 있다.

 보디
미디엄 보디. 깔끔한 맛에 탄산도 적어 마시기 편하다.

DATA
보딩턴 펍 에일
스타일 잉글리시 스타일 페일 에일 (상면 발효)
원료 맥아·홉·밀
내용량 440㎖
도수 4.7%
생산 앤호이저-부시 인베브사

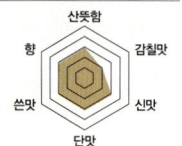

문의 아이콘 유로펍

'보딩턴 펍 에일'을 만드는 곳은 1778년까지 역사를 거슬러 올라갈 수 있는 맨체스터 양조장이다. 1853년, 맥주 이름의 유래가 된 헨리 보딩턴이 경영자 자리에 올랐다. 오늘날에는 세계 최대 맥주 제조사인 앤호이저-부시 인베브사가 사들였다.
가장 큰 특징은 매끄러운 맛과 '맨체스터의 거품'이라 불리는 크리미한 거품이다. 이 거품은 캔 안에 들어있는 플로팅 위젯Floating Widget이라 불리는 플라스틱 제품의 작용으로 만들어진다. 캔 꼭지를 따는 순간 맥주가 자극을 받아 고운 거품이 차오른다. 될 수 있으면 큰 잔을 준비해 한번에 전부 따른다. 잔에 가만히 부어놓고 거품이 안정되기를 기다린다. 그리고 나서 마시면 맥아의 단맛과 산미가 입안 가득 퍼지면서 이윽고 홉과 맥아의 절묘한 쓴맛으로 바뀐다. 마치 본고장 펍에서 마시는 듯한 맛 변화를 즐길 수 있다.

몰트의 풍미를 즐기는 영국 넘버원 에일
Newcastle Brown Ale
뉴캐슬 브라운 에일

향 · **아로마** ● 몰트에서 나온 달콤한 향. 페일 에일 같은 홉 향은 별로 느껴지지 않는다.
플레이버 ● 캐러멜 향과 견과 같은 고소함. 프루티한 향도 감돈다.

외관 · 로스트한 몰트에서 나오는 브라운색이 특징이다. 짙은 색 보디에 흰 거품이 이루는 콘트라스트가 아름답다.

보디 · 미디엄 보디. 로스트한 몰트의 단맛이 편안함을 준다. 목 넘김은 아주 매끄럽다.

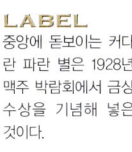
LABEL
중앙에 돋보이는 커다란 파란 별은 1928년 맥주 박람회에서 금상 수상을 기념해 넣은 것이다.

로스트 몰트의 단맛을 즐길 수 있는 맥주다. 캐러멜 같은 단맛이 나고 그 후에는 산미와 커피 같은 쓴맛이 약하게 남는다.

DATA
뉴캐슬 브라운 에일
스타일 잉글리시 스타일 브라운 에일 (상면 발효)
원료 맥아·홉·밀·당류·캐러멜
내용량 330㎖
도수 5.0%
생산 하이네켄 인터내셔널

문의 아이콘 유로펍

영국 에일 중에서 가장 많이 팔린다는 '뉴캐슬 브라운 에일'은 1925년 J. 포터 대령에 의해 잉글랜드 북동부 뉴캐슬에서 탄생했다. 브라운 에일은 20세기 초 영국에서 인기를 끌던 페일 에일에 대항해 만들었다고도 전해진다. 오늘날에는 하이네켄 인터내셔널이 사들여 전 세계 40개국에서 마신다.

투명한 병에 들어 있어 아름다운 호박색을 확실하게 볼 수 있지만, 보관할 때는 주의해야 한다. 맥주는 자외선에 닿으면 홉이 열화해 불쾌한 냄새가 나는데, 투명한 병은 자외선을 차단할 수 없다. 품질이 좋은 맥주를 마시려면 구입한 후에 직사광선이 닿지 않도록 관리해야 한다.

홉 맛이 확실한 페일 에일과는 대조적으로 홉 향이 약하다. 튀는 맛은 없으며 뒷맛도 산뜻해 시원하게 넘어간다.

🇬🇧 영국

골프 발생지에서 파는 유일한 맥주
Belhaven
벨헤이븐
세인트 앤드루스 에일

LABEL
'골프의 본고장'이라 불리는 세인트 앤드루스 골프 코스를 그렸다.

아로마 ● 프루티한 홉 향이 지속된다. 연하게 스파이시도 느껴진다.
플레이버 ● 로스트 몰트와 캐러멜의 플레이버. 산미가 약간 느껴지는 프루티한 향도 있다.

로스트 몰트로 인한 진한 구리색. 거품은 약간 크림색이 나며 결이 곱다.

미디엄 보디. 감칠맛이 확실하게 느껴지며, 몰트의 단맛을 차분히 느낄 수 있다.

〈DATA〉
세인트 앤드루스 에일
스타일
스코티시 에일
(상면 발효)
원료
맥아·홉
내용량
355㎖
도수
약 4.6%
생산
벨헤이븐 양조장

문의 닛폰 맥주

14세기 베네딕트회 수도사가 스코틀랜드에 창업했다는 기록이 남아 있는 벨헤이븐 양조장. 오늘날에도 당시에 사용했던 우물물로 맥주를 만든다. 골프 발생지인 세인트 앤드루스 St. Andrews 이름을 따 지었다. 골프 클럽 하우스에서 판매하는 유일한 맥주다.

전투기 이름에서 유래된 프리미엄 맥주
Shepherd Neame
셰퍼드 님
스핏파이어

〈주요 라인업〉
• 비숍스 핑거
 (Bishops finger)

LABEL
영국 국기를 연상하게 하는 색 조합. 켄트 주에서 만들어 '켄티시 에일'이라 쓰여 있다.

아로마 ● 스파이시하고 허브 같은 홉 향을 느낄 수 있다.
플레이버 ● 처음에는 스파이시하다가 부드러운 시트러스 향이 감돈다.

투명한 병을 통해 알 수 있듯이 투명한 호박색. 거품에도 호박색이 약간 섞였다.

미디엄 보디. 몰트감이 넘치는 맛에 스파이시한 홉이 더해져 드라이한 인상도 준다.

〈DATA〉
스핏파이어
스타일
잉글리시 스타일
페일 에일
(상면 발효)
원료
맥아·홉·당류
내용량
500㎖
도수
4.5%
생산
셰퍼드 님 양조장

문의 인 비어스

셰퍼드 님은 1698년 런던 남동쪽 켄트 주에 설립한 영국에서 가장 오래된 양조장이다. '스핏파이어 Spitfire'는 브리튼 전투 50주년을 기념해 만든 맥주다. 제2차 세계대전에서 독일과 싸웠던 전투기 이름에서 유래했다.

동화 속 나라 고품질 맥주
Wychwood
위치우드
홉고블린

LABEL
그림책에서 금방 튀어 나온 것 같은 디자인. 중세 유럽 요정 홉고블린을 그렸다.

향
아로마 ● 잘 익은 과일 같은 향과 비터 초콜릿 같은 향이 복잡하게 섞여 난다.
플레이버 ● 시트러스 향이 느껴진다. 비스킷이나 빵과 비슷한 플레이버도 느낄 수 있다.

외관
탁하지 않은 진한 갈색. 결이 고운 크리미한 거품이 만들어진다.

보디
풀 보디. 몰트감이 강하지만, 산미도 있어 무겁게 느껴지지 않는다.

몰트의 단맛에서 프루티한 산미를 느낄 수 있으며, 마지막에 서양배와 비슷한 풍미도 남는다. 모든 소재가 함께 어우러져 조화를 이룬 맛이다.

United Kingdom

〈주요 라인업〉
- 위치크래프트(Witchcraft)
- 골리앗(Goliath)

DATA
홉고블린
스타일 다크 에일
(상면 발효)
원료 맥아·홉
내용량 330㎖
도수 5.0%
생산 마스톤즈(Marston's)

문의 아이콘 유로팝

위치우드 브루어리의 기원은 1841년에 만들어진 작은 양조장까지 거슬러 올라간다. '이글 브루어리'라는 이름이었던 적도 있지만, 1990년 지금 명칭으로 변경했다. 마녀가 양조장 트레이드 마크고, 동화 같은 이미지가 곳곳에서 나타난다. 캐릭터로는 주력 상품인 홉고블린Hobgoblin이 유명하다.
'홉고블린'은 1996년에 만들어진 비교적 새로운 맥주다. 몰트는 페일 몰트와 크리스털 몰트에 초콜릿 몰트를 조금 넣어 사용한다. 홉은 퍼글 홉에 의한 비터한(아주 쓴) 맛, 골딩Golding 홉에 의한 시트러스 향이 난다. 이 소재로 루비 맥주라고도 불리는 색에 균형이 잘 잡힌 풍미를 만들어 발매 후 인기를 끌었다.
일본에도 홉고블린 펍&레스토랑이 있어 '홉고블린'을 마실 수 있는 것은 물론이고 영국 스타일 요리도 맛볼 수 있다.

영국

시원함이 느껴지는 블론드 에일
Harviestoun
하비스턴
비터&트위스티드

〈주요 라인업〉
- 올드 엔진 오일
- 올라 덥(Ola Dubh)
- 시할리온(Schiehallion)

LABEL
홉을 배경으로 허리에 손을 얹은 귀여운 쥐가 하비스턴을 상징하는 트레이드 마크다.

아로마 · 레몬과 그레이프프루트 같은 상큼한 향.
플레이버 · 몰트의 달콤한 플레이버와 레몬 향이 입속에서 가득 퍼진다.

외관 · 라벨에 '블론드 비어'라고 적힌 대로 깨끗한 블론드. 거품은 순백.

보디 · 미디엄 보디. 감칠맛이 확실해 몰트의 단맛을 차분히 음미할 수 있다.

DATA
비터&트위스티드
스타일
블론드 에일
(상면 발효)
원료
맥아 · 홉
내용량
500㎖
도수
약 4.2%
생산
하비스턴 양조장

문의 위스크 이

스코틀랜드 하이랜드 지방 알바Alba에서 창업한 하비스턴 브루어리. 레몬 같은 산미가 특징인 '비터&트위스티드Bitter&Twisted'가 WBA(World Beer Awards)에서 월드 베스트 에일을 수상하는 등 수많은 수상 이력을 자랑한다.

스코틀랜드 최고 에일 중 하나
Traquair
트라퀘어
자코바이트 에일

〈주요 라인업〉
- 트라퀘어 하우스 에일

LABEL
스코틀랜드를 상징하는 엉겅퀴가 돋보이는 디자인. 1745년은 명예혁명에 대한 반혁명 세력인 자코바이트가 반란을 일으켰던 해다.

아로마 · 로스트 몰트 향과 홍차와 사과 같은 향도 감돈다.
플레이버 · 감귤류 향과 코리앤더의 스파이시한 플레이버도 느껴진다.

외관 · 빛이 거의 통과하지 않는 검은색. 흰색이 아닌 약간 바랜 듯한 흰색 거품과 이루는 대비가 멋지다.

보디 · 풀 보디. 알코올감도 느껴지므로 천천히 음미하면서 마시면 아주 좋다.

DATA
트라퀘어
자코바이트 에일
스타일
스카치 에일
(상면 발효)
원료
맥아 · 홉 · 코리앤더
내용량
330㎖
도수
8.0%
생산
트라퀘어 양조장

문의 히로시마

'트라퀘어 자코바이트 에일Jacobite Ale'은 스코틀랜드에서 가장 오래된 양조장인 트라퀘어 양조장에서 만든다. 1965년부터 200년 묵은 맥주 양조 설비로 제조하며, 스카치 에일 중에서 으뜸으로 손꼽힌다.

시트러스 향이 감도는 진한 홉 풍미의 IPA
BrewDog

브루독
펑크 IPA

United Kingdom

LABEL
전통 맥주와 달리 아티스틱한 디자인이 강렬하다. 상표에 따라 색이 바뀐다.

몰트는 마리스 오터(Maris Otter), 홉은 넬슨 쇼빈, 심코 등을 사용한다. 몰트의 단맛과 홉의 쓴맛이 입안에 가득 퍼진다.

 아로마 ● 따르는 순간 그레이프프루트가 연상되는 감귤류 향이 퍼진다.

플레이버 ● 그레이프프루트와 오렌지 속껍질이 떠오르는 플레이버가 코끝을 스친다.

 외관 ● 투명한 구리색 보디. 거품이 풍부하게 일어나고 오래간다.

 보디 ● 미디엄 보디. 홉에 의한 쓴맛과 균형을 잡기 위해 보디감이 강하다.

〈주요 라인업〉
- 하드코어 임페리얼 IPA
- 5A.M. 세인트
- 데드 포니 클럽
- 도쿄☆스트롱 스타우트

〈DATA〉
펑크 IPA
스타일 잉글리시 스타일 IPA
(상면 발효)
원료 맥아·홉
내용량 330㎖
도수 5.6%
생산 브루독 양조장

글의 위스크 이

브루독은 전통 양조장이 꽤 남아 있는 영국에서 2007년 창업한 새내기 양조장이다. 맥주를 좋아하는 제임스 와트James Watt와 마틴 디키Martin Dickie가 스코틀랜드 북동부 프레이저버그Fraserburgh에 세워 상업주의적인 맥주에 대항해 품질을 중요시하는 맥주를 만든다. '펑크 IPA'와 '하드코어 임페리얼 IPA' 등 이름도 독특하다. 차분한 맛이 주류를 이루는 영국 맥주 중에 이런 독특한 맥주는 출시하자마자 전 세계인으로부터 사랑을 받았다. 그 후에도 성장을 계속해, 직영 비어바 제1호점 브루독 애버딘 외 점포를 10곳 열었다. '펑크 IPA'는 브루독을 대표하는 맥주로 대형 슈퍼마켓 테스코TESCO에서 주는 '드링크 어워드'를 수상했다. 그 외 다른 상표도 월드 비어 컵과 WBA에서 수상했다.

영국

켈트의 아름다운 아로마가 녹아든 맥주

Celt
켈트
블레딘 1075

〈주요 라인업〉
- 골든 에일
- 블론드 에일

LABEL
시크하고 고급스러운 라벨. 상표명은 1075년에 세상을 뜬 웨일스 왕국의 블레딘(Bleddyn) 왕 이름에서 땄다.

아로마 ● 그레이프프루트 같은 시트러스 계열 아로마가 은은하게 느껴진다.
플레이버 ● 시트러스 향과 다즐링 홍차 같은 플레이버가 입안에서 퍼진다.

세심한 여과로 투명한 골드. 거품은 오래가지 않는 편이다.

미디엄 보디. 색감은 투명하지만 가볍지는 않다. 단맛과 쓴맛이 부딪히지 않고 각자 주장을 한다

〈DATA〉
켈트
블레딘 1075
스타일
잉글리시 스타일 페일 에일
(상면 발효)
원료
맥아·홉
내용량
500㎖
도수
5.6%
생산
켈트 익스피리언스

문의 주트

켈트 역사에서 영감을 얻어 유기농 원료로 양조하는 켈트 익스피리언스Experience. 역사는 짧지만, 상을 여럿 받는 등 객관적 평가는 높다. '블레딘 1075'는 잡맛이 없는 아로마와 몰트가 이루는 균형감이 특징이다.

소규모 양조장에서 만드는 오가닉한 맥주

Black Isle
블랙 아일
골든아이 페일 에일

〈주요 라인업〉
- 레드 카이트 에일(Red Kite Ale)
- 블론드 라거
- 포터
- 스카치 에일

LABEL
스코틀랜드 상징 꽃인 '엉겅퀴'에서 따온 디자인. 스타일에 따라 가운데 동그라미 색이 달라진다.

아로마 ● 라임 같은 감귤류 향이 풍성하다.
플레이버 ● 감귤류 향에 더해 베리 계열 향도 손을 든다.

투명한 골드가 아름답다. 옅은 크림색을 띤 거품은 바로 꺼져버린다.

미디엄 보디. 밀을 사용해 맛이 가벼운 편이다.

〈DATA〉
블랙 아일 골든아이 페일 에일
스타일
잉글리시 스타일 페일 에일
(상면 발효)
원료
맥아·홉·밀
내용량
330㎖
도수
5.6%
생산
블랙 아일

문의 기무라

1998년 창업한 블랙 아일 양조장은 스코틀랜드에서 볼 수 있는 소규모 양조장이다. 고급스러운 오가닉 맥주를 만든다. '골든아이 페일 에일'은 크리스털 몰트와 밀을 블렌딩해 몰트의 단맛과 약간의 산미로 고급스러운 맛을 살렸다.

누구라도 떠올리는 흑맥주 대표 주자
Guinness®

기네스
엑스트라 스타우트

아로마 ● 초콜릿 같은 향과 고소함이 감돈다.
플레이버 ● 로스팅한 보리가 커피 같은 향을 느끼게 해준다. 스모크 느낌도 살짝 난다.
향

흑맥주의 대명사격인 존재가 되었다. 검은 보디와 크리미한 거품. 기네스는 외관만 봐도 알 수 있다.
외관

미디엄 보디. 색감에서 상상하는 정도로 무겁지 않다. 드라이한 인상도 있으며 마시기 편하다.
보디

LABEL
중앙에 그려진 하프는 중세부터 이어온 아일랜드의 상징이다. 창립자 아서 기네스의 사인도 눈에 띈다.

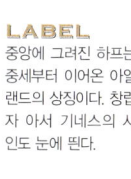

엑스트라 스타우트는 초기 기네스 '엑스트라 슈페리어 포터'를 재현한 것이다. 병으로 따라도 거품 결이 참 곱다.

〈주요 라인업〉
• 드래프트

DATA
엑스트라 스타우트
스타일 아이리시 스타일 드라이 스타우트 (상면 발효)
원료 맥아·홉·보리
내용량 330㎖
도수 5%
생산 디아지오사

문의 기린 맥주

'흑맥주'라고 하면 가장 먼저 떠올릴 정도로 유명한 기네스. 1759년에 아서 기네스가 만들어 전 세계에서 인기를 끌었다. 검은색은 로스팅한 맥아로 낸 색깔이다. 당시에는 맥아에 세금을 내야 해서 아서 기네스는 보리를 맥아로 만들지 않고 로스팅해 사용했다고 한다. 크리미한 거품도 기네스만의 특징이지만 질소에 의한 것이다. 기네스를 잔에 완벽하게 따르려면, 따른 후에 바로 마시지 말고 거품이 차분히 안정될 때까지 기다려야 한다. 거품이 만들어지는 것을 보는 것도 기네스를 즐기는 시간이다. 전 세계 어디에서나 마실 수 있는 맥주지만 보기에는 똑같아 보여도 알코올 도수가 4.0~8.0%까지 종류가 다양해 나라에 따라 수입되지 않는 기네스도 있다. 캔에 든 기네스도 판매하는데, 캔 속에 들어 있는 플로팅 위젯(공 모양 캡슐)이 펍에서 마실 때 느낄 수 있는 기네스와 똑같은 거품을 만들어준다.

아일랜드

아이리시 레드 에일을
대표하는 맥주
Kilkenny®
킬케니

LABEL
아일랜드를 상징하는 색인 그린과 레드 에일을 상징하는 빨간색을 사용한 디자인.

아일랜드에서 인기를 자랑하는
Murphy's
머피스
아이리시 스타우트

LABEL
칠흑 같은 보디와 크리미한 거품을 떠올리게 하는 심플한 색감. 라벨에 문장과 탄생 연도를 당당하게 적어놓았다.

아로마 ● 프루티한 향이 느껴지지만 별로 강하지는 않다.
플레이버 ● 몰트가 만드는 단맛이 느껴지는 향. 홉 향은 줄였다.

결이 고운 흰 거품과 캐러멜 몰트에 의한 붉은색 보디의 콘트라스트가 아름답다.

라이트 보디. 탄산도 강하지 않고 전체적으로 매끄럽고 순한 인상이다.

DATA
킬케니
스타일
아이리시 스타일
레드 에일
(상면 발효)
원료
맥아·홉·보리
내용량
440㎖(캔)
도수
4.5%
생산
디아지오사

문의 기린 맥주

아로마 ● 초콜릿이나 커피 같은 향. 무르익은 과일 향도 난다.
플레이버 ● 로스트한 플레이버가 느껴지지만, 산미와 관련 있는 프루티함도 엿보인다.

스타우트다운 검은색. 위젯이 만들어주는 크리미한 거품은 약간 갈색이 돈다.

미디엄 보디. 아주 강하지 않은 쓴맛과 낮은 알코올 도수로 가벼운 인상을 준다.

DATA
아이리시 스타우트
스타일
아이리시 스타일
스타우트
(상면 발효)
원료
맥아·홉·밀
내용량
500㎖
도수
4%
생산
하이네켄 인터내셔널

문의 아이콘 유로펍

아일랜드에서 스타우트만큼 인기 끄는 스타일이 레드 에일이다. 1710년, '킬케니'는 세인트 프란시스 수도원 양조장에서 탄생한 이후로 아이리시 레드 에일을 대표하는 상표가 되었다. 향과 보디 모두 강하지 않아 마시기 편한 맥주다.

1856년, 제임스 J. 머피에 의해 탄생한 머피스. 아일랜드에서는 '머피스냐, 기네스냐'라고 할 정도로 인기가 높다. 양조장이 위치한 코크Cork 주에서 특히 머피스가 사랑을 받으며, 세계적으로도 80여 개국에서 마신다.

COLUMN

본고장에서만 맛볼 수 있는 캐스크 컨디션이 지닌 매력

영국 맥주 중에는 생산량과 상관없이 절대로 다른 나라에서는 마실 수 없는 맥주가 있다. 펍 문화와 에일 맥주가 뿌리내린 영국에서만 즐기는 맥주를 소개한다.

펍 지하에서 숙성을 기다리는 캐스크

맥주 운송과 관리 기술이 끊임없이 발전하며 이제 해외에서도 현지와 다르지 않은 맥주를 맛볼 수 있게 되었다. 그런데도 영국이 아니면 마실 수 없는 맥주가 있다니! 바로 캐스크 컨디션(리얼 에일) 맥주다.

캐스크 컨디션이란, 통(캐스크) 속에서 2차 발효해 맥주 상태를 정돈하는 과정을 일컫는다. 캐스크 컨디션 맥주는 양조장에서 만든 뒤에 여과나 열처리를 하지 않고 캐스크에 담아 효모가 남은 채 가게까지 옮겨진다. 가게에서는 2차 발효되는 상태를 관리하다가 마시기 적당한 시기에 맞춰 개봉한다. 개봉 시기를 파악하는 것은 가게 측이 가진 기술력에 전적으로 위임한다.

캐스크 컨디션이 사라질 뻔한 시기도 있었다. 하지만 훌륭한 젊은이 넷이 캄라(CAMRA, Campaign for Real Ale)라는 소비자 단체를 만들어, 전통적인 캐스크 컨디션 맥주를 '리얼 에일'이라 정의하고 보급하는 데 힘썼다. 단언컨대 오늘날 펍에서 캐스크 컨디션을 마실 수 있는 것은 CAMRA가 벌인 활동에 힘입은 것이다.

캐스크 컨디션 맥주는 탄산가스를 넣지 않는다. 발효로 만들어진 이산화탄소만이 녹아든 상태라 아주 순한 맛을 즐길 수 있다. 일본의 크래프트 맥주 제조사 중에도 캐스크 컨디션 맥주를 만드는 곳은 있지만, 영국 맥주다운 캐스크 컨디션을 마실 수 있는 곳은 영국의 펍뿐이다. 영국에 가면 꼭 펍에서 프로의 기술을 맛보길 바란다.

Photo by Fujiwara hiroyuki

그 밖의 유럽
EUROPE

전통 맥주부터
새로운 맥주까지
국가별로 독자적인 풍미를
만들어낸다

유럽 분포 지도

네덜란드
NETHERLANDS

세계적으로 유명한 상표는 하이네켄, 그롤쉬 같은 하면 발효 맥주다. 벨기에와 인접한 지역에서는 벨기에 스타일다운 농후한 맥주도 만든다. 특히 유명한 것은 라 트라프 수도원에서 만드는 트라피스트 맥주로 알코올 도수가 10.0%나 된다. 드 몰렌(De Molen, 네덜란드어로 '풍차'를 뜻함-옮긴이) 등 소규모 양조장에서 개성을 담은 맥주를 만드는 제조 회사도 성장하는 추세다.

덴마크
DENMARK

세계 유명 상표로는 하면 발효 맥주인 칼스버그와 투보그Tuborg를 꼽을 수 있다. 새로운 경향으로는 자기가 부담해 운영하는 양조장 없이 전 세계 양조장과 콜라보레이션으로 맥주를 만드는 미켈러 같은 독특한 제조 회사도 눈에 띈다.

덴마크

네덜란드

체코

오스트리아

이탈리아

이탈리아
ITALY

유명 상표로는 모레티와 페로니 나스트로 아주로Peroni Nastro Azzurro 등 하면 발효 맥주를 꼽을 수 있다. 최근 북이탈리아를 중심으로 비라 델 보르고Birra Del Borgo, 발라딘Baladin 같은 크래프트 맥주가 움직이기 시작했다.

Europe

러시아
Russia

보드카를 좋아하는 국민성 탓인지 알코올 도수가 높은 맥주를 좋아하는 편이다. 예전에는 임페리얼 스타우트를 영국에서 다량 수입했던 역사도 있어서 그런지 발티카 포터라는 검은색 계열 맥주를 양조한다. 발티카 포터는 상면 발효 효모가 아닌 하면 발효 효모를 사용한다.

러시아연방

체코
The Czech Republic

체코의 필젠은 전 세계로 보급되는 필스너 스타일 발생지. 전통 필스너와 다크 라거가 중심이지만, 마츠시카, 스트라호프 수도원 양조장 Klasterni Pivovar Strahov 같은 소규모 양조장이 에일 스타일 맥주를 만들며 이런 경향은 전국적으로 퍼져가는 추세다.

오스트리아
Austlia

몰트의 약간 달콤한 향과 풍미가 있는 비엔나 스타일의 발생지. 지금은 거의 문을 닫고 독일과 인접한 지역에서는 저먼 스타일 필스너와 바이젠 등을 주로 만든다. 알파인 허브 Alpine Herbs를 사용한 상쾌한 맥주도 만든다.

독일·벨기에·영국 같은 맥주 대국이 있는 유럽에서 맥주 문화는 순식간에 전역으로 퍼지며 오늘에 이르렀다. 경수로 양조하는 이미지가 강한 유럽이지만, 전체적인 경향으로 보면 하면 발효 맥주인 필스너를 답습한 하이네켄이나 투보그 같은 옅은 색 계열 라거를 주로 만든다.

최근 들어 크래프트 맥주 흐름이 퍼지면서 상면 발효 맥주와 고알코올 맥주, 와인 통 숙성 맥주 등을 만들기 시작하는 양조장도 늘었다. 이 흐름은 특히 체코·슬로바키아·북이탈리아·덴마크·네덜란드·노르웨이·스위스 같은 국가들로 확산되면서 상당히 독특한 맥주가 생겨나고 있다.

STYLE
그 밖의 유럽의 주요 스타일

라거(하면 발효)
LAGER

체코
보헤미안 필스너

1842년에 필젠에서 탄생한 색이 연한 하면 발효 맥주. 전 세계에서 마시는 필스너의 본보기가 된 스타일이다. 저먼 필스너보다 색이 약간 진하고 몰트감이 주는 강도도 강하다.

오스트리아
비엔나 스타일

오스트리아 빈에서 발생한 스타일. 비엔나 몰트의 붉은색을 반영한 중간 정도 짙은 색을 띤다. 빵 굽는 향이 특징이다. 옥토버페스트비어는 이 스타일을 베이스로 만들었다고 한다. 오늘날에는 유럽보다 멕시코와 미국 크래프트 맥주로서 인기가 높은 스타일이다.

유럽 전역
인터내셔널 필스너

필스너 스타일이 전 세계로 퍼지면서 몰트의 단맛과 홉의 쓴맛이 약하고 가벼워진 스타일이다. 쌀과 옥수수 등을 사용한 것도 많다. 월드 비어 컵(WBC)에서 하나의 카테고리로 자리 잡았다. 일본 대형 맥주 제조사의 맥주도 이 카테고리에 해당한다.

체코

세계 최초로 황금색을 만든 원조 필스너
Pilsner Urquell
필스너 우르켈

 아로마 ● 고급스러운 홉 향.
플레이버 ● 프랑스 빵의 흰 부분이 생각나는 몰트의 플레이버와 고급스러운 홉의 플레이버.
향

 투명감 있는 황금색.
외관

 미디엄 보디. 홉이 주는 적당한 쓴맛은 식전주로 최적이다.
보디

LABEL
병 색깔이 돋보이는 흰색 라벨에 초록색 글자가 빛이 난다. 빨간 실링 왁스 중앙에 그려진 문은 양조장 문이다.

1842년, 필젠에서 태어난 필스너 스타일 본고장 맥주다. 필젠에서 나는 연수와 옅은 색 맥아가 빚어낸 걸작이다.

DATA
필스너 우르켈
스타일 보헤미안 필스너 (하면 발효)
원료 맥아·홉·효모·물
내용량 330㎖
도수 4.4%
생산 사브밀러

문의 닛폰 맥주

세계적으로 대중적인 황금색 필스너 스타일은 이 맥주에서 시작했다. 우르켈은 '원조'라는 뜻이다. 그전에는 짙은 색 맥주밖에 없었다. 1842년, 필젠 시 양조장에 독일인 양조가 요제프 그롤(Josef Groll)을 초빙해서 만든 이 옅은 색 하면 발효 맥주는 고급 홉의 쓴맛과 빛나는 황금색을 띠어 사람들에게 신선한 충격을 안겨 주었다.

이후 유리로 만든 잔이 보급되면서 세계적으로도 인기가 높아져 폭발적으로 퍼져 나갔다. 일본의 대형 맥주 브랜드도 원류를 거슬러 올라가면 이 맥주에 다다른다.

오늘날은 사브SAB밀러가 '필스너 우르켈' 브랜드를 소유했다. 디콕션(Decoction, 달이기)이라는 고전적인 당화 방법을 3회 반복해 만들어 전통적인 맛을 고수한다. 양조장에서는 브루어리 투어도 진행해 견학하다가 통에서 직접 떠낸 여과하지 않은 맥주를 시음할 수 있다. 브루어리에 딸린 레스토랑에서는 식사와 함께 신선한 필스너 우르켈을 즐길 수 있다.

 체코

대형 맥주 제조 업체도 동경한 본가 맥주

Budweiser Budvar

부드바이제르 부드바

LABEL
흰색 바탕에 빨간 글씨가 도드라진 디자인이 심플하고 알기 쉽다.

미국 버드와이저와 스펠링이 같은 'Budweiser'을 쓰지만, 맛은 상당히 다르다. 체코에서 생산하는 부드바이제르는 맛이 강하다.

 향
- **아로마** ● 보리 향과 사츠(Saaz) 홉의 화려한 향이 난다.
- **플레이버** ● 홉 향과 쓴맛이 아주 강하다.

 외관
필스너다운 투명한 금색.

 보디
미디엄 보디. 쓴맛과 연한 단맛이나 육류 요리와 잘 어울린다.

〈주요 라인업〉
- 다크 라거
- 프리미엄 라거

DATA
부드바이제르 부드바
스타일 보헤미안 필스너 (하면 발효)
원료 맥아·홉·효모
내용량 330㎖
도수 4.7%
생산 부데요비스키 부드바

출처 아이콘 유로펍

체코 남부 체스케 부데요비체 마을에서 만드는 맥주다. 질 좋은 홉 향과 은은한 빵냄새와 버터 향이 감돈다.

그 밖에도 이 양조장에서는 색이 옅은 헬레스와 짙은 색 계열 둥켈(다크 라거)도 만든다. 헬레스는 가벼운 맛이다. 둥켈은 옅은 색 '부드바이제르 부드바'에 커피 같은 고소한 향이 더해진 맛이 강한 맥주다. 양조장에는 레스토랑이 딸려 있어 맥주와 함께 식사를 즐길 수도 있다.

'Budweiser Budvar' 스펠링에서도 알 수 있듯이 미국 버드와이저는 '부드바이제르'의 영어식 발음이다. 고급 맥주 '부드바이제르'에서 따온 이름으로 예전에는 상표권을 둘러싸고 분쟁이 생긴 적도 있다. 지금은 합의가 이루어졌다.

🇨🇿 체코

플라타너스 거리에서 이름을 따온 체코 전통 맥주
Platan

플라탄
그라나토 11

LABEL
와인레드 바탕의 라벨에는 플라타너스 잎이 만드는 실루엣을 은은하게 그렸다.

향

아로마 • 캐러멜 아로마와 고급스러운 홉 아로마.
플레이버 • 몰트의 고소함과 고급 홉의 플레이버가 산뜻하다.

외관

깨끗한 라이트 브라운.

미디엄 보디. 쓴맛은 부드럽고, 깔끔하다.
보디

라이트 브라운이 아름다운 고소한 맥주지만 알코올 도수는 4.6%로 마시기 편하다.

<주요 라인업>
• 페를라(Perla) 14

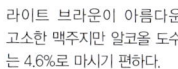
DATA

그라나토 11
스타일 둥켈(하면 발효)
원료 맥아·홉·물·효모
내용량 500㎖
도수 4.6%
생산 프로티빈스키

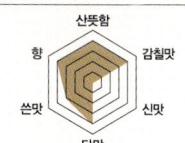

문의 월드 리큐어 임포터즈

양조장의 역사는 체코 남서부 프로티빈Protivin이라는 마을에서 16세기 이전에 시작되었다.
1800년대 후반부터 1900년에는 체코 국내에서 베를린과 뉴욕에도 자사 창고를 둘 정도로 제법 규모가 큰 양조장이었다. 제1차 세계대전 후, 국외 고객을 잃어 규모를 대폭 축소했다. 그 후 국영화되었다가, 2000년에 일단 마을에서 사들인 후 민영화했다. 복잡하고 긴 역사가 흐르는 이 양조장은 오늘날, 로부코위치 양조장 그룹에 속한다.
'플라탄'이라는 이름은 양조장까지 이어진 플라타너스 거리에서 유래했다고 한다. 그 거리에서 흔히 볼 수 있는 무성한 플라타너스 잎이 상징 마크가 되어 병목에 자리 잡았다.
'그라나토 11'은 다크 라거에 속한 몰트의 고소함이 인상적인 맥주다. 알코올 도수가 4.6%라 꿀꺽꿀꺽 잘 넘어간다.

그 밖의 유럽

🇦🇹 오스트리아

티롤 지방이 자랑하는 진정한 지역 맥주

Zillertal

칠러탈
필스 프리미엄 클래스

LABEL
귀여운 로고 마크 아래 쓰여 있는 'seit 1500'이라는 글자. '1500년 창업'이라는 전통을 기린다.

알프스가 만들어주는 맑고 깨끗하면서도 맥주 제조에 적합한 복류수를 사용한다. 티롤 지방에 전해지는 전통 제조법으로 최저 3개월에 걸쳐 숙성해 완성한다.

아로마 ● 확실한 몰트감과 홉 향.
플레이버 ● 홉의 쓴맛과 몰트가 주는 단맛의 균형감이 절묘하다.
향

약간 옅은 골드. 거품은 결이 곱고 크리미하다.
외관

마시기 아주 좋고 깨끗하다. 여운도 길지 않다.
보디

〈주요 라인업〉
• 바이스
• 슈바르츠
• 즈뷔켈(Zwickel)
• 라들러(Radler)
• 가우더 보크(Gauder Bock)

─ DATA ─
칠러탈 필스 프리미엄 클래스
스타일 저먼 필스너 (하면 발효)
원료 맥아·홉
내용량 330㎖
도수 5.0%
생산 칠러탈 맥주사

문의 예나

티롤Tirol은 오스트리아 서부에서 이탈리아 북부에 걸쳐 빙하와 스키장 등 관광지로 명성 높은 곳이다. 칠러탈 맥주사는 500년 이상 전에 티롤에서 탄생했다. 오스트리아에서 가장 오래된 기업 중 하나며, 국내에서 가장 먼저 필스너를 제조한 곳이기도 하다.

'칠러탈'이라는 이름은 가까운 곳에 흐르는 칠러 강과 독일어로 '협곡'이라는 뜻인 '탈'에서 왔다. 알프스의 복류수伏流水, 국내산 몰트와 홉을 사용한 진정한 지역 맥주라고 단언할 수 있다. 장기간에 걸친 저온 숙성법도 토지에 오래도록 뿌리를 두고 지켜오던 방법이다.

그런 오스트리아를 대표하는 지역 맥주를 일본에서 마실 수 있게 된 것은 아주 최근 일이다. 2009년에 '일본과 오스트리아 교류의 해 2009'를 기념해 수입되었다. 세계적인 유통량은 아직 적은 귀중한 맥주다.

🇦🇹 오스트리아

알프스가 키워낸 밀 맥주
Edelweiss

에델바이스
스노 후레쉬

LABEL
흰 바탕에 파란 글자로 쓴 세련된 디자인. 알프스와 에델바이스가 볼록 튀어나오게 만든 병도 독특하다.

민트와 엘더(Elder, 서양딱총나무) 등 여러 알프스(알파인) 허브와 알프스 산봉우리 물로 만든 바이젠 허브를 사용한 신선한 에델바이스는 맥주를 즐기지 않는 여성도 거부감 없이 마실 수 있다.

향
- **아로마** ● 효모에서 나온 바나나 향과 허브에서 풍기는 복잡한 향이 한데 섞여 난다.
- **플레이버** ● 스파이시한 허브의 상쾌한 플레이버.

외관
효모 영향으로 약간 탁한 금색. 바이젠답게 거품은 풍성하다.

보디
라이트 보디. 산뜻하고 참 마시기 편하다. 첫 잔으로 마시기 좋은 매끄러운 목 넘김이 자랑이다.

DATA
에델바이스 스노 후레쉬
스타일 허브&스파이스 비어
(상면 발효)
원료 맥아·홉·알프스 허브
내용량 330㎖
도수 5.0%
생산 칼텐하우젠 양조장

문의 예나

밀을 사용한 바이스비어의 본고장이라면, 오래전부터 남독일 바이에른 주를 꼽는다. 그런데 바로 옆 오스트리아에 본고장에 필적할 정도로 오랫동안 바이스비어를 만들어온 양조장이 있다. 바로 잘츠부르크 근교 칼텐하우젠Kaltenhausen이다. 1475년에 잘츠부르크 시장과 재판관이 설립한 양조장이 전신이다. 500년 이상의 긴 역사를 자랑한다.

브랜드 이름은 알프스의 가혹한 환경 속에서 늠름하게 피어나는 오스트리아 국화 '에델바이스'에서 따왔다. 독일어로 'Edel'(고귀한) 'Weiss'(흰색)라는 뜻이며, 오스트리아의 고급 바이스비어 이름에 걸맞다.

그 지방에 전해 내려오는 전통 레시피에 알프스 허브를 배합해 탄생한 것이 '에델바이스 스노 후레쉬'다.

오스트리아

15세기부터 빚어온 오스트리아 전통 맥주

Gösser

괴서
괴서 필스

LABEL
초록색 병과 라벨이 풍요로운 자연에서 만들어진 이미지를 표현했다. 강한 로고는 왕도의 맥주에 걸맞다.

알프스가 위치한 오스트리아에서도 빼어난 물로 만든 필스너. 엄선한 원료를 조합해 만들어내는 잘 다듬어진 맛이 국내외 팬을 매료시킨다.

 향

아로마 ● 프루티하며 홉의 풍부한 향이 코끝을 간질인다.
플레이버 ● 강한 몰트 향과 순한 홉 향이 혀를 자극하고 지나간다.

외관 밝고 아름다운 골드. 위에 쌓인 거품은 티 하나 없는 순백색.

보디 적당한 감칠맛이 돌아 필스너인데도 만족감이 높다.

〈주요 라인업〉
● 다크

DATA
괴서 필스
스타일 필스너(하면 발효)
원료 맥아·홉
내용량 330㎖
도수 5.2%
생산 괴서 양조장

문의 예나

예전에 맥주는 '액체 빵'처럼 영양 보충을 목적으로 마셨다. 오스트리아 괴서 양조장도 15세기경에는 수녀원이었으며, 수행하는 수녀들이 영양을 보조하는 음료로 맥주를 만들었다는 기록이 남아 있다.
19세기 중반, 수녀원 일부가 팔렸고 양조 전문 시설이 탄생했다. 오늘날 우리가 만나볼 수 있는 괴서 양조장의 기원이다.
괴서가 가진 가장 큰 특징은 원료가 되는 물이다. 양조장이 위치한 괴서라는 토지에서 솟아나는 물은 오스트리아에서도 손꼽는 명수로 '괴서 필스'가 자랑하는 고급스럽고 마시기 편한 느낌에 한껏 공헌한다.
홉과 보리는 순수하게 국산만을 고집하며, 특히 홉은 슈타이어마르크 Steiermark 주에서 생산하는 것을 사용한다. 이 홉은 벨기에 등 국외에도 수출한다.
실력파 양조장이 모인 오스트리아에서도 괴서가 주는 존재감은 각별한데, 제2차 세계대전 후 독립선언 축하연에서 마셨다는 일화에서도 미루어 짐작할 수 있다.

🇩🇰 덴마크

맥주 역사에 한 획을 그은 거대 브랜드
Carlsberg
칼스버그

LABEL
왕관이 포인트다. 1904년, 덴마크 왕실에 납품하면서 왕관 마크 사용을 허가받았다.

전 세계에서 폭넓게 마시는 맥주인 만큼 편중되는 부분 없이 균형 잡힌 맛이다. 마실 때 상쾌해 여름에 갈증을 해소 하는 데 최적이다.

향

아로마 ● 향은 약하다. 희미하게 몰트 향이 살아 움직인다.
플레이버 ● 목을 넘겨 마시고 나면 홉과 맥아의 풍미가 코로 빠져 나온다.

외관
아름다운 황금색은 전형적인 필스너 색깔이다. 거품 결이 곱다.

바디

라이트 보디. 아주 가볍고 깔끔한 맛이 최대 매력이다.

〈주요 라인업〉
● 라이트
● 엑스포트

DATA
칼스버그
스타일 필스너(하면 발효)
원료 맥아·홉·향료
내용량 330㎖
도수 5.0%
생산 칼스버그사

문의 산토리 스피릿

파스퇴르의 '저온 살균법', 린데의 '암모니아식 냉동기', 한센의 '순수 배양법'. 이를 맥주의 3대 발명이라 부른다. 그중에 효모 순수 배양과 관련 깊은 곳이 덴마크 맥주 제조사 칼스버그다.

제이콥 크리스찬 야곱센이 1847년에 칼스버그사를 창립했다. 그 후 맥주 질을 향상하려는 목적으로 연구소를 설립했다. 이곳에서 한센 박사가 에일에서 상면 발효 효모를, 라거에서 하면 발효 효모를 단독 분리하는 데 성공했다.

세기의 발견, 창업자와 2대째가 겪은 분리와 통합, 적극적인 해외 수출을 거쳐 거대 기업 대열에 들어선 칼스버그 필스너는 오늘날 150개국이 넘는 나라에서 사랑받는다.

일본에서는 산토리가 라이선스 생산과 판매를 하며 친근한 외국 맥주가 되었다. 마시기 쉬우면서도 개성이 강한 칼스버그. 고급스러운 맛으로 고정 팬도 꽤 많다.

그 밖의 유럽

 덴마크

전 세계 맥주 마니아들의 마음을 뒤흔드는
Mikkeller

미켈러
블랙홀 임페리얼 스타우트

LABEL
불필요한 설명은 하나도 없다. 맥주가 지닌 극상의 고밀도감과 강력한 힘을 블랙홀 그림으로 대신했다.

미켈러의 인기를 확고부동하게 한 기념비적인 맥주다. 이 대표 아이템을 다시 다양한 통에 넣고 숙성한 배럴 에이지드(BA, Barrel Aged) 시리즈도 기억해야 한다.

 아로마 ● 로스트 향 안에 다양한 부원료가 빚어내는 달콤한 향이 복잡하게 섞였다.
향 플레이버 ● 비터 초콜릿과 로스팅한 커피, 블랙 체리 향. 홉도 빠지지 않고 느껴진다.

 외관 그야말로 검은색 그대로다. 거품은 많지 않다.

 보디 풀 보디. 여운도 아주 길고 독특한 쓴맛과 단맛이 혀에 남는다.

〈주요 라인업〉
- 블랙홀 BA 레드 와인 통
- 1000 IBU
- 솔트 갈 블랙 IPA

DATA
블랙홀 임페리얼 스타우트
스타일 임페리얼 스타우트
 (상면 발효)
원료 맥아·오트밀·
 커피콩·꿀·
 바닐라 빈즈·홉·
 카소나드(비정제 설탕)
내용량 375㎖
도수 13.1%
생산 미켈러 브루어리
 (맥주 양조장)

문의 위스크 이

현재, 전 세계 맥주 마니아를 가장 매료시키는 브루어리 중 한 곳이 덴마크 코펜하겐에 있는 미켈러다. 기존 맥주 스타일 개념을 끊임없이 뒤집는 공격적인 자세로 맥주 업계에서 현재 진행형으로 혁명을 일으킨다. 창업은 2006년. 홈 브루어(Home Brewer, 집에서 취미 삼아 맥주를 만들어 먹는 사람들-옮긴이)였던 미켈 보르그Mikkel Borg와 크리스챤 켈러Kristian Klarup Keller, 두 맥주 마니아가 설립했다. 자칭 '팬텀 브루어Phantom Brewer'라 하면서 양조 시설을 보유하지 않았다. 예리한 감각으로 레시피를 쓰고, 실제 제조는 자국인 덴마크를 시작으로 북유럽·미국 등 마이크로 브루어리(소규모 양조장)에 위탁한다.

최고급 커피를 사용한 맥주, '블랙 IPA', '1000 IBU' 등 두 사람이 자유롭게 제조하는 맥주에 팬들은 눈을 쉽사리 떼지 못한다.

온도에 따라 일러스트가 변하는 디자인을 개발하는 등 흥미와 재치가 가득한 라벨도 눈길을 사로잡는다.

🇳🇱 네덜란드

네덜란드에서 유일한 트라피스트 칭호
La Trappe
라 트라프
블론드

LABEL
커다란 'B'가 그려진 라벨. '두벨(Dubbel)'은 'D'가 들어간다. 상표에 따라 알파벳과 색이 달라진다.

가볍지만 단맛, 쓴맛, 산미를 종합한 깊은 맛이다. 풀 보디의 트라피스트를 마시기 어려워하는 사람에게도 권할 만하다. 목 넘김이 좋아 자꾸 마시고 싶어진다.

 향
- **아로마** ● 몰트의 로스팅 향과 프루티한 향이 신선하다.
- **플레이버** ● 희미하게 맥아 향이 먼저 온 후에 상쾌한 쓴맛과 산미가 따라온다.

 외관
블론드라는 이름이지만 오렌지색에 가깝다. 거품은 오래간다.

 보디
라이트~미디엄 보디. 깊이가 있지만 신선해서 마시기 편하다.

〈주요 라인업〉
- 두벨
- 트리펠
- 쿼드루펠

DATA
라 트라프 블론드
스타일 트라피스트(상면 발효)
원료 맥아·홉·당류·효모
내용량 330㎖
도수 6.5%
생산 라 트라프 양조장

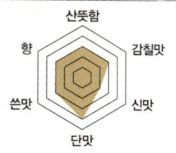

문의 고니시 브루잉

트라피스트 맥주는 전부 벨기에에서 처음 만들어졌다고 생각하는 사람이 많다. 네덜란드에도 트라피스트는 존재한다. 바로 라 트라프 양조장이다. 장소는 네덜란드와 벨기에 국경에 위치한 아헬Achel 수도원에서도 가까우며, 벨기에와 거의 붙어 있다. 브랜드 파워를 자랑하는 트라피스트 맥주 중에서 라 트라프는 장소만 이단인 것이 아니다. 19세기 후반, 양조를 시작했을 때 에일을 만들지 않고 경쟁 상대가 없는 라거로 제품 폭을 좁혔다. 최근 바바리아Bavaria 양조장에 생산을 위탁한 점이 문제가 되어 '트라피스트' 로고를 박탈당하는 시련도 겪었다.

지금은 벨기에에 존재하는 다른 트라피스트 맥주와 어깨를 나란히 하는, 알코올 도수가 높고 풀 보디의 '쿼드루펠Quadrupel' 등을 만든다.

미국에서는 수도원 이름인 코닝스후벤(Koningshoeven, '왕의 정원'이라는 뜻)으로 판매한다.

🇳🇱 네덜란드

네덜란드에서 태어난 초록색 병

Heineken
하이네켄

LABEL
로고에 쓰인 'e'자만 오른쪽이 살짝 올라가 도록 디자인했다. 마치 웃는 것처럼 보여 '스마일 e'라고 부른다.

전 세계에서 마시는 도드라진 맛이 없는 라거. 독특한 쓴맛과 감칠맛으로 개성이 느껴진다. 하이네켄사가 쓰는 무기 '하이네켄 A 효모' 덕분이다.

 아로마 ● 전혀 강하지는 않지만, 몰트에서 나오는 달콤한 향이 코를 간질인다.
플레이버 ● 홉의 쓴맛과 몰트의 단맛, 아주 희미한 산미도 느낄 수 있다.

 외관 깨끗하고 투명한 골드. 그 위에는 크리미한 거품.

 보디 라이트~미디엄 보디. 산뜻하고 마시기 편한 이미지지만, 감칠맛도 확실하다.

〈주요 라인업〉
• 다크

DATA
하이네켄
스타일 헬레스(하면 발효)
원료 맥아·홉
내용량 330㎖
도수 5.0%
생산 하이네켄 기린

문의 기린 맥주

벨기에 앤호이저-부시 인베브사와 영국 사브밀러 다음으로 세계 3대 시장 점유율을 자랑하는 네덜란드 거대 맥주 제조사 하이네켄. 역사는 1864년, 창업자 제라드 하이네켄이 당시 네덜란드에서 가장 큰 양조장을 사들이면서 시작된다.

상면 발효에서 하면 발효로 트렌드가 바뀔 것을 예측한 제라드는 독일인 브루어를 초빙해 하면 발효 맥주를 제조하는데 전념했다.

그 후 지금도 사용하는 오리지널 효모로 개성 있는 풍미를 찾아내 다른 양조 회사와 차별화하는 데 성공했다. 오늘에 이르는 지명도는 금세기 초까지 회사를 통솔했던 3대째인 알프레드 하이네켄이 세운 공이 크다. 알프레드는 광고 활동에 힘을 쏟아 스포츠와 음악 이벤트를 적극 후원했다.

현재 하이네켄은 100여 개국에 양조 공장을 두었으며, 각 공장에 품질 관리 부문을 설치하는 등 엄격한 관리 체제를 구축한 것으로 알려졌다.

🇳🇱 네덜란드

왕실에서도 인정한 스윙 톱
Grolsch

그롤쉬
프리미엄 라거 맥주 스윙 톱

LABEL
라벨이 작고 심플해 스윙 톱이 달린 외관이 도드라진다.

아로마 ● 스윙 톱을 열면 홉에서 나오는 프루티한 향이 황홀하다.
향
플레이버 ● 처음과 끝의 쓴맛. 건포도 같은 플레이버도 느껴진다.

외관
약간 진한 골드. 거품은 아주 오래간다.

보디
라이트~미디엄 보디. 감칠맛이 확실하게 느껴져 만족감이 높다.

일본 프리미엄 맥주에 가까운 맛으로 인기가 높다. 프루티한 향과 세련된 쓴맛이 조화를 이룬 고급 맥주. 필스너지만, 여유롭게 마실 수 있는 어른을 위한 맛이라고 할 만한 맥주다.

DATA
그롤쉬
프리미엄 라거 맥주 스윙 톱
스타일 필스너(하면 발효)
원료 맥아·홉
내용량 450㎖
도수 5.0%
생산 그롤쉬사

문의 몰슨 쿠어스 재팬

옛 방식을 따라 금속으로 막은 뚜껑 '스윙 톱'. 지금은 아주 일부 양조장에서만 쓰지만, 복고적인 자태에 부동 팬도 꽤 두텁다. 그런 '스윙 톱'이 트레이드 마크인 그롤쉬는 하이네켄을 필두로 크고 작은 양조장이 꽉 들어찬 네덜란드에서도 가장 오래된 양조장이다. 창업은 1615년까지 거슬러 올라간다.

일본에서는 '프리미엄 라거'만을 비교적 쉽게 접할 수 있지만, 네덜란드 본국에 가면 라인업이 다채로워 바이젠과 보크 등 다양한 스타일을 마실 수 있다. 병 색깔도 국내용은 갈색, 수출용은 초록색으로 구분한다. 오늘날에는 세계 수많은 곳에서 이 초록색 병을 만날 수 있다.

그롤쉬의 특징은 창업한 이후로 이어져 내려오는 장인들이 빚어내는 기술력과 최신 설비가 융합한 양조 기술이다. 세계 비어 컴피티션에서 금상을 연속 수상했으며, 네덜란드 왕실로부터 '로얄' 칭호를 받았다.

🇮🇹 이탈리아

수염 기른 신사 라벨로 찾아내는
Moretti

모레티
모레티 맥주

LABEL
브랜드 아이덴티티가 된 신사. 스타일리시한 양복 차림이 이탈리아답다.

어떤 음식과도 어울리는 라거 맥주. 탄산은 약간 강한 편으로 목 넘김이 상쾌하다. 군더더기 없는 깨끗한 고품질 맛은 전 세계 맥주 애호가들을 단번에 사로잡는다.

 아로마 ● 잔에 코를 가까이 대면 희미하게 감귤류 홉 향이 난다.
플레이버 ● 옥수수 플레이버가 느껴진다. 몰트의 단맛도 실감할 수 있다.

 밝은 골드. 새하얀 거품과 멋진 대비를 이룬다.
외관

 라이트 보디. 감칠맛은 별로 없고 산뜻함이 일어 벌컥벌컥 마실 수 있다.
보디

DATA
모레티 맥주
스타일 필스너(하면 발효)
원료 맥아·홉·옥수수
내용량 330㎖
도수 4.6%
생산 하이네켄 이탈리아

문의 몬테 물산

미식의 나라, 이탈리아는 온난한 기후로 포도 재배도 하니 이곳에서 알코올이라면 단연 와인이다. 그래도 오늘날 소규모 맥주 양조장 수가 급격히 늘어나 이탈리아다운 센스를 살린 맥주가 전 세계로 유통되고 있다.

수염을 기른 신사가 그려진 라벨로 익숙한 '모레티'는 이탈리아를 대표하는 맥주며 어디서든 비교적 손쉽게 만날 수 있다.

일본보다 맥주 양조 역사가 비교적 빨리 시작된 이탈리아에서 모레티는 역사가 오래된 전통 있는 맥주다. 1859년, 모레티는 맥주 양조가 왕성한 오스트리아와 인접한 프리울리Friuli 주에서 탄생했다. 지금은 프리울리 주뿐 아니라 이탈리아를 대표하는 맥주 회사로 성장해 40여 개국으로 수출한다.

발전이 기대되는 이탈리아 맥주 업계에서, 어느 곳보다 빨리 월드 비어 컵과 국제 품평회에서 높은 평가를 받는 등 선두를 달리는 국제적인 브랜드다.

🇷🇺 러시아

러시아 최대 신진 브루어리
Baltika

발티카
NO.9

LABEL
상표에 따라 가운데 숫자와 디자인, 색이 달라진다.

레귤러 제품 중에 알코올 도수가 가장 높다. 자연 발효를 베이스로 독자 개발한 제조법으로 만들며, 강한 맛이 특징이다.

향
- 아로마 ● 꿀·백후추·빵 등의 다채롭고 복잡한 향이 섞여 있다.
- 플레이버 ● 몰트의 단맛이 느껴지며, 빵 같은 플레이버 여운이 남는다.

외관 ● 개성 있는 내용물과는 달리 겉으로 보기에는 평범한 필스너 같은 밝은 골드.

보디 ● 미디엄 보디. 입안에서 매끄럽게 넘어간다.

〈주요 라인업〉
• 발티카 No.3

DATA
발티카 No.9
스타일 스트롱 라거(하면 발효)
원료 맥아·홉
내용량 500㎖
도수 8.0%
생산 발티카사

문의 이케미쓰 엔터프라이즈

추운 나라 러시아에서 알코올이라면 몸을 따뜻하게 데워주는 보드카가 대세다. 그런데 소비에트연방이 붕괴한 후 맥주 소비량이 급증했다. 지금은 중국과 미국 다음으로 세계 3위 시장 규모로까지 성장했다. 예전에 러시아 국내에서 맥주는 '주류'가 아닌 '식품'으로 분류했다. 2011년에서야 맥주는 '주류'로 인정받았다. 특수한 배경을 안고 러시아에서 최대 시장 점유율을 자랑하며, 국외로도 적극 수출하는 맥주가 상트페테르부르크에 적을 둔 발티카다. 소비에트연방이 붕괴하기 전인 1990년에 설립한 아직 젊은 기업이다. 2009년, 'No.9'으로 몬데 셀렉션에서 금상을 받는 등 호평을 얻었다.

가장 큰 특징은 상품명을 번호로 표시하는 것이다. 같은 브랜드로는 무알코올 맥주 'No.0'부터 'No.9'까지 8종을 양조(No.1과 No.5는 생산을 일시 중단)한다. 스타일은 도르트문더, 포터, 밀 맥주 등 다채롭다.

1년 내내 맛있게!

세계 맥주를 계절별로 즐기는 법

맥주는 여름에만 마신다!?
아니다! 맥주는 색, 맛, 향, 알코올 도수 등 개성이 풍부해 어떤 계절과도 잘 어울린다.

봄 SPRING

추위가 가시지 않은 초봄에는 알코올 도수 6.0~7.0%의 보크(독일)가 적당하게 몸을 데워준다. 벚꽃이 필 무렵이면 람빅, 크릭, 프랑부아즈, 플랑드르 레드 에일(모두 벨기에)같이 붉은색이 도는 산미가 있는 맥주가 봄이 주는 부드러운 기후를 마음껏 즐길 수 있게 도와줄 것이다. 선명한 쓴맛과 어린 풀 내음이 느껴지는 IPA(영국·미국)는 산나물·죽순·유채 같은 봄 식재료와도 궁합이 제법 잘 맞는 맥주다.

여름 SUMMER

타는 갈증을 적셔주는 라이트 라거를 가장 먼저 꼽을 수 있다. 밀 맥주(독일·벨기에 등)도 기분을 상쾌하게 해줄 것이다. 람빅·귀즈(벨기에) 등 산미가 강한 맥주도 여름 더위로 탈진했을 때 식욕을 되찾게 도와주는 한잔이다. 벨지안 스타일 화이트 에일의 스파이시한 매력, 아메리칸 스타일 페일 에일의 시트러스를 연상케 하는 홉 플레이버도 상큼해 잘 맞는다.

가을 — Autumn

더위가 남아 있는 가을에는 바나나와 클로브 향에 초콜릿 같은 고소함이 더해진 둥켈 바이젠(독일)을 추천한다. 가을이 깊어지면 견과 같은 풍미를 느낄 수 있는 잉글리시 브라운 에일과 다즐링 홍차를 떠올리게 하는 잉글리시 페일 에일(모두 영국)을 음미해보면 좋다. 마치 영국 신사가 된 듯한 느낌으로 가을로 접어든 긴 밤을 느긋하게 만끽할 수 있을 것이다.

겨울 — Winter

누가 뭐라 해도 추운 날은 몸을 데워주는 알코올 도수가 높은 계열 맥주가 단연 최고다. 벨지안 두벨(벨기에)과 발리 와인, 임페리얼 스타우트(모두 영국) 등이 좋다. 몰트 느낌이 나는 맥주나 크릭을 핫 맥주로 만들어 마시는 것도 이 계절을 즐기는 방법이다. 크리스마스에는 스파이스가 들어간 시즌 스페셜을 만드는 제조 회사도 있으니, 시기에 맞춰 꼭 마셔보길 권한다.

미국·멕시코

🇺🇸 THE UNITED STATES OF AMERICA
🇲🇽 MEXICO

미국 분포 지도

대형 맥주 제조 회사의
아메리칸 라거에 맞서는
인기 있는
소규모 크래프트 맥주

대형 맥주 제조 회사가 대량으로 생산하는 '버드와이저', '쿠어스', '밀러' 등 옛날부터 모두에게 사랑받는 맥주를 '아메리칸 라거'라 부른다. 갈증을 풀어주고 목 넘김이 좋으며, 쓴맛이 적은 가벼운 느낌을 주는 라거다.

한편 미국에서 '앵커 스팀 비어'로 시작한 크래프트 맥주는 대기업과는 또 다른 풍부한 개성을 받아들여 인기를 끈다. 지금은 미국 내에 마이크로 브루어리가 2000여 곳 이상 탄생했다. 특히 서해안 쪽에서 브루어리가 눈에 띄게 급성장했다. 미국산 홉을 풍부하게 사용한 페일 에일, IPA 등 웨스트코스트 스타일이라 불리는 맥주가 친근해졌다.

미국에서 맥주를 마시는 법은 두 가지다. 하나는 목이 마를 때나 집에서 반주로 마시는 슈퍼에서 상자째로 사다 놓고 마시는 캔맥주. 그 대부분은 대형 맥주 제조 회사에서 생산하는 라거 맥주다. 다른 하나는 개성이 풍부한 에일 등을 즐길 수 있는 크래프트 맥주다. 이 맥주는 해당 양조장 근처에 사는 주민들에게 사랑을 듬뿍 받는다. 마이크로 브루어리는 레스토랑을 함께 운영하는 곳이 많아 리조트 지역이나 마을에서 주로 영업한다. 서부 해안이나 대도시에는 크래프트 맥주를 생맥주로 즐길 수 있는 바나 레스토랑도 늘고 있다. 오가닉 푸드와 마찬가지로 맥주도 신경 써 골라 마시는 미국인이 점점 느는 추세다.

U.S.A.
Mexico

미국
U.S.A

주로 대형 맥주 제조 회사에서 생산하는 가벼운 타입의 아메리칸 라거를 마신다. 각 지역마다 소규모 양조장에서 만드는 크래프트 맥주가 탄생해, 홉을 풍성하게 사용한 IPA를 시작으로 개성이 풍부한 맥주도 인기를 끈다.

아메리카합중국

멕시코

멕시코
Mexico

맛이 강한 맥주를 만드는 모델로사가 유명하다. 주로 생산하는 맥주는 세계 각국에서도 인기 있는 코로나로, 쓴맛이 적고 마시기 편한 라이트 라거다.

하와이
Hawaii

코나 브루잉이나 100년 전에 탄생해 최근 들어 부활한 프리모 맥주 Primo Beer를 시작으로 남국다운 화려하고 잘 넘어가는 맥주가 중심이다. 최근에는 크래프트 맥주도 늘었다.

STYLE
미국의 주요 스타일

에일 (상면 발효)
ALE

아메리칸 스타일 페일 에일
영국에서 탄생한 페일 에일을 감귤류 향이 있는 미국산 홉으로 완성한 스타일이다.

아메리칸 스타일 IPA
영국에서 탄생한 IPA를 감귤류 향이 있는 미국산 홉으로 완성한 스타일이다.

임페리얼 IPA
아메리칸 스타일 IPA에서 나는 쓴맛과 홉 향을 강화한 스타일이다. 알코올 도수를 높인 것도 있다.

라거 (하면 발효)
LAGER

아메리칸 라거
가벼운 맛이 특징인 옅은 색 계열 라거. 알코올 도수가 낮은 '라이트 라거'와 짙은 색 계열 '앰버 라거' 등이 있다.

캘리포니아 커먼 비어
골드러시 시대에 캘리포니아에서 태어난 스타일이다. 하면 발효 효모를 고온에서 발효해서 샤프하면서도 고급스러운 맛으로 완성된다. 스팀 비어라고도 한다.

COLUMN

어디에서 발생했는지 알 수 없는 스타일도 있다!

스타일 중에는 '발생국이 어딘지 확인하기 어려운' 맥주도 존재한다. 허브/스파이스 비어다. 일반적으로 맥주를 양조할 때는 다양한 스파이스와 허브를 사용했으며 홉도 그중 하나다. 중세 이후로는 홉을 필수 재료로 넣기 시작했으며 그 밖의 허브는 전혀 사용하지 않았다. 요즘은 이것이 부활하여 다양한 부원료를 다시 사용하게 되었지만, 발생국은 '알 수 없는 채'로 남았다. 아주 옛날에는 전부 통 숙성을 하던 나무통 숙성 맥주도 마찬가지다.

이런 맥주는 대부분 아메리카 크래프트 맥주 제조의 도전적인 실험 정신을 바탕으로 부활했다. '발생국은 미국'이라 생각해도 좋을 것이다.

미국 크래프트 맥주의 견인차 역할을 한 맥주
Anchor Brewing

앵커 브루잉
앵커 스팀 비어

U.S.A.

 아로마 ● 꿀처럼 달콤한 향과 프루티한 향.
향 **플레이버** ● 고소함과 쓴맛이 연하게 나면서 프루티한 감칠맛이 돈다.

 밝은 구리색. 결이 고운 크림색을 약간 띤 거품이 일어난다.
외관

 미디엄 바디. 산뜻한 목 넘김과 몰트에서 나오는 감칠맛, 고소한 쓴맛이 나중에 남는다.
바디

LABEL
브루어리 이름에서 유래한 닻과 보리와 홉을 일러스트로 표현했다. 병목에는 스팀 비어를 고집하는 이유를 빽빽하게 적어놓았다.

라거 효모를 에일 효모처럼 발효시킨 하이브리드한 맥주는 라거의 감칠맛과 산뜻함, 에일의 프루티함을 두루 갖춘 독자적인 맥주다.

〈주요 라인업〉
• 앵커 리버티 에일
• 앵커 포터

DATA
앵커 스팀 비어
스타일 캘리포니아 커먼 비어 (하면 발효)
원료 맥아·홉
내용량 355㎖
도수 4.9%
생산 앵커사

문의 미쓰이 푸드

과거 앵커사는 골드러시 시대에 샌프란시스코 노동자를 대상으로 맥주 제조를 시작했다. 이 맥주는 저온에서 발효한 라거 효모를 캘리포니아에서 상온 발효하는 특수한 제조법으로 만들었다. 숙성 기간이 짧아서 가스가 맥주에 녹지 않고 남아 뚜껑을 따면 '푸쉬익' 하고 증기 기관차 같은 소리가 난다. 이 현상 탓에 스팀 비어Steam Beer라 불렸다.

금주법 시대를 거쳐 도산 직전이었던 앵커사를 1965년부터 프리츠 메이태그Fritz Maytag가 관여해 되살려놓았고, 당시 전성기를 누린 대형 맥주회사에 대항하는 세계적인 인기 브랜드로까지 발전했다. 마이크로 브루어리가 미국에 널리 퍼지는 계기가 된 맥주다.

강렬한 홉의 자극을 담은 리버티 에일Liberty Ale, 리치하면서 크리미한 포터도 인기 상품이다. 1970년대부터 시작한 빈티지(생산 연도)가 적힌 크리스마스 에일은 매년 열광적인 팬이 있다.

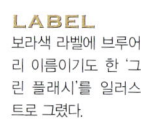

홉을 아낌없이 사용한 서부 해안을 대표하는 IPA

Green Flash Brewing

그린 플래시 브루잉
웨스트코스트 IPA

LABEL
보라색 라벨에 브루어리 이름이기도 한 '그린 플래시'를 일러스트로 그렸다.

오렌지가 생각나는 풍성한 과즙 느낌. 파인애플 같은 단맛. 쓴맛이 상쾌한 바람처럼 목을 스치는 인기 만점 IPA.

향
아로마 ● 오렌지 같은 달콤한 감귤류의 선명하고 강렬한 홉 향.
플레이버 ● 캐러멜 몰트의 달콤한 향. 오렌지 필 같은 쓴맛과 향. 태국 요리가 연상되는 스파이스 향이 고루 난다.

외관
투명한 오렌지색이 가미된 브라운. 약간 갈색이 도는 부드러운 거품이 일품이다.

보디
미디엄 보디. 몰트의 단맛으로 시작해 가볍고 프루티한 맛 뒤로 순한 쓴맛이 남는다.

〈주요 라인업〉
- 홉 헤드 레드 레드 IPA
- 두벨 스타우트
- 르 프리크(Le Freak) 스페셜 IPA

DATA
웨스트코스트 IPA
스타일 아메리칸 스타일 IPA (상면 발효)
원료 맥아·홉
내용량 355㎖
도수 7.3%
생산 그린 플래시 양조장

문의 나가노 트레이딩

2009년, 전 세계 심코 홉(Simcoe Hop, 감귤류 향이 나는 미국산 홉)의 구매량은 그린 플래시 양조장이 세계 1위였다고 한다. 미국산 캐스케이드 Cascade 홉을 풍부하게 사용해 시트러스의 상큼한 향과 쓴맛을 느낄 수 있는 아메리칸 스타일 IPA를 세계에 알린 것은 이 상표라 해도 과언이 아니다. 서부 해안을 대표하는데다 지금은 아메리칸 크래프트 맥주를 대표하는 상표가 된 IPA.

라벨에도 그려진 그린 플래시는 석양이 수평선에 가라앉는 순간 일어나는 초록색 섬광 현상을 이른다. 그린 플래시를 보면 행복해진다고 한다.
수많은 IPA 콘테스트에서 수상한 실력파로 원료와 신선도를 중시하고 소량 생산을 고집하는 빼어난 제품이다. 활기 가득하고 매력적인 이 브루어리는 2002년에 리사와 마이크 부부가 시작했다.

홉 몬스터라 묘사되며 스톤류의 쓴맛이 인상적인
Stone Brewing

스톤 브루잉
루이네이션 IPA

LABEL
병에 직접 인쇄한 가고일 라벨 디자인이 시크하다. 병에 '홉을 찬양하기 위한 액체의 시 (Liquid poem to the glory of the hop)'라고 쓰여 있다.

맥주 랭킹에서 항상 상위권을 차지하는 스톤 양조장의 간판 IPA.

U.S.A.

아로마 ● 시트러스 계열 향에 잔디 같은 풀 향.
플레이버 ● 확실한 홉의 쓴맛에 몰트가 주는 달콤한 향이 난다.

향

오렌지색이 약간 가미된 황금색으로 투명하다. 거품은 결이 곱다.

외관

미디엄 보디. 쓴맛과 플레이버가 절묘하게 균형을 이룬다.

보디

〈주요 라인업〉
- 페일 에일
- 스모크 포터
- IPA

DATA
루이네이션 IPA
스타일 임페리얼 IPA (상면 발효)
원료 맥아·홉
내용량 355ml
도수 7.7%
생산 스톤 양조장

문의 나가노 트레이딩

오늘날 캘리포니아 샌디에이고에 자리 잡은 스톤 브루어리는 1996년 텍사스에서 생겨나 급성장을 이뤄낸 서부 해안 굴지의 양조장이다. 수많은 브루어리를 방문하고 테이스팅한, 맥주를 좋아하는 양조가 스티브와 현 CEO 그렉Greg이 창립했다. 둘의 경험과 열정의 결과로 스톤 브루어리는 인기를 얻는 데 성공했다. '스톤'(돌)이라는 이름은 보편성을 상징하며, 가고일(Gargoyle, 서양 기독교 사원 벽에 빗물받이용으로 만든 새와 인간을 합성한 괴물형 석조상-옮긴이)은 재해를 막아주는 수호신으로서 트레이드 마크가 되었다.

이 맥주는 기존에 생산하던 스톤 IPA에서 파워를 끌어올린 더블 IPA다. 홉의 자극을 높여 '파괴'를 뜻하는 '루이네이션Ruination'이라 이름 지었다. 싱싱한 감귤과 풀의 아로마가 감돌며, 입에 머금으면 상쾌한 홉과 몰트의 달콤한 플레이버가 입안 가득 퍼진다. 마지막으로 남는 강한 쓴맛과 알코올감이 그야말로 '파괴'를 연상케 하는 파워풀한 맥주다.

미국

알로하 정신이 넘쳐흐르는 부드러운 맥주

Kona Brewing

코나 브루잉
파이어 락 페일 에일

향
아로마 • 시트러스와 머스캣, 약한 캐러멜 향.
플레이버 • 부드러운 홉의 쓴맛과 로스팅한 몰트의 고소한 향이 따라온다.

외관
붉은색이 감도는 구리색. 크리미한 거품이 소복하게 쌓인다.

보디
미디엄 보디. 단맛을 남기면서도 균형 잡힌 쓴맛이 남는다.

LABEL
남쪽 섬다운 하와이 풍경을 일러스트로 다채롭게 표현했다. 도마뱀붙이가 그려진 로고도 인상적이다. 열대 지방 분위기가 물씬 나는 라벨이다.

달콤한 몰트와 감귤류 과일이 생각나는 홉의 순한 쓴맛이 감도는 하와이안 타입 페일 에일.

〈주요 라인업〉
• 빅 웨이브 골든 에일
• 롱 보드 라거

DATA
파이어 락 페일 에일
스타일 아메리칸 스타일 페일 에일 (상면 발효)
원료 맥아·홉
내용량 355㎖
도수 6.0%
생산 코나 양조장

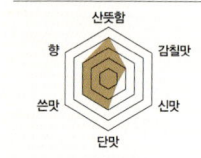

문의 유와 트레이드 코퍼레이션

커피 산지로도 유명한 하와이 코나에 위치한 하와이 넘버원 크래프트 맥주 제조사. 1994년부터 생산을 시작한 브루어리는 라벨 이미지와 딱 맞게 하와이다운 부드러움이 느껴지는 페일 에일 등을 양조한다. 브랜드 로고에도 사용한 귀여운 도마뱀붙이는 통칭 '게코Gekko'라 부른다. 하와이에서는 행운을 부르는 동물로 인기 캐릭터다. 브루어리에는 펍도 딸려 있어 코나 지역 관광 명소다.

'파이어 락 페일 에일Fire Rock Pale Ale'은 양조장을 시작한 1995년부터 생산한 간판 상품이다. 그레이프프루트 같은 홉 향에 머스캣(포도) 같은 과일 향, 몰트의 달콤한 향이 더해져 기후도 사람도 따뜻한 하와이에 걸맞는 맛이다.

위스키 통에 장기 숙성한 풀 보디 맥주
Epic Brewing
에픽 브루잉

스모크 & 오크

향
- **아로마** · 스모키한 향. 말린 과일 같은 향.
- **플레이버** · 숙성한 과일 향과 버번과 캐러멜 같은 향이 섞여 있다.

외관 · 붉은색이 도는 앰버 브라운. 거품은 적은 편이다.

보디 · 풀 보디. 풍부한 단맛에 약간 스파이시한 맛. 연한 쓴맛과 프루티한 여운이 깊게 남는다.

U.S.A.

LABEL
차분한 블루 그레이 컬러에 홉의 실루엣을 살렸다.

벨기에산 효모를 사용해 오크 통에서 반년간 숙성했다. 마치 버번 같은 스모키하고 달콤한 향이 나는 고알코올 맥주.

⟨주요 라인업⟩
- 스파이럴 제티 IPA
- 임페리얼 IPA

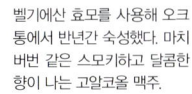

스모크 & 오크
스타일 스페셜 스타일 스트롱 에일 (상면 발효)
원료 맥아·홉
내용량 650㎖
도수 9.5%
생산 에픽 양조장

문의 AQ베보루션

솔트레이크시티에서 태어난 에픽 양조장은 양조장의 아이콘인 '엑스포넨셜exponential' 시리즈를 시작으로 여러 종류의 풍성한 맥주를 만든다. 맥주 품평회에서 수많은 상을 받은 신진 브루어리다.
에픽이 자신 있게 내세우는 엑스포넨셜 시리즈 가운데 하나인 '스모크&오크'는 맛의 깊이를 세심히 즐기기 위한 스페셜한 맥주다. 벚나무로 훈연한 캐러멜 몰트에는 위스키와 똑같이 이탄(피트)으로 풍미를 더했다. 양조할 때는 벨기에산 효모를 사용했으며, 숙성할 때는 위스키를 만들 듯 오크 통에 6개월 동안 숙성해 깊고 복잡하면서도 부드러운 맛과 향을 가진 맥주를 완성한다.

품격 있는 맛의 깊이, 성인을 위한 아메리칸 라거
Boston Beer

보스턴 비어
사뮤엘 아담스 보스턴 라거

LABEL
차분한 파란색에 브랜드 이름이 된 위인 '사뮤엘 아담스' 초상이 돋보인다.

아로마 ● 꽃이나 시트러스 같은 향, 파인애플 같은 향이 남는다.
향
플레이버 ● 캐러멜 몰트의 부드럽고 달콤한 향.

외관
깊이가 느껴지는 호박색. 거품이 아주 부드럽다.

보디
미디엄 보디. 세밀한 탄산과 연한 단맛, 고급스러운 쓴맛에 매끄러운 목 넘김이 장점이다.

품격이 느껴지는 확고한 풍미로 강한 맛을 느낄 수 있는 라거 맥주.

DATA
사뮤엘 아담스 보스턴 라거
스타일 앰버 라거(하면 발효)
원료 맥아·홉
내용량 355㎖
도수 4.8%
생산 보스턴 비어사

문의 닛폰 맥주

사뮤엘 아담스는 2대째 대통령 동생으로 독립전쟁과 보스턴차사건(1773) 때 활약한 인물이며, 양조가였다. 그래서 1984년, 짐 쿡Jim Cook이 브루어리를 창업할 때 간판 맥주 이름에 사용했다고 한다. 맥주 양조가의 아들로 태어난 짐이 한차례 폐업이라는 쓰라린 고배를 마신 부친으로부터 1870년대에 제조했던 맥주 레시피를 받아 양조를 시작한 것이 '사뮤엘 아담스 보스턴 라거'다. 미국에서 주류가 된 라이트 라거와는 전혀 다른 강력한 맛으로 돌풍을 일으켰다. 요즈음은 '미국인이 가장 마시고 싶어하는 맥주'로 부동의 자리를 지킨다.

엄선된 홉과 이조 맥아(보리 맥아), 생수로 장기 숙성해 만든다. 마치 에일 맥주처럼 부드러운 목 넘김과 프루티한 향, 몰트의 단맛, 홉의 쓴맛도 고급스럽게 감칠맛이 돈다. 그야말로 프리미엄 라거에 걸맞은 일품 맥주다.

전형적인 아메리칸 IPA의 맛과 향을 담은 데일리 비어

Lagunitas Brewing
라구니타스 브루잉
라구니타스 IPA

 U.S.A.

 향
- **아로마** ● 시트러스, 그레이프프루트, 소나무와 토스티한 몰트 향.
- **플레이버** ● 상쾌한 시트러스 향과 오렌지 같은 달콤함이 코끝을 간질인다.

LABEL
흰색 바탕에 검은색 스텐실을 사용한 듯 큼지막하게 적은 'IPA'라는 글자가 무척 인상적이다.

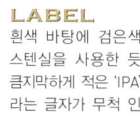

 외관
오렌지색부터 구리색. 거품은 크리미하다.

보디
라이트 보디. 싱싱한 감귤류 홉 향과 쓴맛에 고소한 몰트와 균형감이 좋아 부드럽게 넘어간다.

웨스트코스트 지역 IPA를 대표한다고 해도 과언이 아니다. 균형감이 뛰어나 마시기 편한 맥주다. 상쾌한 맛은 캘리포니아에 불어오는 바람을 연상케 한다.

〈주요 라인업〉
- 독타운 페일 에일
- 막시무스 IPA

DATA
라구니타스 IPA
스타일 아메리칸 스타일 IPA (상면 발효)
원료 맥아·홉
내용량 355㎖
도수 6.2%
생산 라구니타스 양조장

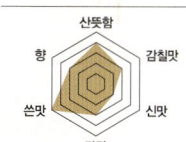

문의 나가노 트레이딩

라구니타스 양조장은 샌프란시스코 북쪽에서 와인으로 유명한 나파밸리 바로 옆에 붙어 있다. 1993~1994년, 시카고와 멤피스에서 모인 맥주 애호가들이 설립했다. 지금은 남쪽의 스톤 양조장과 나란히 캘리포니아를 대표하는 크래프트 맥주 제조사로까지 급성장했다. 장난꾸러기 같은 강아지가 심벌마크다.
옛날 아메리칸 라거 이미지를 불식시키려고 만들었던 '라구니타스 IPA'는 IPA만의 확실한 홉의 쓴맛과 몰트의 단맛을 추구한 간판 상품이다. 절묘한 균형감으로 인기를 끈 이 맥주는 송진 같은 향을 풍기는 몰트에, 아주 상쾌한 그레이프프루트 같은 향과 쓴맛이 입안 가득 퍼진다.
깔끔하고 마시기 편하며 드라이한 목 넘김으로 건강한 캘리포니아 요리와 궁합이 잘 맞는 맥주다.

미국

예술이라 자부하는 홉을 최대한 사용한 궁극의 맥주
Southern Tier Brewing

서던 티어 브루잉
언얼스리 임페리얼 IPA

아로마 ● 감귤류와 복숭아 같은 상큼한 홉과 리치한 몰트의 달콤한 향이 느껴진다.
플레이버 ● 상쾌하고 풍부한 홉 향과 쓴맛, 캐러멜이 생각나는 몰트의 달고 고소한 향, 상큼한 밀 향이 고루 난다.

외관 ● 붉은색이 강한 짙은 색 블론드. 붉은색이 도는 거품이 풍부하다.

보디 ● 미디엄 보디. 몰트의 단맛이 확실하게 느껴지면서도 자극적인 홉의 쓴맛이 퍼지고 목 넘김은 상당히 매끄럽다.

LABEL
맥아·홉·노를 실루엣으로 디자인한 로고 마크와 싱그러운 그린색 라벨을 병에 직접 프린팅했다.

선명하고 강렬한 홉에 캐러멜 몰트의 단맛과 고알코올감을 균형 있게 담았다. 그야말로 '이 세상 맥주가 아닌 것 같은' 언얼스리한 맥주다.

〈주요 라인업〉
• IPA
• 2XIPA

DATA
언얼스리 임페리얼 IPA
스타일 임페리얼 IPA (상면 발효)
원료 맥아·밀·홉
내용량 650㎖
도수 9.5%
생산 서던 티어 양조장

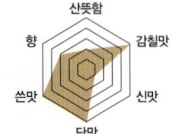

문의 나가노 트레이딩

2002년에 창업했지만, 생산량도 많고 신선한 맥주를 세계에 공급하는 도전 정신이 왕성한 뉴욕 출신 브루어리. 생산량은 연간 5만 배럴 이상으로 매년 증가 추세다. 2011년 말에 최신 설비로 재무장한 양조장 규모는 어마어마해서 세계 각국에서 적극적으로 수출 권유를 받는다.

이 맥주는 서던 티어 양조장에서도 홉 사용량이 가장 많고 알코올 도수가 높으며, 균형감이 좋고 완성도도 높은 대표작이다. 언얼스리Unearthly는 '이 세상 것이 아닌 것 같은'이라는 뜻으로 지금까지 없었던 맥주를 목표로 만들었다. 몰트 2종과 홉 4종이 만드는 달콤한 몰트와 소나무 같은 홉의 아로마를 느낄 수 있는 자극적인 맥주다. 홉의 쓴맛과 스파이시함, 연한 몰트의 단맛이 고급스러워 브루어리가 '예술적'이라고 표현한 이유를 실감할 수 있다.

오렌지 향이 풍기는 상큼한 로컬 맥주
Coronado Brewing
코로나도 브루잉
오렌지 에비뉴 윗

〈주요 라인업〉
- 머메이드 레드 에일
- 아일랜더 IPA
- 이디엇 더블 IPA

LABEL
검은 병에 오렌지와 흰색으로 인어 일러스트를 프린팅했다.

아로마 ● 달고 프루티한 몰트와 오렌지 필 같은 향.
플레이버 ● 순한 코리앤더, 꿀 향과 시트러스의 쓴맛이 난다.

외관 투명한 황금색. 거품은 크리미하다.
보디 라이트 보디. 입안에서 부드럽고, 밀의 단맛과 폭신하고 순한 쓴맛이 난다. 뒷맛은 가볍다.

DATA
오렌지 에비뉴 윗
스타일 캘리포니아 윗 (상면 발효)
원료 밀 맥아·홉·코리앤더·오렌지 필
내용량 355㎖
도수 5.2%
생산 코로나도 양조장

문의 나가노 트레이딩

캘리포니아 샌디에이고에 레스토랑을 함께 운영하는 지역 밀착형 브루어리. 양조장이 있는 곳에 '오렌지 에비뉴Orange Avenue'라는 이름을 딴 거리가 생길 정도로 간판 메뉴다. 현지 캘리포니아산 오렌지 필, 오렌지 꿀을 사용해 상큼한 맛이 난다. 캘리포니아다운 발랄함이 살아 있는 맥주다.

스키를 들으면서 마시고 싶은 펑키 에일
SKA Brewing
스카 브루잉
모더스 호퍼랜디 IPA

〈주요 라인업〉
- 스페셜 ESB
- 트루 브론드 에일
- 스틸 토 스타우트

LABEL
펑키한 갱 스타일의 개성 있는 캐릭터 디자인.

아로마 ● 감귤류 홉의 강한 향과 은은하게 감도는 달콤한 향.
플레이버 ● 새콤달콤한 감귤류 홉 향과 상큼한 쓴맛이 뒷맛으로 느껴진다.

외관 붉은색이 감도는 구리색. 오렌지색이 도는 흰 거품이 아름답다.

보디 미디엄 보디. 그레이프프루트 같은 쓴맛과 파인애플 같은 단맛이 난다.

DATA
모더스 호퍼랜디 IPA
스타일 아메리칸 스타일 IPA(상면 발효)
원료 맥아·홉
내용량 355㎖
도수 6.8%
생산 스카 양조장

문의 에조 맥주

1995년, 데이브와 빌이 어릴 적부터 꾼 꿈을 이뤄 콜로라도 주 두랑고에서 창업한 양조장. 두 사람이 맥주만큼 사랑하는 음악 스카와 맥주를 융합한 일러스트가 독특하다. 펑키한 라벨 이미지와는 달리 쓴맛 속에 부드러운 단맛이 느껴지는 IPA다.

117

미국

라벨로는 상상하지 못할 프루티한 맛
Rogue Ales
로그 에일즈
데드 가이 에일

〈주요 라인업〉
- 초코 베어 비터
- 주니퍼 페일 에일

LABEL
통 위에 앉은 해골 일러스트와 주위 무지개색이 인상적인 라벨.

아로마 ● 캐러멜 같은 달콤한 향.
플레이버 ● 고소하고 달콤한 몰트 향과 프루티하고 부드러운 쓴맛이 난다.
향

외관
오렌지색이 가미된 구리색.

보디
미디엄 보디. 몰트의 풍미가 풍부하고 맛있으며 균형 잡힌 뒷맛이 느껴진다.

〈DATA〉
데드 가이 에일
스타일
마이보크(상면 발효)
원료
맥아·홉
내용량
355㎖
도수
6.5%
생산
로그 양조장

문의: 에조 맥주

맥주 이름은 1990년 초에 포틀랜드 '카사 유 베챠Casa U Betcha'에서 개최한, 마야력으로 계산해 사자死者의 날을 위한 축하 용도로 만들어졌다고 한다. 브루어리가 독자적으로 배양한 '팩맨 효모(Pacman Yeast, 상면 발효 효모)'를 사용해 독일 마이보크 스타일로 완성한 맥주다.

화려한 향이 엘레강스한 필스너
Victory Brewing
빅토리 브루잉
프리마 필스

〈주요 라인업〉
- 골든 몽키
- 홉 데빌 IPA

LABEL
시원한 녹색 라벨에 홉 일러스트가 도드라진다. 홉을 강하게 느낄 수 있는 디자인이다.

아로마 ● 레몬 껍질 향과 약한 스파이시 향.
플레이버 ● 홉 향과 쓴맛이 강렬하다.
향

외관
투명한 황금색.

보디
라이트 보디. 홉 맛이 확실해 쓴맛이 진하게 남는다.

〈DATA〉
프리마 필스
스타일
필스너(하면 발효)
원료
맥아·홉
내용량
355㎖
도수
5.3%
생산
빅토리 양조장

문의: AQ베보루션

대중적인 이름과 다채로운 라벨에 강한 캐릭터 맥주를 여럿 만드는 빅토리 양조장. 이 필스너는 가벼우면서도 홉 향과 쓴맛에 집중해 깔끔하면서도 잘 다듬어진 맛이 난다. 전 세계 맥주 애호가들의 집합소 '레이트비어ratebeer.com'에서 95점을 받을 정도로 필스너를 대표할 만한 맥주다.

오렌지와 함께 맛보는 신감각 맥주
Blue Moon Brewing
블루 문 브루잉
블루 문

가볍고 상쾌한 아메리칸 라거 넘버원 브랜드
Anheuser-Busch
앤호이저-부시
버드와이저

U.S.A.

LABEL
숲 위에 뜬 만월을 파란색으로 그려 판타지같이 표현한 라벨이다.

LABEL
버드와이저를 대표하는 빨간색·흰색·파란색 중에서도 빨간색을 강조해 중앙에 크게 나비넥타이를 달았다.

아로마 ● 오렌지 같은 향과 스파이시한 몰트 향이 가볍게 난다.
플레이버 ● 오렌지 필 같은 부드러운 쓴맛과 밀의 단맛, 연하게 스파이시한 맛이 느껴진다.

 오렌지색이 들어간 옅은 갈색으로 불투명한 흰색도 들어갔다.

 미디엄 보디. 입안에서 크리미한 느낌이 나며, 나중에 오렌지와 코리앤더 맛이 느껴진다.

DATA
블루 문
스타일
화이트 에일
(상면 발효)
원료 맥아·홉·밀·오트밀·코리앤더씨·오렌지 필
내용량 355㎖
도수 5.4%
생산
몰슨 쿠어스 재팬
(Molson Coors Japan)

문의 몰슨 쿠어스 재팬

아로마 ● 살짝 감도는 레몬 같은 홉 향.
플레이버 ● 너도밤나무 조각이 만들어내는, 열대 과일을 생각나게 하는 달콤한 향이 난다.

 밝은 황금색. 부드러운 거품이 부풀어 오른다.

 라이트 보디. 쓴맛이 적고 깔끔하며, 목 넘김은 가벼우면서도 상쾌하다.

DATA
버드와이저
스타일
필스너
(하면 발효)
원료
맥아·홉·쌀
내용량
350㎖
도수
5.0%
생산
앤호이저-부시 인베브사

문의 기린 맥주

전통적인 벨기에 스타일에 연연하지 않는 레시피로 만든 화이트 맥주. 미국산 발렌시아 Valencia 오렌지 필을 쓰고 오트밀과 밀을 사용해 입안에서 크리미한 느낌을 주는 것이 특징이다. 순하고 신선한 맛이 난다. 오렌지 슬라이스를 곁들여 마시면 좋다.

지금은 대기업이 된 앤호이저-부시 인베브사. 1876년, 미주리 주 세인트루이스에서 탄생해 세계 최초로 냉장 기술로 라거 비어를 생산했다. '버드와이저'는 미국 라거를 대표하는 브랜드다. 너도밤나무를 2차 발효한 다음 숙성한 맥주는 은은한 단맛에 상쾌한 맛을 음미할 수 있다.

멕시코

라임과 함께! 병째 들고 마시는 것이 본고장 방식

Cerveceria Modelo, S. de R. L. de C.V.

세르베세리아 모델로
코로나 엑스트라

LABEL
익숙한 두 가지 톤 컬러. 로고 글씨체가 오래된 서체라 복고적인 이미지를 준다.

1980년대 이후 일본에서도 라임을 넣어 마시는 스타일이 널리 퍼졌다. 멕시코 요리 같은 스파이시한 요리와 궁합이 잘 맞는다. 여름과 해변에 어울리는 맥주이기도 하다.

 향
아로마 ● 보통은 향이 별로 없다. 라임을 넣으면 개성 있는 아로마가 풍긴다.
플레이버 ● 부재료인 옥수수가 주는 플레이버가 느껴진다. 잡맛이 없다.

 외관
옅은 골드. 거품은 거의 생기지 않는다.

 보디
라이트 보디. 가볍고 매끄럽게 넘어가는 것이 이 맥주가 가진 진면목이다.

〈주요 라인업〉
- 코로니타 엑스트라 (Coronita Extra)

DATA
코로나 엑스트라
스타일 라이트 라거 (하면 발효)
원료 맥아·홉·옥수수·산화 방지제 (아스코르브산)
내용량 355㎖
도수 4.5%
생산 모델로사

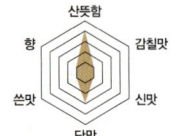

문의 몰슨 쿠어스 재팬

버블 경제가 무너진 이후 일본에서는 멕시코에서 태어난 '코로나'가 세련된 외국 맥주로 인기를 끌었다. 당시에는 '라임이 없으면 코로나를 마시지 마라'는 캐치카피를 사용할 정도로 '코로나'는 라임과 떼어낼 수 없는 조합이었다.

라임을 곁들이는 습관은 투명한 병과 연관 깊다. 맥주는 빛을 받으면 일광취라 불리는 악취를 풍긴다. 이를 방지하려고 일반적으로 맥주는 갈색 병을 사용한다. 반면 코로나 병은 투명해 일광취가 생기기 쉽다. 그래서 멕시코 특산 라임을 넣어 마시기 시작했다고 한다. 다만 멕시코에서는 일광취를 포함한 것까지 맥주라는 가치관도 있다. 제조를 시작한 이래 '코로나'는 '지금 이 순간을 소중히 살자'는 철학을 내세운다. 맥주는 잔에 따라 마시는 것이 정석이지만 '코로나'에 한해서는 '라임을 넣어 병나발'로 마시기도 한다.

멕시코에서 탄생한 다크 맥주

Cerveceria Modelo, S. de R. L. de C.V.

Mexico

세르베세리아 모델로
네그라 모델로

향
- 아로마 ● 로스트 맥아 향. 프루티한 향도 함께 난다.
- 플레이버 ● 맥아와 홉의 플레이버가 먼저 지나간 후 신선한 여운이 남는다.

외관
짙은 갈색. 다크 비어라는 인상에 비하면 밝은 편이다.

보디
라이트 보디. 색이 짙어 무거울 것 같지만 실제로는 가볍고 산뜻하다.

보리와 닮은 황금색으로 고급스럽게 포장한 라벨. 특별한 식사 자리를 장식해줄 만한 디자인이다.

로스팅한 맥아 캐릭터가 존재감을 주는 비엔나 라거. 보기와 달리 맛이 깔끔하다. 코로나 엑스트라와 마찬가지로 라임을 넣어 마셔도 맛있다.

〈주요 라인업〉
- 모델로 스페셜

DATA
네그라 모델로
스타일 비엔나 스타일 라거(하면 발효)
원료 맥아·홉·쌀·산화 방지제 (아스코르브산)
내용량 355㎖
도수 5.5%
생산 모델로사

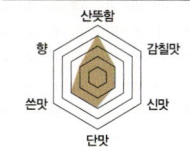

문의 몰슨 쿠어스 재팬

코로나를 만드는 모델로사는 멕시코 맥주 회사 가운데 규모가 가장 큰 회사다. 이 회사가 오스트리아에서 태어난 비엔나 스타일을 본보기로 양조한 '네그라 모델로Negra Modelo'.
1922년 창설한 모델로사는 1925년에 '코로나'를, 1930년부터는 '네그라 모델로'를 발매했다. 멕시코에서 50%를 넘는 시장 점유율을 자랑하는 맥주 회사다. 2012년, 앤호이저-부시 인베브사와 매수에 합의해 2008년의 앤호이저-부시 매수에 이은 사상 두 번째 대규모 매수로 화제를 모았다.
세계 맥주 시장의 파란에 휘둘린 모델로사지만, 1930년부터 80년 가깝게 양조해온 '네그로 모델로'가 주는 풍부한 맛은 변함없다. 비엔나 스타일은 오스트리아 빈의 안톤 드레어Anton Dreher가 냉장 기술과 하면 발효를 구사해 만들었다. 20세기에 들어와 오스트리아 제국이 붕괴되자 본국에서는 폐기되고 말았지만, 멕시코에서 태어난 '네그로 모델로'는 전통이 끊어지는 일 없이 지켜나가고 있다.

아시아
ASIA

아열대 기후를 윤택하게 해준 필스너의 융성

깔끔한 맛을 담은 라거를 주로 생산하는 아시아 각국의 맥주. 동남아시아 맥주는 유난히 스파이스를 자주 사용하는 아시아 요리와 궁합도 잘 맞는다. 최근에는 맥주 스타일의 폭도 넓어지는 추세다.

스리랑카
SRI LANKA

널리 알려진 상표 '라이온'. 스타우트는 묵직한 맛으로 유명하며, 필스너도 이에 못지 않게 몰트의 풍미가 진한 맥주다. 향신료를 애용하는 스리랑카 요리에 지지 않는 개성이 있다.

인도네시아
INDONESIA

내리쬐는 태양 아래서 필스너에 손이 저절로 가는 것을 예측한 것일까? 대형 맥주 제조사들은 앞다투어 필스너를 만든다. 최근에는 스타우트와 에일을 만드는 마이크로 브루어리도 생겼다.

| 아시아 분포 지도 |

Asia

필리핀
PHILIPPINES

필스너 타입 외에도 엄선한 맥아와 홉을 사용한 프리미엄 맥주를 여러 제조사에서 판매한다. 그 밖에도 다크 라거나 알코올 도수가 높은 스트롱 아이스 등도 접할 수 있다.

베트남
VIETNAM

연간 265만㎘를 생산하는 동남아 1위(2011) 맥주 시장 베트남. 필스너가 주류며, 도시마다 필스너와 연관 있는 맥주를 만날 수 있다. 물 대신 마시는 염가 맥주 '비어 호이'도 많이 마신다.

태국
THAILAND

태국은 연평균 기온이 30℃가 넘는 나라라 시장에 나온 맥주는 대부분 필스너다. 태국을 대표하는 2대 제조사에서는 여성이나 라이트한 맛을 즐기는 층을 타깃으로 삼은 필스너도 판다.

타이완
TAIWAN

2002년 1월까지 타이완에서 제조하는 맥주는 전매제로 필스너만 판매했다. 최근에는 망고나 파인애플을 블렌딩한 과일 맥주가 등장했다. 마이크로 브루어리 설립도 왕성한 편이다.

싱가포르
SINGAPORE

'항상 여름인 나라' 싱가포르에서 가벼운 라거는 늘 인기다. 여기에 깊이 있는 프리미엄 맥주와 유러피안 스타일 등 알코올 도수도 4.5~11.8%까지 폭넓게 갖추었다.

중국
CHINA

중국은 세계 1위 맥주 생산 대국이다. 비어 스타일은 필스너가 주류다. 맥주 산업은 대기업 3사 외에도 소규모 브루어리가 꽉 들어차 400곳 이상에 달한다.

STYLE
유럽에서 식민지로 들여온 맥주

유럽에서 태어난 맥주가 아시아에 등장한 것은 유럽 각국에서 아시아 지역을 식민 통치한 일과 연관 깊다. 1760년대에는 영국이 인도를 본격적으로 지배하기 시작했다. 인도로 건너오는 영국인을 위해 맥아 농도, 알코올 도수, 홉 투입량 등을 늘린 'IPA'가 들어왔다. 1800년대 후반에는 영국에서 '기네스' 등 스타우트를 실론(스리랑카)으로 수출해 현지에 '라이온 브루어리'도 설립했다.

아편전쟁을 계기로 유럽 각국은 중국에 진출했다. 20세기가 시작되면서 중국에 주재하는 유럽인들을 위한 맥주 양조장을 여기저기 세웠다. 맥주 양조장을 전부 국유화했던 제2차 세계대전 후, 일반인에게도 맥주는 친근한 술이 되었다.

동남아시아 각국도 식민 지배국으로부터 영향을 받아 맥주 문화가 발전했다. 인도네시아는 네덜란드, 필리핀은 스페인, 베트남은 프랑스 영향을 받았다. 타이완에서는 일본인이 세운 맥주 공장이 오늘날 가장 많이 유통되는 맥주의 초석이 되었다.

19세기 후반에서 20세기에 들어선 시기에 맥주 업계에 움직임이 일었다. 지금까지 유럽이 주류였던 상면 발효(에일) 대신 하면 발효(라거)가 등장한 것이다. 냉장 기술이 향상되고 유통이 발전하면서 라거가 전 세계에서 사랑받았다. 주로 필스너를 판매하는 세계적인 대형 맥주 제조 회사가 자본을 투자해 각국에 공장을 설립한 것도 라거가 융성하는데 박차를 가했다. 더구나 시원하게 즐길 수 있는 필스너는 아열대 기후에 속한 남아시아 풍토나 음식 문화와 궁합이 아주 잘 맞았다.

COLUMN

아시아에서 즐기는 지역 맥주의 미래는?

유럽 맥주의 역사를 이어받은 아시아 맥주 문화는 역사도 짧고 독자적인 스타일을 갖추지 못한 실정이다. 최근 들어 일본과 마찬가지로 각국에서도 마이크로 브루어리가 계속 탄생한다. 중국·베트남·타이완·인도네시아에서도 크래프트 맥주에 눈을 돌리는 형편이다. 그리 멀지 않은 미래에 아시아에서 만들어진 맥주 스타일도 생길지 모른다.

중국

중국 맥주를 대표하는 상표

Tsingtao
칭다오

LABEL
공자의 고향인 중국 산동 성 항만 도시 칭다오. 라벨에는 구 시가지에 위치한 칭다오만의 잔교를 담아냈다.

홉과 맥아 향이 적절하게 조화를 이룬다. 부드럽고 상쾌한 쓴맛이 입안 가득 퍼져 마시기 편하다.

 아로마 ● 은은하게 달콤하고 옥수수 같은 향.
향 **플레이버** ● 연하게 견과의 고소함도 느껴진다.

옅은 황금색. 결이 곱고 부드러운 거품이 생긴다.
외관

미디엄 보디. 적절한 몰트의 단맛으로 목 넘김이 좋아 매끄럽게 마실 수 있다. 깔끔하고 튀는 맛이 없다. 탄산은 약간 약한 편이다.
보디

〈주요 라인업〉
• 프리미엄
• 스타우트

DATA
칭다오 맥주
스타일 아메리칸 라거
 (하면 발효)
원료 보리 맥아·홉·쌀
내용량 330㎖
도수 4.7%
생산 칭다오 맥주 주식 유한회사

출의 닛폰 맥주

칭다오 맥주青島啤酒는 세계 50개국 이상에서 판매하는 글로벌 맥주 브랜드다.

중국 동부 산동 성에 위치한 칭다오는 1898년부터 독일이 빌려 통치하는 조차지租借地가 되었다. 조차지 경영 일환으로 맥주 생산을 시작했다. 1903년, 독일 투자가가 맥주 제조를 시작하면서 '게르만 맥주회사 칭다오 주식회사'를 세웠다. 당시는 설비도 원재료도 독일에서 직수입해 들여와 필스너와 흑맥주를 생산했다. 1906년, 뮌헨 박람회에 출품해 금메달도 받았다. 제1차 세계대전 후인 1916년, '다이닛폰大日本 맥주 주식회사'가 공장을 매수하고 그 후 30년에 걸쳐 아사히·에비스·삿포로 등의 맥주를 생산했다. 1945년, 일본이 패전하자 칭다오 맥주 경영권은 중국 측에서 접수하고 국영 기업이 되었다. 1993년에 민영화되었다.

아시아

 싱가포르

60개국 이상으로 수출하는 지명도 높은 맥주

Tiger
타이거
라거 비어

LABEL
브랜드 이름 유래가 된 용맹한 호랑이 모습이 보인다. 메탈릭 블루와 오렌지색이 선명한 대비를 이룬다.

목의 갈증을 적셔주는 상쾌한 라거. 홉의 쓴맛과 향, 몰트의 단맛이 균형감 있게 정리되어 세계적으로도 평가가 높다.

향
- **아로마** ● 감귤류의 상큼한 향이 은은하게 느껴진다.
- **플레이버** ● 미량의 몰트감이 남는다. 홉의 상쾌하고 프루티한 향과 함께 몰트에서 나온 빵 같은 플레이버가 느껴진다.

외관
옅은 황금색. 거품은 결이 곱고 탄산은 약한 편이다.

보디
쓴맛이 주는 인상이 강하지 않아 알코올감과 함께 뒷맛이 주는 여운을 즐기기 좋다.

> **DATA**
> **타이거 라거 비어**
> 스타일 라거(하면 발효)
> 원료 보리 맥아·홉·옥수수
> 내용량 330㎖
> 도수 5.0%
> 생산 아시아 퍼시픽 브루어리스사

문의 아이콘 유로폽

싱가포르 국내뿐 아니라 국외에서도 폭넓게 사랑받는 맥주다. 오스트리아산 몰트, 독일산 홉, 네덜란드산 효모, 6번 필터링한 싱가포르 정수를 사용한다. 현지에서는 'What time is it?'이라는 질문에 'Tiger Time!'이라 대답하는 광고로 유명하다.
1930년, 네덜란드에서 하이네켄사가 싱가포르 대기업 프레이저앤니브F&N사와 공동으로 경영하는 합작 회사를 설립하는데 합의했다. 하이네켄사가 맥주 양조 기술을, 프레이저앤니브사가 생산 공장을 제공하고 판매 루트를 담당하며 말레이안 브루어리스가 탄생했다.
1990년, 회사 이름을 '아시아 퍼시픽 브루어리스'로 변경했다. 아시아 전역에 양조장을 갖추고 60개국 이상으로 출하를 시작했다.

🇹🇭 태국

태국에서 가장 오래되고 가장 큰 맥주 회사가 만드는 사자 맥주

Singha

싱하
라거 비어

LABEL
고대 신화에 등장하는 태국 사자 '싱하'와 보리, 홉을 라벨에 그려 넣었다.

향
- 아로마 ● 약간의 산미가 느껴지는 홉 향.
- 플레이버 ● 몰트와 홉 향이 잘 어우러져 코끝으로 빠져나간다.

외관
옅은 황금색. 거품이 잘 생기고 오래간다. 세밀한 거품이 액체를 덮어준다.

보디
입에 머금으면 은은한 단맛과 쓴맛이 퍼지는 상쾌한 맛이 난다. 시간이 지나면 홉 향이 살아나 단맛이 강해진다.

깔끔하고 샤프한 맛. 생선 간장 남플러와 스파이스가 들어간 맵고도 달콤한 태국 요리와 궁합이 아주 뛰어나다.

DATA
싱하 라거 비어
스타일 필스너(하면 발효)
원료 맥아·홉·당류
내용량 330㎖
도수 5.0%
생산 싱하 코퍼레이션

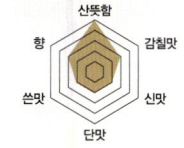

문의 이케미쓰 엔터프라이즈

1933년, 독일과 기술 제휴로 만든 태국 최초의 순 태국산 맥주다. 저먼 필스너 양조법을 답습했다.

'싱하'는 산스크리스트어로 '사자'를 뜻하며, 고대 신화에 등장한다. 병목 라벨에 그려진 것은 태국 왕국을 상징하는 신성한 새 '가루다 Garuḍa'다. 'BY ROYAL PERMISSION'이라는 문구와 함께 태국 왕실에서 인정하는 고품질을 자랑하는 맥주 브랜드라는 것을 나타낸다.

싱하는 태국 전역에 퍼져 있는 양조장 3곳과 공장 6곳에서 전 세계 50개국 이상으로 수출하는 국제적인 브랜드다. 캐치 카피는 '비어 싱, 비어 타이(사자의 맥주, 태국의 맥주)'.

아시아

🇱🇰 스리랑카

비어 헌터 마이클 잭슨도 절찬한 맥주

Lion

라이온
스타우트

LABEL
앞쪽은 수사자, 뒤쪽은 '라이온 스타우트'를 사랑한 비어 헌터 마이클 잭슨 사진이 실렸다.

아로마 ● 초콜릿과 캐러멜 향.
플레이버 ● 초콜릿의 부드러운 단맛에 시나몬 같은 스파이시감이 퍼진다.
향

검은색에 가까운 다크 브라운. 거품 상태가 아주 좋고 오래간다.
외관

미디엄 보디. 크리미한 액체. 입안에서 마일드하게 퍼지는 몰트와 캐러멜의 단맛, 산미가 입안 가득 퍼진다. 뒷맛에 알코올감이 느껴지며 쓴맛과 떫은맛의 여운이 남는다.
보디

코코넛의 풍미 풍부한 카레와 잘 어울리는 맛. 현지에서는 코코넛으로 만드는 증류주를 섞어 마시기도 한다.

〈주요 라인업〉
● 라거
● 임페리얼

DATA
라이온 스타우트
스타일 스트롱 스타우트
(상면 발효)
원료 맥아·홉·당류·캐러멜
내용량 330㎖
도수 8.8%
생산 라이온 브루어리사

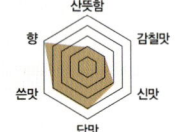

문의 이케미쓰 엔터프라이즈

1881년, 창업한 라이온 브루어리(구 실론 브루어리)는 아시아에서 가장 오래된 양조장이다. 일본을 제외하고 구 실론을 식민 통치했던 영국 기술을 기반으로 한다. 홍차 산지로 유명한 표고 1800미터에 자리 잡은 누와라 엘리야Nuwara Elija에서 나는 생수를 사용한다.
'라이온 스타우트'는 고故 마이클 잭슨에게 "마치 고급 리큐어 같은 뛰어난 단맛과 은은한 향 뒤로 느껴지는 묵직하고 농후한 맛은 아무도 따라 할 수 없다"는 찬사를 받은 일품 맥주다. 마이클 잭슨은 전세계 맥주를 위해 크래프트 맥주 품질을 향상하는데 막대한 공헌을 한 비어 헌터다.
몬데 셀렉션에서 금상을 6번 수상하는 등 세상의 평가가 높다. 2011년과 2012년, 연속으로 같은 셀렉션에서 특별 금상을 받았다. 1988년, 벨기에 비어 콩쿠르에서도 금상을 받았다.

🇮🇩 인도네시아

'별'이라는 뜻을 담은 인도네시아 대표 맥주
Bintang
빈탕

아로마 ● 희미하게 달콤한 향과 알코올 향.
향
플레이버 ● 알코올 향과 홉 향이 여운으로 남는다.

외관 옅은 황금색.

보디 깔끔한 맛으로 산미의 존재감이 쓴맛을 이긴다. 탄산과 몰트감은 약한 편이다. 마지막에 부드러운 쓴맛이 남는다.

LABEL
'빈탕'은 인도네시아어로 '별'을 뜻한다. 라벨에 그려진 빨간 별이 돋보인다.

부드러운 쓴맛과 연한 단맛으로 깔끔하게 마실 수 있다. 몬데 셀렉션에서 4년 연속 금상을 거머쥐었다.

DATA
빈탕
스타일 필스너
(하면 발효)
원료 맥아·홉·당류
내용량 330㎖
도수 4.8%
생산 피티 멀티 빈탕사

문의 이케미쓰 엔터프라이즈

'빈탕'은 인도네시아에서 시장 점유율이 70% 넘는 맥주다. 제조원은 피티PT 멀티 빈탕사. 네덜란드 식민지였던 인도네시아에서는 1929년부터 하이네켄사가 하이네켄 맥주 판매를 시작했지만, 1967년에 정부 공사가 합병해 피티 멀티 빈탕사가 탄생했다. 그래서 현재도 하이네켄 그룹에 속한다.

'빈탕'은 몬데 셀렉션(벨기에에서 개최하는 식품·음료·화장품·건강을 중심으로 한 제품의 기술 수준을 심사하는 민간 단체로 세계적으로 권위 있음-옮긴이) 외에도 세계에서 가장 오래된 국제 맥주 품평회인 '국제맥주대회(BIIA, The Brewing industry International Awards)'에서 2011년에 금상을 받는 등 국제적으로도 우수한 필스너로 평가받는다. 인도네시아 기후에 잘 맞게 드라이하면서도 산뜻한 맛은 서퍼들에게도 인기 만점이다.

아시아

🇵🇭 필리핀

현지에서 사랑받는 다종다양한 라인업

San Miguel

산 미구엘
스타이니

향
아로마 ● 달콤한 향과 홉 향이 은은하게 퍼진다.
플레이버 ● 연하고 가벼운 액체, 약간의 산미를 느낄 수 있다.

외관
라이트한 황금색. 탄산이 강하고 거품이 풍성하다.

보디
맥주를 입안에 머금으면 연하게 단맛이 퍼진다. 깔끔하고 마시기 편하면서 단맛, 신맛, 쓴맛의 균형감이 뛰어나다.

LABEL
현지에서는 병을 물속에 담가 차게 식혀 마시므로 라벨을 병에 직접 프린팅했다.

상쾌하고 입안에서 부드러운 드라이 타입이다. 달콤한 향과 짜릿한 목 넘김이 특징이다.

〈주요 라인업〉
• 다크
• 프리미엄 올 몰트
• 레드호스
• 애플 플레이버

DATA
산 미구엘 스타이니
스타일 필스너 (하면 발효)
원료 맥아·홉·당류
내용량 320㎖
도수 5.0%
생산 산 미구엘사

문의 아이콘 유로팝

1890년 설립해 청량음료·양주·식료품을 취급하는 식품 회사로 출발했다. 1914년부터 상하이·홍콩·괌에 수출하고 1948년에는 홍콩에 양조장을 설립했다. 동남아시아에서는 처음으로 병맥주를 생산하는 베스트셀러 양조장이 되었다. 홍콩에 양조장을 두어 홍콩 맥주라고 생각하는 사람도 꽤 많다.

오늘날 필리핀 맥주 시장 점유율 약 90%를 자랑하며, 산 미구엘 맥주 상품 수출국은 60개국 이상이다. '산 미구엘'이라는 명칭은 스페인어로 '성 미카엘'에서 유래했다. 1500년대부터 1800년대가 끝날 때까지 필리핀이 스페인 식민지였던 것이 원인이다. '산 미구엘 스터비'로 불리는 320㎖짜리 뭉툭한 맥주병 외에 1000㎖짜리도 생산한다.

🇹🇼 타이완

일본인이 만든
타이완 최대 맥주 브랜드

Taiwan Beer
타이완 비어
진파이

LABEL
세계 맥주 품평회에서 금메달을 5번이나 수상했다. 메달 디자인을 라벨에 새겨 넣었다.

 아로마 ● 화려한 홉 향. 타이완 쌀에서 나오는 독특한 향이 풍긴다.
플레이버 ● 달고 희미하게 몰트 향이 코에 남는다.

 밝은 오렌지색. 탄산은 약한 편이지만 거품이 풍부하다.
외관

 라이트 보디. 쓴맛이 약한 편은 아니다. 산뜻하고 깔끔한 맛이다.
보디

〈DATA〉
타이완 비어 진파이
스타일
필스너(하면 발효)
원료
보리·홉·타이완 쌀
내용량
330㎖
도수
5.0%
생산
타이완 타바코&리카

문의 이케미쓰 엔터프라이즈

'가장 신선한 것은? 타이완 비어'라는 슬로건을 내세운 타이완 최대 맥주 브랜드. 평판이 가장 좋은 '진파이金牌'는 타이완 쌀(봉래미蓬萊米)에 독일산 고급 홉을 사용해 좋은 향을 구현했다.
전신인 다카사고高砂 맥주 주식회사는 일본인 사업가가 1919년 설립한 타이완 최초 맥주 공장이다. 2002년에 현재의 타이베이 맥주 공장 모습을 갖추었다.

⭐ 베트남

국내 최대 점유율!
베트남 요리에 최적인 맥주

Saigon
사이공
엑스포트

〈주요 라인업〉
● 사이공 스페셜
● 333

LABEL
수출품 '엑스포트'는 빨간색 라벨을, 베트남 현지용은 녹색 라벨을 사용한다.

 아로마 ● 꽃 같은 달콤하고 싱그러운 향이 코를 간질인다.
플레이버 ● 은은한 알코올 향과 몰트 향이 난다.

 투명에 가까운 호박색. 결이 고운 거품이 잘 일어난다.
외관

 입에 머금으면 산미가 느껴진다. 입안에서 깔끔하고 드라이하다.
보디

〈DATA〉
사이공 엑스포트
스타일
필스너(하면 발효)
원료 맥아·홉·쌀
내용량
335㎖
도수
5.0%
생산
사이공 비어 알코올 베버리지사

문의 이케미쓰 엔터프라이즈

베트남에서 시장 점유율 70%를 자랑하는 '사이공 맥주'는 베트남 제2의 도시 호치민을 대표하는 맥주다. 베트남에서 생산한 첫 국산 맥주로, 현지에서는 일반적으로 맥주잔에 큰 얼음을 채운 다음 상온에 두었던 맥주를 부어 마신다. 맛이 연해지니 사실 별로 권하고 싶지는 않다.

메이지 시대부터 지금까지
온 국민의 한결같은
사랑을 받는
맥주를 제조하다

일본
● **JAPAN**

기린

메이지 시대부터 지금까지 이름을 한번도 바꾸지 않은 유일한 전통 제조 업체. 라거 라벨도 120년 동안 변하지 않았다. 지금도 일본 맥주 업계의 얼굴로 군림한다.

아사히

기린과 함께 일본을 대표하는 제조 회사로 급성장한 아사히. 슈퍼 드라이 발표를 시초로 잡맛을 제거한 깨끗한 맥주 제조에 전념한다.

일본에서 맥주 제조는 메이지 유신 개국과 거의 비슷한 시기에 시작되었다. 초기에는 소규모 양조장도 등장했지만, 이후 지금의 대기업들과 연결된 대규모 제조 회사가 중심이 되어 시장을 형성했다. 정부 방침으로 맥주에 세금이 붙으면서 업계의 재편이 가속화되었다. 제2차 세계대전 후에는 전쟁 전부터 영업하던 기린·아사히·삿포로·산토리와 오키나와의 오리온 맥주까지 5개 회사 체제를 확립했다. 특히 기린이 일본 국내 시장을 60%나 점유하면서 한 기업이 독주하던 시대가 오래갔다.

이 상황에 새바람을 불러일으킨 것이 '아사히 슈퍼 드라이'다. 이후 아사히는 매출을 확대했고, 기린도 '이치방 시보리'로 대항했다. 삿포로와 산토리도 독자적인 노선으로 시장을 개척하는 등 시장 경쟁이 유동적으로 변화했다.

오늘날, 대형 제조 회사들은 각각 엄선한 소재를 사용한 프리미엄 맥주부터 소비자 요구에 부응해 당질 제로, 알코올풍 음료 등 다채로운 라인업을 발표한다. 최근에는 필스너만이 아니라 다양한 스타일을 구가하는 맥주도 이곳저곳에서 맛볼 수 있다.

주요 대기업 브랜드

삿포로
예전에는 동일본을 중심으로 높은 시장 점유율을 자랑했다. 전후에는 병에 담은 '구로 라벨'로 전국구로 진출했다. '신장르' 시장을 개척하는 등 높은 기술력으로 정평이 난 제조 회사다.

에비스
저가로 경쟁하기 쉬운 풍조 속에서 고급 노선으로 차별화를 선보여 성공한 브랜드. 맥주 애호가들을 사로잡는 프리미엄 시장을 확립한 공적이 크다.

산토리
양주 제조 회사였지만, 전후 맥주 시장에 본격적으로 뛰어들었다. 오랜 기간 고전했으나 지금은 3번째로 큰 회사 규모로 성장했다. 앞으로가 기대되는 회사다.

오리온
전후 오키나와가 일본에 반환되기 전부터 양조를 시작해 지금은 '오키나와=오리온'이라고 누구나 생각할 정도로 정착했다. 기후에 맞는 맥주 제조 방식이 성공 비결이다.

일본

시장 점유율 60%를 자랑하며 진화를 거듭하는 전통 제조사

Kirin
기린

LABEL
발매 당시 유럽 맥주 라벨에 동물이 그려진 경우가 많아, 상상 속의 동물인 기린을 그려넣었다.

상쾌한 쓴맛, 목에서 느껴지는 자극과 깊이가 장점이다. 말하지 않아도 통하는 전통 있는 맥주지만, 2010년에 사용하던 홉 양과 조합을 바꾸는 등 더 좋은 맛을 위해 전력투구한다.

제조 회사를 알기 위한
COLUMN

'이치방 시보리'의 니방 시보리 맥주는 존재할까?

일반적인 맥주 제조 과정은 이렇다. 여과 공정에서 처음 짜낸 맥아즙과 두 번째로 짜낸 맥아즙을 섞는다. 두 번째로 짜낸 맥아즙은 떫은맛과 쓴맛의 근원이 되는 타닌 성분이 풍부하다. 첫 맥아즙만을 사용하는 '이치방 시보리(一番搾り)'의 니방 시보리(二番搾り, 두 번째로 짠)는 어떤 맛이 나며, 어떤 용도로 사용할까? 기린에서 두 번째로 짠 맥아즙은 실제로 존재하지 않는다. 한 번 짜내면, 아무리 당분이 남더라도 사치스럽게 여과 공정을 끝낸다. 짜고 난 맥아 곡물 찌꺼기는 가축 사료 등에 사용한다.

〈주요 라인업〉
- 블랙 라거
- 이치방 시보리
- 하트 랜드

〈DATA〉
기린 라거 맥주
스타일 필스너(하면 발효)
원료 맥아·홉·쌀·옥수수·녹말
내용량 500㎖(중간 병)
도수 5.0%
생산 기린 맥주

메이지 시대 후기에 해당하는 1907년, 재팬 브루어리 컴퍼니를 이어받아 탄생한 기린 맥주. 익숙한 기린 라벨이 등장한 것은 이전 회사 시대인 1889년이다. 이후 120년 이상 거의 같은 디자인을 고수한다.

전후 변함없는 얼굴로 다시 출현한 기린은 국제적인 브랜드로 군림했다. '기린 라거 맥주'를 필두로 한때는 60%를 넘는 일본 내 시장 점유율을 기록했다.

아사히 맥주가 맹렬히 추격을 시작하자 위기감 속에서 개발한 것이 '이치방 시보리'다. 여과 공정에서 나오는 고급스러운 맥아즙만 사용한 맥주를 프리미엄 상품으로 내놓지 않고, 통상 가격으로 판매했다. '이치방 시보리'는 엄청난 성과를 올렸다.

현재 핵심 2개 브랜드를 더해 핫포슈(發泡酒, 발포주로 1990년대 일본에서 개발한 맥주풍 알코올 음료-옮긴이)의 '단레이(淡麗)' 시리즈, 신장르의 '노도고시 나마'(목 넘김이 좋은 생맥주), 알코올 성분 0.00%인 맥주 맛 음료 장르를 개척한 '기린 프리' 등의 라인업으로 예전 기세를 되찾는 중이다.

획기적인 드라이로 정점에 올라선
Asahi
아사히

LABEL
지금은 당연해진 메탈릭을 기조로 한 디자인은 발매 당시에는 소비자에게 신선하고 강렬한 인상을 줬다.

아사히 맥주만의 독자적인 효모를 사용한다. 발효 능력이 뛰어나고 당분을 거의 남기지 않아 잡맛이 없는 깔끔한 맛이다. 일본이 발생지인 드라이 맥주를 제대로 표현한 상표다.

제조 회사를 알기 위한
COLUMN

슈퍼 드라이 외에도 일본에서 처음 선보인 맥주가 많다!

오늘날 일본에서 당연하게 여겨지는 맥주를 둘러싼 다양한 풍경에는 아사히가 일본에서 처음 세상에 내놓은 것이 많다. 1958년에 캔맥주를 아사히가 처음 발매했다. 1968년에는 효모를 넣은 맥주를 처음 발매하고, 맥주 상품권도 아사히가 처음이다. 획기적인 슈퍼 드라이는 이런 도전 역사와 문화 속에서 태어났다.

〈주요 라인업〉
· 슈퍼 드라이 드래프트 블랙

DATA
아사히 슈퍼 드라이
스타일 필스너(하면 발효)
원료 맥아·홉·쌀·옥수수·전분
내용량 334㎖(작은 병)
도수 5.0%
생산 아사히 맥주

아사히 맥주의 맥은 메이지 시대에 설립한 오사카 맥주까지 거슬러 올라간다. 그 후 합병하여 다이닛폰 맥주가 되었다가 전쟁이 끝나고 아사히 맥주와 닛폰 맥주로 나뉘었다. 전쟁이 끝난 직후에 아사히 맥주는 국내 시장 점유율 면에서 선두에 올라섰다.

그 후 아사히가 국내 시장 점유율 최고 자리를 되찾은 시기는 반세기 가까이 지난 1998년이다. 최대 원동력은 1987년에 일본에서 처음 드라이 생맥주로 발매 한 '슈퍼 드라이'다.

깔끔하고 산뜻한 맛이 장점인 슈퍼 드라이. 어떤 요리와도 어울리는 '슈퍼 드라이'는 맥주 업계에 혁명이라 부를 정도로 히트를 쳤다. 혁신의 고삐를 늦추지 않고 빙점 이하 '엑스트라 콜드Extra Cold'와 '드라이 블랙' 등 시리즈 상품을 꾸준히 발매해 팬층이 두터워졌다.

지금은 잡맛이 없는 깨끗한 맛을 담은 신장르 '클리어 아사히'도 '슈퍼 드라이'와 함께 아사히가 약진하는 데 한몫을 한다.

북쪽 대지에서 성장한 실력파
Sapporo
삿포로

LABEL
전신인 '삿포로 빈나마(瓶生, 병 생맥주)' 시대 애칭인 '구로 라벨'이 상품명이 된 드문 경우다.

풍미를 변질시키는 효소가 없는 독자적인 맥아를 사용한 구로 라벨. 해서 갓 만든 생맥주에서 느낄 수 있는 첫 모금 맛을 지속하도록 진화한다.

제조 회사를 알기 위한 COLUMN

'드래프트 원'이 개척한 신장르
일본에서는 주세법에 맥아 사용률이 67% 이상인 것을 맥주라고 명명해놓았다. 1994년, 맥아 비율을 65%로 억제한 핫포슈 '홉스'를 삿포로에서 발매하면서 핫포슈 시장이 탄생했다. 2003년, 삿포로가 발매한 '드래프트 원(Draft one)'은 원료가 맥아가 아니라서 제3의 맥주라 불렀다. 그 후 핫포슈에 스피릿 주정을 섞은 것도 등장해 현재는 양쪽을 합해 '신장르'라 부른다.

〈주요 라인업〉
• 더 홋카이도(지역 한정 양조)

DATA
삿포로 생맥주 구로 라벨
스타일 필스너(하면 발효)
원료 맥아·홉·쌀·옥수수·전분
내용량 334㎖(작은 병)
도수 5.0%
생산 삿포로 맥주

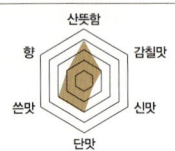

1869년, 메이지 신정부가 홋카이도를 개발하려고 개척사開拓使를 설치했다. 당시 추진했던 다양한 사업 가운데 하나로 삿포로 맥주 전신인 개척사 맥주 양조장이 탄생했다. 홋카이도 특유 냉랭한 기후가 맥주 제조에 적합한 덕분이다.

1877년, 개척사를 상징하던 북극성을 마크로 단 '삿포로 맥주'를 판매했다. 그 후 오쿠라 기하치로大倉喜八郎가 이끄는 오쿠라 조상회組商會에 팔아넘기면서, 관영 맥주 산업은 민영화되었다. 1906년에 '에비스 맥주'를 판매한 닛폰 맥주 양조 회사와 통합했다.

전후 축적한 기술력을 바탕으로 생맥주 맛을 병에 주입하는 제조법을 개발하는 데 성공했다. 이것이 오늘날 가장 우수한 상표인 '구로 라벨'로 이어진다.

새로움을 제안하는 맥주 기풍은 완두콩 단백(엔도 단백)이라는 예상 밖의 원료를 사용한 '드래프트 원'이나 신장르이면서도 감칠맛이 나는 '무기 토 홉Mugi-To-Hop'에서도 유감없이 발휘된다.

프리미엄 맥주의 선구적인 브랜드
Yebisu
에비스

■ Japan

LABEL
황금색 바탕에 풍어와 사업 번창을 상징하는 에비스(惠比寿) 신을 고급스럽게 표현했다. 럭셔리한 맥주에 어울리는 라벨이다.

독일 맥주순수령에 따라 만든 에비스는 북독일에서 탄생한 도르트문더 스타일이다. 순한 쓴맛과 장기 숙성으로 만들어지는 깊은 감칠맛을 느낄 수 있는 가장 고귀한 맥주다.

브랜드를 알기 위한 COLUMN

에비스 맥주의 모든 것을 알 수 있는 장소는?

에비스 맥주 탄생 120주년 기념일에 해당하는 2010년 2월 25일에 문을 연 도쿄의 '에비스 맥주 기념관'은 방문하기만 해도 에비스 전문가가 될 만한 장소다. 이 기념관에서 추천할 만한 곳은 전문 가이드가 에비스 역사와 즐기는 방법을 안내하는 '에비스 투어'다. 관내에는 각종 에비스를 마실 수 있는 시음 살롱도 갖추어놓았다.

※입장은 무료, 에비스 투어와 시음 살롱은 유료.

〈주요 라인업〉
- 실크 에비스
- 에비스 프리미엄 블랙
- 고하쿠 에비스

DATA
에비스 맥주
스타일 도르트문더(하면 발효)
원료 맥아·홉
내용량 334ml(작은 병)
도수 5.0%
생산 삿포로 맥주

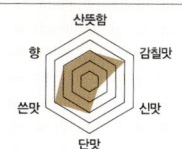

'조금은 사치스러운 맥주'라 알려진 에비스. 시작은 메이지 시대까지 거슬러 올라간다. 삿포로 맥주의 전신인 닛폰 맥주 양조 회사가 설립되고, 1890년에 '에비스 맥주'를 발매했다.

에비스 맥주는 맛이 상쾌해 판매하자마자 인기를 끌었다. 그 인기는 가짜 브랜드가 번성할 정도였다. 1899년, 맥주가 가진 진미를 세상에 알리고자 오늘날 도쿄 긴자에 '에비스 비어홀'을 개업했다. 매일 만석의 성황을 이뤘다고 한다.

제2차 세계대전 중 맥주가 배급품이 되면서 전 브랜드가 소멸했다. 에비스 브랜드도 일시적으로 사라졌다가 1971년에 부활했다. 전후 처음으로 맥아 100%를 넣어 독일 타입으로 완성했다. 이후 장르로 확립된 프리미엄 맥주의 선구 브랜드로 '에비스 프리미엄 블랙', '고하쿠(호박) 에비스', '실크 에비스' 등 다양한 시리즈를 만들고 있다.

일본

물과 보리에 대한 고집으로 약진을 거듭하는
Suntory
산토리

LABEL
리뉴얼할 때 'SUNTORY PILSNER BEER'라는 표기를 추가했다. '전 세계에서 가장 맛있는 필스너를 제조한다'는 일종의 선언이다.

유럽산 아로마 홉에서 풍기는 화려한 향이 인상적이다. 고집스럽게 지키는 '더블 디콕션(Double Decoction) 제조법'과 2012년 리뉴얼 이후 희귀한 전통종(種) '다이아몬드 맥아'를 새롭게 추가해 한층 고급스러운 맛을 재현했다.

제조 회사를 알기 위한
COLUMN

'더 프리미엄 몰츠'가 지키려는 홉에 대한 고집이란?

홉을 어떤 타이밍에 넣는지에 따라 맥주 맛은 확연히 달라진다. '더 프리미엄 몰츠'는 맥아즙을 끓인 후 약 1시간 안에 홉 종류를 바꿔 2~3회에 나눠 투입한다. 최고의 쓴맛과 향을 끌어내는 방법이다. 놀랍게도 이상적인 맛을 내기까지 10년이라는 세월이 걸렸다고 한다. 산토리는 홉 산지, 유럽에서 재배할 때부터 신경 쓰는 장인 '홉 마스터'를 육성하는 데도 힘을 쏟는다.

〈주요 라인업〉
- 더 프리미엄 몰츠 '구로'
  (한정 수량)

DATA

더 프리미엄 몰츠
스타일 필스너(하면 발효)
원료 맥아·홉
내용량 500ml(중간 병)
도수 5.5%
생산 산토리 주류

1899년, 포도주 제조 판매 회사인 도리이 상점鳥井商店을 창업했다. 1921년에 주식회사 고토부키야壽屋를 설립했다. 1928년, '캐스케이드 맥주' 니치에이日英 양조공장을 매수하고 1930년, '오라거 맥주'를 발매했다. 1934년에 판매 부진으로 맥주 생산에서 물러섰다.
1963년에 회사 이름을 '산토리 주식회사'로 변경하고 다시 맥주 양조에 참여했다. 1968년, 필터로 효모를 제거한 '쥰나마'를 발표해 효모 유무와 생맥주에 대한 정의가 논란이 되었다. 그 결과 '열처리를 하지 않은 것이 생맥주'라는 일본만의 독특한 정의가 생겼다. 그후 산토리는 프리미엄 맥주 노선으로 활로를 바꾸고 '더 프리미엄 몰츠'로 팬들을 사로잡아 매출을 올렸다. 한편, 신장르에서는 '우마미旨味 맥아'를 사용한 '긴무기金麥'가 존재감을 드러내고 있다.
모든 상품은 철저하게 '물'을 신경 쓴다. 브랜드 메시지로 '물과 산다'를 내세운 산토리는 상품에 적합한 천연수를 골라 그 물을 얻을 수 있는 곳에 공장을 건설한다.

오키나와에 뿌리를 내린 유일무이한 브랜드

Orion
오리온

Japan

LABEL
오키나와의 태양·하늘·바다를 느낄 수 있는 심플한 디자인. 계절과 지역을 한정해 생산하는 각종 디자인 캔도 인기가 높다.

술술 넘어가는 목 넘김과 순한 맛이 특징이다. 제조할 때 '거품유지 단백'을 늘려 거품 질이 좋고 오래간다.

제조 회사를 알기 위한
COLUMN

오키나와에서 마시는 오리온 맥주가 맛있는 이유는?

독일에는 '맥주 기행'이라는 뜻을 담은 '비어 라이제'라는 단어가 있다. 예전에 오리온은 오키나와에서만 마실 수 있는 맥주라서 마시려면 '비어 라이제'를 해야만 했다. 지금은 일본 전역에서 마실 수 있다. 그래도 오리온은 여전히 현지에서 마시고 싶은 맥주다. 시원한 목 넘김과 신선함. 이 매력은 남국 기후에서 한껏 발휘되어 맥주와 발생지는 떨어뜨릴 수 없는 관계라는 것을 피부로 느끼게 해준다.

〈주요 라인업〉
• 오리온 이치방 자쿠라

DATA
오리온 드래프트 맥주
스타일 필스너(하면 발효)
원료 맥아·홉·쌀·옥수수·전분
내용량 500ml(중간 병)
도수 5.0%
생산 오리온 맥주

오키나와를 대표하는 맥주 오리온이 발매된 것은 본토 복귀 전인 1959년이다. 된장과 간장을 양조하는 기술을 기반으로 현 내에서 가장 경도가 낮은 북부 나고名護에서 맥주를 만들기 시작했다.

발매 당시에는 감칠맛을 중시하는 독일풍 맛이었다. 오리온은 다른 대형 맥주 제조 업체의 기세가 워낙 강해 오키나와 현에서도 시장 점유율은 형편없이 낮아 경영이 어려웠다. 지금처럼 현 내에서 최고 시장 점유율을 자랑하게 된 것은 기후에 맞게 벌컥벌컥 마실 수 있는 아메리칸 타입의 라이트한 맛으로 리뉴얼한 후부터다. 맛의 전환과 현지 산학 보호를 위한 특별 세법이 맞물려 오리온 맥주는 오키나와 현을 대표하는 브랜드로 발돋움했다.

2002년, 아사히 맥주와 제휴를 맺은 뒤에는 '드래프트 맥주' 외에 홉 향이 인상적인 '이치방 자쿠라一番桜', 당질 제로를 실현한 '제로 라이프', '무기 쇼쿠닌麦職人', '서던 스타Southern Star' 등 소비자 요구에 맞춘 다양한 라인업을 내놓았다.

일본 지역 맥주
THE JAPANESE CRAFT BEER

선물용 '지역 맥주'로 시작해
진정한 맛을 추구하는
'크래프트 맥주'로

전후 일본 맥주 제조는 대기업이 독점한 상태였다. 소규모 양조를 인정한 것은 1994년부터다. 당시 유행어가 되기도 했던 '규제 완화'가 맥주 업계에도 영향을 끼쳐 최저 제조량이 2000㎘에서 60㎘로 대폭 줄었다.

이후 전국 각지에서 경쟁하듯이 소규모 양조장이 탄생했다. '지자케(地酒)'라는 이름에 편승해 '지비루(지역 맥주)'라는 이름으로 유행했다. 선물용 지역 특산물이라는 새바람으로 인기를 끈 것이다. 안타깝게도 맥주 질이 인기를 따라주지 못하는 브루어리도 적지 않았으며, 대형 제조 회사처럼 대량 생산을 하지 못하다 보니

가격이 비교적 비쌌다. 그래서 '지역 맥주는 맛없고 비싸다'는 인식이 퍼졌다. 물론 소비자가 필스너 말고 다른 맥주 스타일에 익숙지 못한 측면도 한몫했다.

유행이 지나가고 많은 양조장이 어쩔 수 없이 폐업하는 와중에도 착실하게 한 발 한 발 정말 맛있는 맥주를 꾸준히 만든 양조장들이 있었다. 바로 지금도 활동하는 양조장이다. 2000년대 중반 이후부터 마이너 이미지를 나타내는 '지역 맥주'라는 이름에서, 장인이 만드는 공예품을 떠올리는 '크래프트 맥주'로 호칭이 점점 바뀌는 추세다.

이런 배경을 둔 일본 크래프트 맥주에는 역경을 이겨낸 브루어리가 많다 보니 품질이 정평이 나 외국 콘테스트에서 상을 꽤 받는다. 역사와 전통이 숨 쉬는 브루어리보다 높은 평가를 받는 일도 적지 않다.

최근, 도내를 중심으로 일본 각지에서 생산하는 크래프트 맥주를 마실 수 있는 가게가 속속 생겨나고 있다. 아직 비어 바 등 전문점 중심이지만 앞으로는 일반 술집이나 음식점에서도 마실 수 있을 것이다.

일본

'니가타에서 한 도전'이 슬로건이 된 맥주

Swan Lake Beer (니가타 현)

스완 레이크 맥주
앰버 스완 에일

LABEL
맥주 색에 맞춘 빨간 라벨에 제조용 가마와 홉 일러스트를 배치했다. 백조 두 마리가 앙증맞다.

미국산 홉을 사용한다. 감귤류 향과 쓴맛이 주는 여운이 편안하다. 캐러멜 몰트를 많이 사용해 캐러멜 향이 나는 것도 특징이다.

향

아로마 ● 홉에서 나온 감귤류 향이 나지만, 강하지는 않다.
플레이버 ● 홉의 쓴맛은 물론이고 캐러멜 맥아가 주는 단맛과 고소함이 느껴진다.

외관

붉은색이 들어간 갈색으로 홍차색에 가깝다. 결이 고운 크리미한 거품이 쌓인다.

보디

미디엄 보디. 쓴맛의 여운에 빠져 여유롭게 맛을 볼 수 있다.

〈주요 라인업〉
• 포터
• 골든 에일
• 화이트 스완 바이젠

DATA

앰버 스완 에일
스타일 아메리칸 앰버 에일(상면 발효)
원료 맥아·홉
내용량 330㎖
도수 5.0%
생산 효코 야시키노모리 브루어리

백조가 찾아드는 호수, 효코瓢湖에서 아주 가까운 산로쿠山麓에 자리한 이가라시 테이五十嵐邸. 스완 레이크 맥주는 광대한 일본 정원을 포함한 5000평에 달하는 부농 저택에 개설한 저장고에서 만든다.
풍요로운 자연을 품은 대지 위에서 탄생한 양조장은 니가타와 일본을 강하게 의식해 니가타에서 맥주 문화를 발신하겠다는 것을 과제로 삼는다. 에치고越後에서 나는 유명한 생수를 고집해 맥주를 만들며 현지에서 생산하는 고시히카리 쌀을 사용한 라거 '고시노고메 고시히카리 시코미 맥주'는 대지로부터 받은 은혜를 직접 느낄 수 있는 인기 상표다. 1998년, 인터내셔널 비어 서밋에서 '앰버 스완 에일'과 '포터'가 금상을 받은 것을 시작으로 국내외에서 다양한 상을 휩쓸었다. 지금은 이 두 상표가 스완 레이크를 대표하는 상품으로 자리 잡았다. 2012년, 도쿄 역 야에스 입구에 직영 펍 '펍 에도Pub Edo'를 열었다. 니가타에서 생산하는 식재료를 사용한 요리와 맥주가 이루는 절묘한 페어링도 즐길 수 있다.

세련된 디자인으로 맥주가 가진 아름다움을 표현한
COEDO Beer (사이타마 현)

코에도 맥주
코에도 베니아카

 아로마 ● 말린 과일 같은 달콤한 향. 홉 향은 별로 나지 않는다.
향 **플레이버** ● 고소한 단맛이 지배적이고 마치 마시기 편한 트라피스트 맥주 같다.

 붉은색이 가미된 호박색이 보는 사람을 사로잡는다. 거품은 약간 바랜 듯한 느낌이다.
외관

 미디엄 보디. 산뜻함도 있어 마시기 편하다.
보디

LABEL
홉의 구과를 담은 세련된 디자인. 라벨만이 아니라 모든 디자인을 통일했다.

가와고에산 긴토키 고구마를 구워 만든 아름다운 색이 인상적이다. 말린 과일 향은 트라피스트 맥주가 절로 생각난다.

〈주요 라인업〉
- 코에도 갸라
  (COEDO 伽羅 Kyara)
- 코에도 루리
  (COEDO 瑠璃 Ruri)
- 코에도 싯코쿠
  (COEDO 漆黒 Shikkoku)

DATA
코에도 베니아카
스타일 임페리얼 스위트포테이토 앰버 (하면 발효)
원료 맥아·보리·홉·고구마
내용량 333㎖
도수 7.0%
생산 교도쇼지 코에도 브루어리

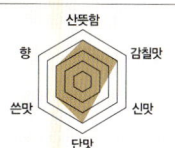

옛날 에도의 부엌 역할을 하며 번성했던 사이타마 현 가와고에 시. 융숭한 멋을 담은 일본 전통 건축물 마을로, '작은 에도'라 불렸다. 코에도 브루어리는 이곳에 창업할 당시 독일 장인을 초대해 지도를 받았다. 이후 독일 스타일 맥주에 현지에서 재배한 고구마와 녹차를 이용한 독자적인 스타일, 계절 한정 생산하는 핫포슈 등 10종 넘는 상표를 생산한다. 2006년, 이 브루어리는 전환기를 맞이한다. 브랜딩 디자이너와 이인삼각을 이뤄 'Beer Beautiful'을 콘셉트로 '지역 맥주'에서 '크래프트 맥주'로 메시지를 바꿨다. 라인업도 갸라·루리·시로·싯코쿠·베니아카 등을 엄선해 세련미 넘치는 디자인 패키지로 탈바꿈했다. 여기에 외국 비어 컴피티션에 적극 출품하는 일도 게을리하지 않았고, 수상작에 오르면서 외국에서 받는 평가도 확고해졌다. 코에도가 가진 강점은 본 고장 독일 맥주 제조 방식을 꼼꼼히 연구하며 노력하는 양조 기술이다. 라인업을 만든 후에도 맛을 끊임없이 추구하며 대담한 리뉴얼도 서슴지 않는다.

새로운 맥주와 즐기는 법을 동시에 제안한

Sanktgallen (가나가와 현)

장크트갈렌
쇼난 골드

LABEL
쇼난 골드는 껍질은 레몬처럼 노란색이며 알맹이는 오렌지다. 과일 사진을 배치한 라벨은 차분한 분위기가 난다.

양조장이 자리한 가나가와 현에서 12년에 걸쳐 개발한 쇼난 골드 (오렌지를 과즙만이 아니라 껍질과 알맹이도 통째로 사용한다. 신선한 감귤류 향과 깔끔한 쓴맛이 특징인 과일 맥주다.

 아로마 ● 강렬한 오렌지 향. 감귤류 아로마가 특징인 홉을 쓰는 등 철저하게 향을 만들었다.
플레이버 ● 과즙과 과육에서 나온 싱싱한 풍미 후에 껍질의 쓴맛이 혀에 남는다.

 이름 그대로 약간 짙은 황금색이다. 에일인데도 거품이 상당히 오래간다.
외관

 라이트~미디엄 보디. 경쾌한 맛으로 꿀꺽꿀꺽 넘어가지만, 감칠맛도 확실하다.
보디

〈주요 라인업〉
• 골든 에일
• 요코하마 XPA
• 브라운 포터

DATA
쇼난 골드
스타일 프루트 에일
(상면 발효)
원료 맥아·홉·오렌지
내용량 330㎖
도수 4.8%
생산 장크트갈렌

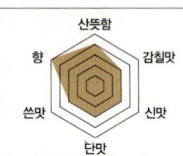

현재의 다종다양한 크래프트 맥주를 마실 수 있는 환경을 만든 주역이라 해도 과언이 아닌 장크트갈렌. 일본에서 소규모 양조를 인정하지 않던 시대부터 미국에서 맥주를 만들어 일본으로 역수입했다. 미국에서 이 모습을 일본의 지나친 규제 정책에 대한 상징으로 보고 미디어에서 다루자 일본의 정책은 도마에 올랐다. 1994년, 그 비판이 계기가 되어 일본에서도 소규모 양조가 인정받게 되었다. 일본 본국으로 돌아온 장크트갈렌은 아쓰기厚木에 공장을 짓고 발렌타인데이용 맥주 '임페리얼 초콜릿 스타우트'로 인기를 얻었다. 축배용 1되들이 병맥주, 보졸레 와인에 맞춰 만드는 보리와인 등 마실 타이밍을 명확하게 한 맥주를 제조하는 것이 특색이라면 특색이다.

과일 맥주 종류도 풍부하다. 2011년, '쇼난 골드湘南 Gold'는 월드 비어 어워드(WBA)에서 플레이버 에일 부문 아시아 베스트에 올랐다. 단맛이 나는 맥주부터 쓴맛을 추구하는 맥주까지 고루 갖춘 폭넓은 라인업도 매력적이다.

진정한 장인 정신이 빛나는
Baird Beer (시즈오카 현)

베어드 맥주
스루가 베이 임페리얼 IPA

LABEL
스루가 만(駿河灣)에서 쏘아 올리는 불꽃놀이를 모티브로 삼은 라벨이다. 혀 위에서 홉이 톡톡 튕기는 모습을 표현한 것 같다.

보통 IPA보다 홉을 많이 사용하는 두벨 IPA 스타일이다. 강한 향과 쓴맛을 지닌 개성있는 맥주, 마무리로 마시는 것이 더 좋다.

 아로마 ● 두 번에 걸친 드라이 호핑을 한 결과 강렬한 홉 향을 얻었다.
플레이버 ● 아주 강한 홉의 쓴맛을 몰트의 단맛이 지탱해주며 깊이를 느낄 수 있다.

 외관 탁한 호박색은 캐릭터에 비하면 절제된 인상을 준다. 거품은 별로 강하지 않다.

 보디 미디엄~풀 보디. 맛이 강해 만족감이 높다.

〈주요 라인업〉
- 라이징 페일 에일(Rising Pale Ale)
- 위트 킹 에일(Wheat King Ale)
- 누마쓰 라거(沼津 Lager)

DATA
스루가 베이 임페리얼 IPA
스타일 임페리얼 IPA (상면 발효)
원료 맥아·보리·당류·홉
내용량 360㎖
도수 7.8%
생산 베어드 브루잉

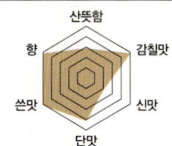

2000년, 일본의 장인 정신에 매료되어 일본에 건너온 브라이언 베어드Brian Baird가 시즈오카 현 누마쓰 시에 설립한 베어드 브루잉.
모토는 '맥주를 찬양하며Celebrating Beer'다. 맥주를 찬양하며 즐기는 것이 인생을 풍요롭게 한다는 신념을 담았다. 전통 제조법에 경의를 표하면서도 자유롭고 활달한 맥주를 제조하는 것이 매력이다. '바카야로! 에일', '부레이코 지칸(無礼講 時間, 격식 없는 자유로운 술자리 시간) 스트롱 골든 에일'(둘 다 한정 양조) 등 독특한 이름에서 자유로운 마인드를 느낄 수 있다.
그런 베어드 브루잉이 세계 이목을 끈 것은 월드 비어 컵(WBC) 2010년 무대다. 하나의 브루어리가 금상을 3개나 거머쥐는 쾌거를 올린 것이다.
세계적으로도 평가가 높은 베어드 맥주는 공장이 위치한 누마쓰 외에도 나카메구로中目黑, 하라주쿠原宿, 요코하마 바샤미치馬車道에 있는 직영점에서 마실 수 있다. 요리는 가게에 따라 스타일이 다르므로 팬이라면 모든 가게에 발걸음을 해보자.

|일본|

섬세함과 대담성을 높은 차원에서 양립시킨
Minoh Beer (오사카 부)

미노 맥주
유즈 화이트

LABEL
레귤러 상표 라벨과는 확연히 다른 원숭이 일러스트. 계절 한정판에서만 볼 수 있는 장난기가 느껴진다.

현지에서 딴 유자(유즈)와 벨지안 효모의 신기한 만남. 그 섬세한 맥주 질을 의심하는 사람이 없어 월드 비어 컵(2012)에서 금상을 받았다.

 아로마 ● 잔에 코를 가까이 대면 유자와 코리앤더의 절제된 향이 퍼진다.
플레이버 ● 유자 안에 벨지안 효모 특유의 바이젠 같은 플레이버가 느껴진다.

 탁한 골드. 아주 결이 고운 거품이 인상적이다.
외관

 라이트~미디엄 보디. 입안에서는 상당히 부드러우며, 독특한 감칠맛이 난다.
보디

〈주요 라인업〉
- 미노 맥주 스타우트
- 미노 맥주 더블 IPA
- 미노 맥주 페일 에일

DATA
미노 맥주 유즈 화이트
스타일 프루트 에일 (상면 발효)
원료 맥아·홉·유자 필·코리앤더
내용량 330㎖
도수 5.0%
생산 에이제이아이비어 (A.J.I.Beer)

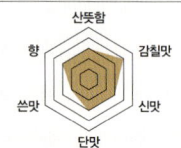

맥주 장인이라면 대체로 남성을 떠올리는데, 미노 맥주는 여성이다. 그것도 자매가 함께 만든다. 주류 판매점을 운영하던 세 자매의 부친이 오사카에서 맥주를 만들기 적합한 장소로 선택한 곳이 북쪽에 위치한 자연에 파묻힌 미노 시다.
여성 양조가다운 섬세한 손길이 개성을 만든다. 아무리 마셔도 배가 나오지 않도록 탄산을 절제한 것도 그 예다. 향과 풍미 등 섬세한 부분을 배려해 만든 점이 돋보인다. 일반적으로는 가마 하나에 끓이기와 침전 공정을 함께하는 것이 주류지만, 미노 맥주는 홉 향이 살아나도록 옛 방식을 따라 2층 가마로 만든다. '국산 복숭아 바이젠'과 현지에서 재배한 유자를 사용한 '유즈 화이트ゆず木和イト' 같은 여성스러운 맥주가 있는가 하면, 홉을 충분히 살려낸 남성적인 'W-IPA'도 있다. 오사카 시내에서 운영하는 직영점 '비어 벨리BEER BELLY'에 가면 미노에서 정성껏 만든 맥주를 아주 맛있게 먹을 수 있도록 리얼 에일로 제공한다.

매일 밤 마실 수 있는 크래프트 맥주 대표
Yo-Ho Brewing
(나가노 현)
요 호 브루잉
요나요나 에일

LABEL
여유 있게 맛을 즐기길 바라는 메시지가 느껴지는 그림책의 한 장면 같은 일러스트.

〈주요 라인업〉
- 도쿄 블랙
- 인도노 아오오니 (インドの青鬼)
- 스이요비노 네코 (水曜日の猫)

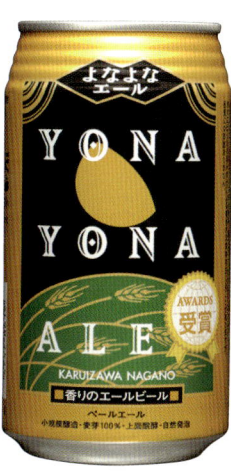

아로마 ● 그레이프프루트를 떠올리게 하는 프루티한 향. 아로마 홉은 캐스케이드 100%.
플레이버 ● 약간 강한 쓴맛이 나는 플레이버. 몰트 느낌도 나 달콤하고 쌉쌀하다.

페일 에일다운 아름다운 호박색. 거품은 아주 부드럽고 오래간다.
외관

미디엄 보디. 무겁지도 않고 가볍지도 않은 절묘한 맛이다. 자연 발포라 부드럽다.
보디

DATA
요나요나 에일
스타일
아메리칸 스타일 페일 에일
(상면 발효)
원료
맥아·홉
내용량
350㎖
도수
5.5%
생산
요 호 브루잉

일본에서 가장 유명한 페일 에일인 '요나요나 에일'. 감귤류 향을 가진 캐스케이드 홉에서 나오는 화려한 향은 드라이 호핑이라는 제조 기법으로 만든다. 주로 홉이 가진 개성을 강조해 소개하지만, 몰트가 주는 단맛도 절묘하게 양립한다. 요나요나(夜な夜な, 밤마다)라는 이름 그대로 매일 밤마다 마실 수 있는 맥주가 되었다.

지역 맥주 진가를 세상에 널리 알린 존재
銀河高原 ビール
(이와테 현)
긴가고겐 맥주
고무기노 맥주

● Japan

LABEL
긴가고겐 라벨은 파란 하늘 아래 걸어가는 순록. 로맨틱한 세계관이 느껴져 보고만 있어도 즐겁다.

〈주요 라인업〉
- 바이젠 비어
- 페일 에일

아로마 ● 효모에서 나온 바나나 같은 향이 강하다. 밀에서 나온 빵 같은 향도 난다.
플레이버 ● 바이젠만의 순한 산미가 있다. 부드러운 보리 풍미도 느껴진다.

여과하지 않은 효모 영향으로 탁한 황금색이 개성 있다.
외관

미디엄 보디. 감칠맛이 있지만, 술술 넘어간다. 첫 잔으로도 손색없다.
보디

DATA
고무기노 맥주
스타일
헤페 바이젠
(상면 발효)
원료
맥아·홉
내용량
350㎖
도수
5.0%
생산
긴가고겐 맥주

대표 상품 '고무기노 맥주(밀 맥주)'는 일본인 입맛에 맞추지 않고 일부러 본고장인 독일풍 개성을 도드라지게 살렸다.

이 맥주는 무여과로 완성한, 자연을 지향하는 본격파 바이젠이다. 지금까지 없었던 감칠맛과 단맛을 가진 맥주라 팬층을 두텁게 확보했다.

지도로 보는 일본 지역 맥주

동일본편

지역 맥주 제1호 에치고를 시작으로 여명기부터 고집스럽게 자신만의 양조를 고집해온 동일본 브루어리. 개성이 풍부하고 맛있는 맥주를 소개한다.

A 니가타
에치고 맥주
레드 에일
(에치고 맥주)

여러 맥아를 조합해 실현한 빼어난 비색(심홍색). 미국산 홉에서 나오는 프루티한 아로마와 쓴맛이 마시기 편한 미디엄 보디 에일.

C 아키타
아쿠라 맥주
사쿠라 효모 위트
(아쿠라)

아키타 현이 개발한 벚꽃의 천연 효모와 에일 효모를 섞어 만든 맥주. 은은한 향과 밀 맥아로 만든 가벼운 타입을 지닌 보디가 특징으로 섬세하게 완성했다.

B 나가노
오라호 맥주
쾰슈
(신슈 도미 시信州東御市 진흥 공사)

독일 쾰른에서 생겨난 쾰슈. 그 향은 화이트 와인과도 견줄 정도다. 오라호 쾰슈는 산뜻함이 좋은 시원한 맛으로 술술 넘어간다.

D 나가노
시가고겐 맥주
IPA
(다마무라 혼텐玉村本店)

나가노의 자랑인 실력파 브루어리의 간판 아이템 IPA. 아로마 홉이 주는 인상은 강렬하지만 몰트와 이루는 균형감이 좋아 고급스럽다.

A ● 니가타新潟
스완 레이크 맥주(p.142)

B ● 나가노長野
요 호 브루잉(p.147)

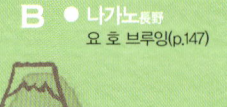

F 도치기栃木
I 이바라키茨城
● 사이타마埼玉
코에도 맥주(p.143)

도쿄

J 야마나시山梨
G ● 가나가와神奈川
장크트갈렌(p.144)

● 시즈오카静岡
베어드 맥주(p.145)

148   1. 세계 맥주를 알자

H 홋카이도北海道

● 이와테岩手
긴가고겐 맥주(p.147)

E

E 이와테
이와테쿠라 맥주
재패니즈
허브 에일 산쇼
(세키노이치 주조世嬉の一酒造)

대중적인 허브를 넣은 유럽 맥주에서 힌트를 얻어 이치노세키시 산초(산쇼) 열매를 사용해 만든 맥주다. 산초의 아로마가 부드럽게 퍼지는 계절 한정 맥주다.

H 홋카이도
노스 아일랜드 맥주
브라운 에일
(에스오시soc 브루잉)

로스트 맥아를 사용하는 영국에서 발생한 브라운 에일. 노스 아일랜드 맥주는 아메리칸 홉을 사용해 감귤류의 상큼한 향이 특징적이다.

F 도치기
로만칫쿠무라
(로맨틱 마을)
교자로만
(로만칫쿠무라 크래프트 브루어리)

우쓰노미야宇都宮 교자회와 공동 개발한 교자(군만두)와 잘 어울리는 맥주. 보디감이 느껴지는 메르첸 스타일은 맥주 본래의 감칠맛을 즐길 수 있어 평이 좋다. 2013년에 10주년을 맞이했다.

I 이바라키
히타치노 네스트 맥주
화이트 에일
(기우치 주조木内酒造)

부원료에 넛맥(육두구)과 코리앤더 등 스파이스를 사용한다. 밀에서 나온 부드러운 산미가 특징적이다. 외국에서도 인기가 높아 수출 물량도 적지 않다.

G 가나가와
쇼난 맥주
슈바르츠
(구마자와 주조熊澤酒造)

색이 짙은 맥주라 진한 맛을 상상하는 사람이 많지만, 슈바르츠는 라거라 무게감은 가볍다. 몰트가 가진 단맛과 쓴맛을 동시에 느낄 수 있어 좋다.

J 야마나시
후지자쿠라고겐 맥주
라우흐
(후지 관광개발富士観光開発)

독일 밤베르크가 특산인 라우흐는 스모키한 향이 선명하고 강하다. 후지자쿠라 라우흐는 최근 주요 국제 대회에서 금상을 받는 등 실력을 인정받았다.

오키나와沖繩

A 시마네
마쓰에 비어 헤룬
엔무스비 맥주 스타우트
(시마네 맥주)

적절한 쓴맛과 감칠맛이 장점인 맥주, 헤룬 스타우트. 유당을 사용한 아일랜드 전통 '밀크 스타우트' 제조법으로 만들어 마일드한 맛을 실현했다.

E 오키나와
이시가키지마 지역 맥주
마린 맥주
(이시가키지마 맥주石垣島地ビール)

일본 최남단에 위치한 크래프트 맥주다. 이시가키지마 맥주의 마린 맥주는 헬레스 스타일. 홉의 쓴맛은 억제하고 몰트의 풍미가 강한 라거다.

B 가가와
사누키 맥주
슈퍼 알트
(가가와 브루어리)

뒤셀도르프에서 태어난 스타일 알트. 알코올 도수는 약간 높은 6.5%로 맥아에서 나오는 캐러멜 향과 적당한 쓴맛이 어우러진다.

F 히로시마
구레 맥주
발리 와인
(구레 맥주吳ビール)

건포도같이 향이 좋은 아로마가 인상적이다. 알코올 도수 9.0%에 달한 보리(발리) 와인. 너무 차지 않게 해 천천히 마시는 한잔은 마무리로 제격이다.

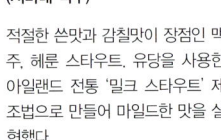
A 시마네島根
F 히로시마広島

C 후쿠오카
브루마스터
아마오우 노블 스위트
(케이스 브루잉 컴퍼니)

후쿠오카산 고급 딸기 '아마오우'를 듬뿍 넣은 과일 맥주다. 싱싱하고 고급스러운 단맛으로 여성에게 인기 만점이다. 뒷맛에 약한 쓴맛이 느껴진다.

C 후쿠오카福岡
G 미야자키宮崎

D 가고시마
사쓰마 골드
(사쓰마 주조薩摩酒造)

소주 만들 때도 사용하는 고구마 고가네센간黃金千貫을 원료로 사용한 개성 넘치는 필스너. 잔에 맥주를 따르면 고구마 소주(이모조추) 향이 난다. 입안에 머금으면 깔끔하고 시원하다.

D 가고시마鹿児島

G 미야자키
미야자키 히데지 맥주
미야자키 망고 라거
(미야자키 히데지 맥주宮崎ひでじビール)

망고 껍질에서 채취한 효모와 과육을 사용한 미야자키 현만의 한정 라거다. 프루티한 향을 최고로 느낄 수 있다. 홉에서 나온 쓴맛은 절제된 편이다.

Japan

지도로 보는
일본 지역 맥주

서일본편

서일본 브루어리는 해당 토지에서만 나는 특산물과 물 등, 풍요로운 자연이 주는 혜택을 최대한 살린 맥주를 만든다. 실제로 현지에 찾아가 마시고 싶은 맥주만을 엄선했다.

H 돗토리鳥取

● 오사카大阪
미노 맥주(p.146)
오사카

K 아이치愛知

B 가가와香川

J 미에三重

I 와카야마和歌山

H 돗토리
오야마G 맥주
필스너
(구멘자쿠라 맥주久米桜麦酒)

일본 4대 명산으로 이름을 날리는, 주코쿠中国 지방이 자랑하는 오야마의 깨끗한 복류수로 양조한다. 물이 주는 미세한 차이를 이 필스너로 직접 체감할 수 있다.

J 미에
이세카도야
페일 에일
(이세카도야 맥주伊勢角屋麦酒)

페일 에일의 본보기라고도 할 수 있는 홉에서 나오는 프루티한 향과 깊은 맛이 일품이다. 크래프트 맥주를 마셔본 적이 없는 사람에게도 권하고 싶다.

I 와카야마
나기사 맥주
아메리칸 위트
(나기사 맥주)

밀을 풍부하게 사용한 독일 바이젠보다 가볍고 마시기 편한 아메리칸 위트. 태양이 빛나는 계절에 물가(나기사渚)에서 마시고 싶은 경쾌함이 매력 만점인 상품다.

K 아이치
모리타 긴샤치 맥주
나고야 아카미소 라거
(모리타 긴샤치 맥주盛田金しゃちビール)

아이치 현 명산물 콩된장(미소)을 원료로 사용한 인기 있는 지역 맥주다. 아카미소赤味噌 캐릭터가 지배적이지 않도록 억제했으며, 맥아와 조화를 훌륭하게 이룬다.

COLUMN

인기 상승 중!
크래프트 맥주 축제

최근에는 크래프트 맥주의 인기가 높아지면서
맥주 이벤트가 늘어나는 추세다.
스타일도 풍부해지고 즐기는 법도 다양해졌다.

일본 최대 크래프트 맥주 이벤트
게야키 히로바 맥주 축제(사이타마)

매년 봄과 가을, 사이타마 신도심 게야키 히로바(느티나무 광장)는 맥주 애호가들의 낙원이 된다. 전국에서 실력파 브루어리가 총집합해 노점이 빽빽하게 들어선다. 요리도 풍부한 편이다. 익숙한 맥주 안주부터 향토 일품요리, 독일 요리나 본격 중화요리까지 골라 먹는 게 재미다. 그래서 손에 든 비어 스타일과 식사에 어우러지는 페어링 폭도 무한대다. 준비된 좌석은 한정적이지만, 게야키 히로바가 드넓어 돗자리를 가지고 가면 어디서든 마실 수 있다. 시원한 바람을 맞으며 맛있는 크래프트 맥주를 한껏 느낄 수 있는 축제다.

🖥 www.beerkeyaki.jp

만들어진 곳에서 마시는 신선한 한잔
장크트갈렌
브루어리 개방의 날(가나가와)

아쓰기 시에 자리한 장크트갈렌이 1년에 한 번 여름에 개최하는 독특한 축제다. 이름 그대로 양조장을 일반인에게 개방하는, 브루어리가 주최하는 이벤트. 바비큐 등 요리를 즐기면서 브루어리 관계자들과 편하게 교류할 수 있다.

🖥 www.sanktgallenbrewery.com
※개최 정보는 홈페이지에 공지한다.

100가지 넘는 맥주를 시음할 수 있는 곳
재팬 비어 페스티벌
(도쿄·오사카·나고야·요코하마)

다양한 맥주를 조금씩 맛보고 싶다면, 도쿄·오사카·나고야·요코하마에서 개최하는 재팬 비어 페스티벌을 추천한다. 입장자는 50㎖ 잔을 받아 100가지가 넘는 맥주를 자유롭게 시음할 수 있다.

🖥 www.beertaster.org

맥주 도감
KNOWLEDGE OF BEER

PART 2
맥주 기초 지식

맥주가 왜 맛있는지
생각해본 적 있는가?
PART 2에서는 맥주 맛에 숨은
비밀을 소개한다.

맥주 기초 지식

맥주의 역사
BEER HISTORY

고대

〈맥주 탄생〉

맥주 양조와 관련 있는 가장 오래된 기록은 무엇일까? 기원전 3000년경, 메소포타미아 수메르인이 남긴 점토판 모뉴멘트 블루Monument Blue다. 당시 맥주는 '시카루'라 불렸다. 맥아 가루로 구운 맥주 빵을 물에 녹인 뒤 야생 효모로 자연 상태에서 발효했다. 메소포타미아와 이집트라는 문명 발생지는 문자를 쓰기 전부터 맥주가 존재한 탓에 어느 쪽에서 먼저 발생했는지 확실히 알 수 없다.

〈게르만 민족 대이동과 맥주 확대〉

부족을 결속하기 위한 연회를 왕성하게 즐기던 고대 게르만인에게 맥주는 필수품이었다. 게르만인은 으깬 맥아를 냄비에 끓여 맥아즙을 만들어 자연 발효로 맥주를 만들었다. 맥주 빵을 사용하지 않았다는 데서 오늘날과 같은 양조법이라 말할 수 있다. 와인을 사랑하는 로마인이 보기에 맥주는 야만스럽고 천박한 음료였다. 4세기 후반, 게르만 민족이 대이동을 시작하면서 맥주는 유럽 전역에 퍼져 나갔다.

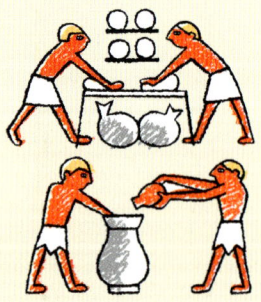

중세

〈기독교 포교 활동과 맥주〉

8세기 후반, 카롤루스 대제는 게르만 민족의 대이동으로 혼란해진 서유럽을 통일하고, 정복한 토지에 교회·수도원을 지어 기독교를 널리 퍼트렸다. 그때 정한 장원령으로 장원과 수도원에서 와인이나 맥주를 양조하면서, 맥주는 와인과 어깨를 나란히 하게 되었다. 수도원에서는 맥주를 '액체 빵'이라 불렀고, 순례자와 단식 수행자에게 소중한 영양 보급원 역할을 했다.

〈그루트에서 홉으로〉

중세 맥주는 허브를 조합한 그루트Gruit를 사용해 부패를 방지하고 향미를 만들었다. 그루트 제조법은 당연히 비밀이었다. 맥주를 제조하려면 통치자 허가를 받은 그루트권이 있어야 제조할 수 있었다. 이 이권을 지키려고 홉 사용을 금했다. 14세기로 접어들자 한자동맹으로 맥주 수출이 늘어난 함부르크 등의 도시를 중심으로 홉을 다시 사용하기 시작했다. 향미도 좋고 거품이 풍부하게 일어나며, 항균과 정화 작용이 뛰어난 홉은 점차 주류를 차지했다.

〈맥주순수령〉

1516년, 맥주 품질을 안정시키려고 바이에른 공작 빌헬름 4세가 '맥주 원료는 보리 맥아와 홉과 물만으로 만들라'는 맥주순수령을 정했다. 1556년에 효모를 추가해 맥주 품질을 향상하는 데 이바지했다. 맥주순수령은 세계에서 가장 오래된 식품 품질 보증 법률이다. 오늘날, 독일 국내에서는 원칙적으로 순수령을 고수한다.

메소포타미아에서 출발해 5000년 역사를 지닌 맥주는
유럽에서 꽃피우고 지금은 전 세계에서 마신다.
여기에서는 맥주 제조법과 원료 등을 둘러싼 맥주 진화 여정을 소개한다.

근대~현대

〈라거 맥주가 등장〉

중세에는 부패가 잘 이루어지지 않는 겨울에 맥주를 만들었다. 통상적으로 효모는 섭씨 13℃ 이하에서는 발효하지 않는다. 15세기, 바이에른에서 저온에서 발효하는 사례가 생겼다. 그래서 천연 얼음과 맥주를 동굴에서 봄까지 저장(라거)하는 방법으로 만들기 시작했다. 이때 처음으로 하면 발효 효모를 사용했다. 당시에는 효모가 아니라 저장법에 따라 발효가 이루어진다고 생각했다. 그렇다면 효모가 원인이라는 것을 언제 알았을까? 19세기 후반, 세균학자 파스퇴르가 한 발견에서다. 1842년, 하면 발효 효모를 체코 필젠에 들여온 요셉 그롤은 황금색 필스너를 탄생시켰다.

〈언제 어디서나 안심〉

19세기에는 '근대 맥주 양조 관련 3대 발명'이 일어났다. 첫 발명은 칼 린데Carl von Linde의 '암모니아 냉동기'(1873)다. 그전에는 겨울에만 양조 작업을 했다. 냉동기 발명으로 계절과 관계없이 양조할 수 있는 길이 열렸다. 다음은 파스퇴르가 발명한 '저온 살균법'이다. 1976년, 맥주에도 유효한 방법이라고 발표되면서 보존 기간과 운송 범위가 한층 넓어졌다. 마지막은 칼스버그 연구소에서 에밀 크리스티안 한센Emil Christian Hansen이 발명한 '효모 순수 배양법'(1983)이다. 순수한 효모 덕에 균일하고 질 좋은 맥주의 대량 생산이 가능해졌다. 덕분에 맥주 가격이 낮아져 대중 음료로 마실 수 있게 되었다.

〈재발견된 벨기에 맥주〉

라거가 세계 맥주 시장의 대세가 된 1977년, 영국 맥주 평론가 마이클 잭슨은 《세계 맥주 가이드The World Guide To Beer》에서 전통적이면서 개성 가득한 벨기에 맥주를 소개했다. 다양성과 변화가 풍부한 벨기에 맥주에 대한 재발견은 리얼 에일을 추진하던 영국의 캄라와 미국과 일본 쪽 크래프트 맥주에 지대한 영향을 끼쳤다.

〈성장하는 맥주 시장〉

세계 전체 맥주 제조량은 26년 연속 증가해 185백만kl에 달한다(2013). 그 가운데 절반은 버드와이저를 거느린 앤호이저-부시 인베브, 사브밀러, 하이네켄, 칼스버그 등 상위 네 회사가 점령했다. 이 회사들이 주력하는 제품은, 맛이 튀지 않고 뒷맛이 가벼운 라이트한 필스너 스타일이다. 물론 세계 제1위 맥주 생산국은 중국이다. 브라질과 베트남 등 신흥국은 맥주 생산량이 차츰 느는 추세다.

맥주의 역사
BEER HISTORY

> 일본 맥주 초창기

〈일본인과 맥주의 첫 만남〉

문헌상에 맥주가 처음 등장한 것은 1724년, 에도 막부 8대 쇼군 도쿠가와 요시무네 시대다. 당시 네덜란드 통사였던 이마무라 이치베와 나무라 고헤이가 간행한 《네덜란드 문답》에 '보리술을 마셔보니 특별히 나쁜 것은 아닌 것 같지만, 아무런 맛도 나지 않았다. 이름은 히이루다'라는 기술이 나온다. 처음 맥주를 양조한 사람은 막부 시대 말기 난학자蘭学者 가와모토 고민川本幸民이라 한다. 고민이 출간한 《화학 신서》는 독일 농예화학서 《화학 학교》 네덜란드어판을 일본어로 번역한 것이다. 하면 발효와 상면 발효, 각 양조법과 공정을 상세히 적어놓았다. 고민은 그 책을 바탕으로 실험을 직접 해보고 제작하면서 발효 방식을 깊이 이해하고 맥주를 양조하는데 적용한 듯하다.

〈맥주를 상업적으로 생산〉

일본의 첫 양조장은 재팬 브루어리다. 1869년, 재팬 브루어리는 요코하마에 개업했지만, 곧 폐업했다고 전해진다. 1870년, 미국인 윌리엄 코프랜드가 요코하마 야마테 123번지에서 스프링 밸리 브루어리를 창립했다. 도쿄와 요코하마에 거주하는 외국인과 맥주 맛을 아는 일본인을 대상으로 판매에 돌입했다. 상업적으로 성공을 거둔 첫 브루어리다. 품질에 주력한 것이 호평을 받아 나가사키·상하이·사이공으로 판로를 확대했지만, 도산(1884)했다. 철거한 부지에 토머스 블레이크 글러버가 전력투구해 재팬 브루어리 컴퍼니를 설립했고, '기린 맥주'를 발매(1885)했다. 당시 일본인 주주는 미쓰비시三菱 재벌의 이와사키 야노스케岩崎彌之助뿐이었다.

1876년, 삿포로에 개척사 맥주 양조장을 창설했다. 독일에서 양조 기술을 배운 나카가와 세이베中川清兵衛를 고용해 생산을 개시했다. 1877년에 하면 발효 맥주인 '삿포로 맥주'를 출하하기 시작했다. 1890년, 도쿄에서는 '에비스 맥주'를 발매 했다. 두 달 후 개최한 제3회 내국권업 박람회에서 일본 83개 상품 가운데 '가장 양호'하다는 평가를 받았다. 1892년, 오사카에서는 바이엔슈테판 중앙농업학교(현 뮌헨 공과대학)에서 양조학을 배운 이쿠타 히데生田秀를 기술장으로 선임해 '아사히 맥주'를 발매 했다.

일본 기업 발흥기라 불리는 1980년대 후반부터는 전국 각지에 소규모 맥주 양조장이 탄생했다. 그중 대부분 양조장에서는 상온에서 발효하는 에일 타입 맥주를 제조했다. 맥주 시장 규모가 작았던 당시는 수요도 늘지 않은 채, 불과 몇 년도 유지하지 못하고 문을 닫았다. 한편, 앞서 설명한 4개 회사는 독일 타입의 상쾌한 맛을 담은 하면 발효 맥주를 제조했고, 그 풍미가 일본인에게 받아들여져 시장 규모는 서서히 확대되어갔다.

일본 맥주의 역사는 메이지 시대에 시작되어 어느덧 150여 년이 흘렀다. 세계 맥주 역사로 보면 무척 짧은 역사지만 맥주는 현재 일본 전역에서 널리 마시는 술이다. 그 역사적 배경을 소개한다.

발전기

〈일본 맥주 업계에서 벌어진 과열 경쟁〉

지금도 유명한 기린(재팬 브루어리 컴퍼니), 삿포로(삿포로 맥주), 에비스(닛폰 맥주), 아사히(오사카 맥주)로 대표되는 4대 브랜드가 두각을 드러낼 때, 경영이 어려워진 중소기업은 계속 폐업했다. 100곳이 넘었던 양조 회사도 맥주세 실행(1901)을 기점으로 20여 곳으로 급감했다.

1903년, 삿포로 맥주가 도쿄로 진출(공장 건설)하자 맥주 업계의 경쟁에 불이 붙었다. 상황이 어려워진 닛폰 맥주 측 마고시 교헤이(馬越恭平)가 닛폰 맥주, 삿포로 맥주, 오사카 맥주 3사를 불러들여 합병(1906)했다. 국내 시장 점유율 70%라는 일본 최대 맥주 회사, 다이닛폰 맥주 주식회사를 설립한 것이다. 기존 브랜드 세 가지를 남기고 판매를 지속한 결과 동일본은 삿포로, 관동 지역은 에비스, 서일본은 아사히라는 지역 브랜드가 성립되었다.

〈가정에서도 마시는 맥주〉

제2차 세계대전 중이던 1940년, 식량 확보를 위해 술 빚는 데 사용하는 쌀 사용량을 줄여야 했다. 청주는 40%, 맥주는 부원료에서 쌀을 줄여 15% 감량 생산했다. 6월에는 맥주 배급제를 시행했다. 전쟁 전에는 도시를 중심으로 맥주를 판매했는데, 배급 제도로 일본 전역에서 맥주를 마실 수 있게 되었다. 이 일로 전쟁 후에는 맥주 소비자층이 한층 넓어졌다. 더불어 고도 경제 성장을 겪으면서 냉장고가 일반 가정에 보급되었다. 집에서 냉장고만 열면 차가운 맥주를 마실 수 있자 제조량은 비약적으로 증가했다.

현대

〈열처리 맥주 VS 생맥주〉

전후 맥주 업계는 기린 맥주와 다이닛폰 맥주에서 분할된 닛폰 맥주, 아사히 맥주 3사에 오리온 맥주가 가세(1959)하고, 산토리가 참여(1963)하면서 오늘날에 이르렀다.

열처리한 '기린 라거'로 국내 시장 점유율 60%를 넘긴 기린 맥주. 이에 맞서 산토리는 '산토리 준나마(純生)'(1967), 아사히 맥주는 '아사히 혼나마(本生)'(1968), 삿포로 맥주(닛폰 맥주에서 개명)는 '삿포로 빈나마(瓶生)'(1977)라는 생맥주로 대항해 소비자를 공략했다. 그 후 각 회사는 소형 맥주통같이 신용기를 만들거나 내용물을 다양화한 상품 등을 개발하는 데 박차를 가했다. 그중에서도 아사히가 내놓은 '슈퍼 드라이'(1987)가 인기를 얻어 생맥주 비율은 약 50%까지 늘었다. 1994년, 주류 제조 면허가 완화되자 마이크로 브루어리가 다수 탄생하면서 '지역 맥주 붐'이 일었다.

〈핫포슈와 제3의 맥주 등장〉

1990년대 초, 일본은 버블 경제가 붕괴 되기 시작했다. 1994년, 주세가 올랐을 때 대형 슈퍼마켓이 맥주값을 내리겠다고 발표하면서 가격 경쟁에 불이 붙었다. 그해 산토리가 저세율로 저가를 실현한 핫포슈 '홉스'를 발매 했다. 핫포슈 시장을 형성하는 기점이 된 것이다. 그러나 핫포슈는 10년 동안 2번이나 세금이 올랐다. 2003년, 삿포로 맥주가 완두콩 단백(엔도 단백)을 사용한 신장르 '드래프트 원'을 발매 했다. 저세율과 저가로 시장을 공략하자 인기를 끌었고, 모든 회사가 참여했다. 제3의 맥주 시장이 탄생한 것이다.

맥주 기초 지식

맥주의 원료
BEER MATERIAL

한국과 일본의 주세법은 맥아, 홉, 물 또는
그 외 법령으로 정한 재료가 맥주의 원료라고 명명한다.
각 원료에 대해 자세히 살펴보자.

맥주 맛과 향을 결정하는 맥아

맥아(몰트)란, 맥곡(麥穀, 보리·밀·호밀·귀리 등 여름에 거두는 곡류 총칭 – 옮긴이)을 발아시킨 것이다. 맥곡에서 맥아를 만드는 목적은 맥곡에 함유된 전분과 단백질을 당과 아미노산으로 분해하기 위한 효소를 만드는 것이다.

당을 효모가 먹어 분해하면 알코올과 이산화탄소(탄산가스)가 된다. 아미노산은 효모가 살기 위한 필수 영양소다. 효모는 전분과 단백질을 그대로 먹지 못해 맥주를 만들 때는 맥곡을 맥아로 만들어 생기는 효소가 필수 조건이다.

맥아는 맥주 맛과 향에도 지대한 영향을 끼친다. 맥아 중에는 맥주 색 변화 폭을 넓혀줄 목적으로 사용하는 '색 맥아'라 부르는 것도 있다. 색 맥아로 갈색이나 검은색 맥주 등 다양한 맥주를 만들 수 있다.

맥아 종류

맥주에 주로 사용하는 기본 맥아부터
다채로운 색을 만드는 데 쓰는 색 맥아까지 대표 맥아를 소개한다.

페일 몰트
기본 맥아로 '담색 맥아'라고도 한다. 시간을 들여 저온에서 건조한 것이다. 거의 모든 맥주에 사용한다.

위트 몰트
밀 맥아로 단백질 성분이 많아 맥주를 백탁으로 만드는 작용을 한다. 맥주 거품을 유지하는 데 한몫한다.

비엔나 몰트
색 맥아로 페일 몰트보다 약간 고온에서 건조한다. 붉은색이 가미된 색깔과 견과 같은 고소한 특징을 만든다.

캐러멜 몰트
색 맥아로 맥아에 물을 먹인 다음 건조한다. 캐러멜 향이 강한 단맛이 나는 맥주를 제조할 때 사용한다.

초콜릿 몰트
색 맥아로 이름 그대로 초콜릿 같은 색. 비엔나 몰트처럼 고소한 견과 풍미를 만든다.

블랙 몰트
색 맥아로 고온에서 구운 맥아다. 스모크 향이 생기는 것도 있다. 스타우트 같은 흑맥주에 사용한다.

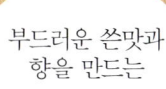

부드러운 쓴맛과 향을 만드는 홉

홉은 덩굴성 식물로 암꽃과 수꽃이 각각 다른 나무에 피는 암수 딴그루다. 수확 시기에는 약 7미터까지 성장한다. 홉은 맥주 특유의 쓴맛과 상쾌한 향을 만들어주는 역할을 한다. 맥주 양조에는 주로 미수정 암꽃이 피는 포기를 사용한다. 이를 '구과(毬果, strobilus)'라 부른다. 맥주다운 특유의 쓴맛과 향을 만드는 성분은 이 구과 속 '루풀린lupulin'이라 불리는 기관 속에 있다.

홉에는 맥주를 살균하고 맥주 거품을 형성·유지하는 성분이 들어 있다. 더욱이 홉이 함유한 폴리페놀이라는 성분은 단백질과 결합해 침전한 뒤 맥주를 맑고 깨끗하게 정화하는 작용도 한다.

홉 타입과 특징

홉은 양조 평가에 근거해 크게 3타입으로 나눈다. 어디에도 속하지 않는 품종은 '그 외'로 분류한다.

타입	특징(향미)	주요 종류	주요 스타일
파인 아로마 홉	아로마 홉과 비터 홉에 비해 상쾌한 향	사츠(체코) 테트낭Tettnang(독일)	필스너, 슈바르츠 등
아로마 홉	파인 아로마에 비해 강한 향	할레타우 트라디션Hallertau Tradition 페르레(독일) 캐스케이드(미국)	저먼 필스너, 보크, 바이젠 등
비터 홉	파인 아로마와 아로마에 비해 강한 쓴맛	매그넘Magnum 헤라클레스Herakles(독일) 너깃Nugget 콜럼버스Columbus(미국)	에일 계열, 스타우트 등
그 외	위 타입에 분류되지 않은 홉	신슈조생信州早生(일본) 넬슨 쇼빈Nelson Sauvin(뉴질랜드) 시트라Citra(미국)	페일 에일, 도르트문더 등

※홉은 제조 공정 중에 여러 종류를 사용하므로 반드시 '스타일=특정 홉 100%'인 것은 아니다.

맥주 기초 지식

맥주의 원료
BEER MATERIAL

수질 차이로 맥주 특징이 달라진다

물

맥주 원료는 90% 이상이 물이다. 맥주 제조에는 칼슘과 마그네슘같이 미네랄 성분이 과할 정도로 풍부한 물이 적당하다. 물에 함유된 칼슘과 마그네슘 총 농도를 표시한 것을 물의 경도라 한다. 총 농도가 높은 것을 경수(센물), 낮은 것을 연수(단물)라 한다. 일반적으로 짙은 색 맥주에는 경수, 옅은 색 맥주에는 연수가 적합하다.

토지가 바뀌면 수질도 바뀐다. 수질 차이는 맥주에 개성을 불어넣기도 한다. 페일 에일은 버턴온트렌트에서 나는 경수로 만들어 플레이버가 아주 풍부하며, 필스너도 필젠에서 나는 연수로 만들어야만 깔끔하고 시원한 맛이 태어난다.

경수

주요 스타일
- 페일 에일
- 다크 라거

칼슘과 마그네슘 등 미네랄 성분이 풍부한 물이다. 경수를 사용하면 맥주 색이 짙고 깊은 맛이 난다. 뮌헨 지방은 경수라 뮌헤너 등 감칠맛이 도는 짙은 색 맥주를 만들 수 있다.

연수

주요 스타일
- 필스너
- 라이트 라거

칼슘과 마그네슘 등 미네랄 성분이 적은 물이다. 연수를 사용하면 맥주 색이 옅고 깔끔한 맛이 난다. 한국과 일본에서 나는 물은 거의 연수라 대부분 맥주 제조사에서 만드는 필스너에 적합하다.

미네랄 성분 균형과 맥주에 끼치는 영향

독일 경도(°dH)	수질	유명한 맥주 산지
0~4	강한 연수	필젠
4~8	연수	일본
12~18	약한 경수	뮌헨
30 이상	강한 경수	빈

※맥주 양조는 독일 경도(단위:°dH)를 사용한다. 1°dH는 물 100㎖ 중에 산화칼슘이 1mg 함유되었음을 나타내는 수치다.

부원료

맥주에 대한 조금 더 깊은 연구

효모

에일과 라거를 나누는

부원료는 주로 맥주 맛을 조정하는 데 쓴다. 부원료로 맥아 사용량을 줄이면 깔끔한 맛을 낼 수 있다. 부원료 종류와 비율에 따라 특색 있는 맥주 맛을 표현할 수 있다.

맥주 양조에 사용하는 효모(이스트)는 직경 5~10 미크론 미생물이다. 크게 상면 발효 효모와 하면 발효 효모로 나눌 수 있다.

효모는 당을 분해해 알코올과 이산화탄소(탄산가스)를 생성한다. 이 성분은 발포성 술인 맥주를 만드는 데 중요한 역할을 담당한다. 사용하는 효모에 따라 맥주 향과 맛은 달라진다. 맥주 제조사마다 수백에서 수천에 달하는 효모를 저장하고 그중에서 맥주 스타일에 최적인 효모를 선택하는 이유다.

맥주에 사용할 수 있는 부원료

- 맥곡(보리 외 밀·호밀 등)
- 쌀
- 옥수수
- 전분(감자 전분과 옥수수 전분 등)
- 당류(콘 시럽 등)
- 착색제(캐러멜)
- 고미료苦味料(이소-α-고미산, 카페인[추출물], 홉 추출물 등)

※국가별로 허용된 자세한 부원료는 각 나라의 주세법을 참고한다.

상면(에일) 발효 효모

발효 온도는 15~25℃. 발효 기간은 3~5일로 짧다. 부산물이 많고 바나나와 비슷한 프루티한 향이 나며, 에스테르가 풍부하다. 깊이 있는 풍미도 생긴다. 발효 중에 표면에 효모가 부글부글 떠오르면서 층을 만든다.

하면(라거) 발효 효모

발효 온도는 10℃. 발효 기간은 6~10일로 길다. 목 넘김이 깨끗하다. 발효 탱크 바닥에 효모가 가라앉는 성질이 있다. 상면 발효 효모는 기원전 6000년에 발견되었지만, 하면 발효 효모를 발견한 시기는 15세기로 얼마 되지 않았다.

맥주 제조 공정
BEER MANUFACTURING PROCESS

고형 맥곡에서 맥주를 만들려면
수많은 제조 공정을 거쳐야 한다.
맥주 제조에 필요한 공정은 어떤 순서를 거치는지 알아보자.

맥주 제조 주요 공정

맥주를 제조하는 일은 맥곡을 콩나물처럼 싹을 내는 '맥아' 만들기부터 용기에 넣는 포장까지 크게 6가지 공정으로 이루어진다.

1 제맥 공정

맥곡(이하 보리)을 발아시켜 맥주를 만드는 주요 원료로 쓰이는 맥아를 만드는 공정이다. 제맥製麥 공정은 보리가 발아하고 생육에 필요한 수분을 제공하는 침맥 공정, 보리를 콩나물 모양처럼 싹이 난 상태로 만드는 발아 공정, 건조해 보리 성장을 멈추게 하고 맥아의 보존성을 올리는 열풍 건조 공정으로 나눌 수 있다.

2 담금 공정

원료에서 효모를 발효시키려고 당과 아미노산이 풍부한 맥아즙을 만드는 과정이다. 맨 먼저 가루로 빻은 맥아, 부원료, 더운물을 섞어 죽 상태로 만든다. 이 상태를 '마이슈Maische'라 부른다. 마이슈에서 맥아의 효소 작용으로 전분과 단백질을 당과 아미노산으로 분해할 수 있다. 전분을 당으로 분해하는 효소는 '아밀라아제'며, 단백질을 아미노산으로 분해하는 효소는 '프로테아제'다. 그 후 여과 과정을 거쳐 마이슈에서 고형분을 제거한다. 이 수프를 '맥아즙'이라 부른다. 맥아즙에 홉을 넣고 끓이면 맥주 특유의 쓴맛과 향이 살아난다. 마지막으로 효모가 활동하기 좋은 온도까지 냉각한다.

3 발효 공정(주발효)

맥아즙이 발효해 맥주로 변하는 공정이다. 맥아즙에 함유된 당이 효모에 의해 발효해 알코올과 이산화탄소(탄산가스)가 만들어진다. 이때 아미노산은 효모가 생명 활동을 하는 데 필요한 영양원으로 이용된다.

4 숙성(후 발효 / 2차 발효)

발효가 끝난 맥주는 '미숙성 맥주Young Beer'라 부른다. 이 미숙성 맥주를 성숙하게 하는 것이 숙성 공정이다. 숙성하는 동안 미숙성 맥주가 띈 불쾌한 향은 사라진다. 저온에서 숙성시켜 맛도 한결 부드러워진다.

5 여과 또는 열처리

숙성한 후에 맥주 품질이 변화하는 것을 방지하기 위해 여과로 효모를 제거하거나 열처리로 효모가 활동하는 것을 멈추게 한다.

6 포장

일반적으로 맥주는 병·캔·통 등의 용기에 담아 출하한다.

제맥 공정

침맥으로 발아를 촉진하고 보리에서 맥아로

생육에 필요한 수분을 제공하는 것을 '침맥'이라 부른다. 보리는 침맥 과정을 겪으면서 쉼 없이 호흡하므로 공기를 불어넣고 물을 제때 갈아줘 산소를 제공한다. 침맥은 통상적으로 수온 약 15℃에서 이틀 정도 급수한다.

15℃ 전후로 유지한 발아실로 보리를 이동해 발아를 촉진한다. 발아하면서 전분과 단백질을 분해하는 효소가 생성된다. 그 후 발아한 보리의 성장을 멈추고 보존성을 높이기 위해 맥아를 건조한다. 이 공정을 열풍 건조라 부른다.

맥주 색을 조정하는 색 맥아 만들기

열풍 건조

몰트를 열풍으로 건조하는 공정을 이른다. 저온(85~100℃)에서는 옅은 색 맥아, 고온(160~220℃)에서는 짙은 색 맥아가 만들어진다. 열을 급격히 가하면 맥아 효소가 손상되니 낮은 온도부터 서서히 올려야 한다.

배전

짙은 색 맥주에 사용하는 캐러멜 맥아, 초콜릿 맥아, 흑 맥아 등은 로스터로 배전(焙煎, 로스트)해 만든다. 배전 공정을 거쳐 만든 색 맥아를 잘 사용하면 갈색과 흑색 등 다양한 색을 띤 맥주를 양조할 수 있다.

담금 공정

당류와 아미노산이 풍부한 맥아즙 만들기

1. 맥아 분쇄

맥아는 롤러식 분쇄기에 넣어 가루로 빻는다. 곱게 분쇄하면 전분이 당으로 분해하는 작용을 효율적으로 진행할 수 있다. 이 과정에서 너무 곱게 빻으면 여과할 때 망이 막힐 수도 있다. 더불어 맥아 껍질(곡피)에 함유된 타닌 성분이 상당량 용출되어 떫은맛과 씁쓸한 맛이 생긴다. 맥아를 잘 분쇄하려면 곡피는 굵게, 곡물 알갱이 내용물은 곱게 빻는 것이 요령이다.

2. 당화

분쇄한 맥아는 더운물과 섞으면 죽 상태인 '마이슈'가 된다. 마이슈에서는 맥아의 효소 활동으로 전분은 효모가 먹을 수 있는 크기의 당으로 분해되고, 단백질은 효모의 영양원이 되는 아미노산으로 분해한다. 이 공정을 '당화'라 부른다. 효소는 제각각 활동하기 적당한 온도가 있어서, 마이슈 온도를 단계적으로 변화시켜야 한다. 이 공정은 온도를 올리는 방법에 따라 크게 두 가지로 나눈다. 〈담금 방법〉(p.164)을 참조하기 바란다.

맥주 제조 공정
BEER MANUFACTURING PROCESS

3. 맥아즙 여과
마이슈 속 고형분(곡피 부분 등)을 여과해 제거하고 맥아즙을 얻는다. 이때 고형분 자체가 필터가 된다.

4. 끓이기
맥아에 홉을 첨가해 맥주 특유의 쓴맛과 향을 만들어준다. 끓이면 맥아즙이 살균되면서 불쾌한 향이 휘발한다. 홉은 쓴맛을 거의 띠지 않는 α-산이라는 성분을 함유한다. 그래서 끓이면 이소 알파산이라는 쓴맛 성분으로 변한다. 홉 품종, 투입하는 홉 양, 투입 타이밍에 따라 홉 향과 쓴맛이 변화한다.

5. 맥아즙 냉각
다 끓이고 난 맥아즙은 홉에서 나오는 고형물과 단백질 등 응집물을 제거하고 효모가 활동하기 좋은 온도까지 냉각한다.

〈담금 방법〉

침출법

침출법은 마이슈를 끓이지 않고 전체 온도를 단계적으로 변화시키는 방법이다.

자비법

자비법은 마이슈 일부만 끓인 다음, 끓인 마이슈를 다시 넣어 마이슈 전체 온도를 올리는 방법이다.

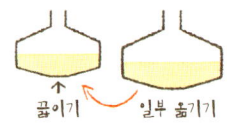

마이슈 일부를 담금 가마에 넣고 끓인다.

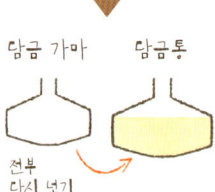

담금통에 다시 넣어 전체 마이슈 온도를 높인다.

③ 발효 공정(주발효)

알코올과 탄산가스 만들기

맥아즙에 함유된 당을 효모가 먹고 알코올과 탄산가스를 만들어내는 것이 '발효' 공정이다. 맥아즙에 효모가 증식하는 데 필요한 산소를 넣고 효모를 첨가한다.

맥주 알코올 도수는 맥아즙에 포함된 당 농도에 따라 결정된다. 당 농도가 높을수록 효모 분해로 얻을 수 있는 알코올 농도도 높아진다. 일반적으로 알코올 도수와 당도가 높을수록 진한 맛이며, 낮을수록 시원한 맛이다. 당과 알코올 농도가 높은 환경에서는 효모가 생육과 발효를 멈출 때도 있다. 적당한 효모를 선택해 발효 방법을 조절해야 한다.

맥주 스타일과 알코올 도수

스타일	도수	스타일	도수
라이트 라거	3.5~4.4%	보크	6.0~7.5%
필스너	4.0~5.0%	스카치 에일	6.2~8.0%
잉글리시 페일 에일	4.5~5.5%	발리 와인	7.5~12%

숙성(후 발효 / 2차 발효)

맥주마다 특정 풍미가 생긴다

발효를 막 끝낸 맥주는 맛이 거칠고 향은 미숙성한 상태라 '미숙성 맥주'라 부른다. 이 맥주를 저온에서 숙성하면 좋지 않은 향이 나는 물질은 다른 물질로 바뀌어 느껴지지 않는다. 효모에서 나온 프루티한 향으로 대표되는 에스테르 계열 등의 향 성분도 생겨난다. 숙성 기간에도 남은 당분 등이 발효되면서 탄산가스가 만들어진다. 이 탄산가스는 맥주 속에 남아 있는 불쾌한 향을 휘발시키거나 맥주에 녹아 상쾌한 목 넘김이나 특유의 거품을 만들어낸다.

〈숙성 기간〉

숙성 기간은 종류와 발효에 따라 다양하다. 적정 숙성 기간이 넘어가면 좋지 않은 냄새를 풍겨 맥주 거품을 유지하는 데도 영향을 끼친다.

상면 발효
하면 발효 맥주보다 숙성 기간이 짧거나 거의 안 한다.

하면 발효
약 1개월. 좀 더 짧은 기간 안에 숙성시킬 수도 있다.

여과 또는 열처리

맥주 품질을 유지하기 위한 여과와 열처리

숙성을 끝낸 맥주는 품질이 변하는 것을 방지하기 위해 여과로 효모를 제거하거나 열처리로 효모 활동을 멈추게 한다. 여과할 때는 작은 구멍이 촘촘하게 뚫린 규조토나 1미크론 이하 정도 구멍이 되는 합성수지 필터 등을 사용한다.

'생맥주'란?

'생맥주'는 '열처리를 하지 않은 맥주(비열처리)'를 말한다. 가게에서 제공하는 통에 담긴 맥주만 생맥주라 생각하지 쉽지만, 열처리하지 않은 맥주라면 담긴 용기와 상관없이 '생맥주'다.

포장

병·캔·통에 담아 제품으로

일단 병을 세척한다. 그다음 병 안에 들어 있는 공기를 탄산가스로 밀어내고 가압 상태로 만들어 맥주를 충진한다. 캔은 캔을 제조하는 회사로부터 받아 세척한 후에 바로 충진한다. 통(케그keg, 스테인리스 통)은 회수한 통이 새는 곳은 없는지 꼼꼼하게 검사하고 세척 후에 충진한다. 3가지 방법 모두 맥주와 산소가 접촉하는 것을 최소화해서 산화로 맥주 품질이 저하하는 것을 방지한다.

맥주 기초 지식

맥주 맛에 숨은 비밀
BEER DELICIOUS POINT

맥주 맛을 연출하는 4가지 포인트!
색·맛·향·거품이
어떻게 맥주를 맛있게 만드는지 그 비밀을 알아보자.

Color

색

색은 맥아에서 생긴다

맥주 색을 만드는 데는 맥아(몰트) 종류가 영향을 끼친다. 특히 짙은 색 맥주는 색 맥아를 사용해 특유의 색을 만든다. 제조 공정 중 하나인 '끓이기'에서 이루어지는 화학 반응도 영향을 미친다. 맥아즙을 끓일 때 맥아즙 속 아미노산과 당류 사이에 생기는 화학 반응에 따라 생기는 화합물이 맥주 색을 바꾼다.

색으로 스타일을 판단한다

맥주는 금색·흰색·갈색·검은색 등 색이 다양하다. 이는 스타일과 밀접한 관련이 있다. 금색 맥주는 필스너 스타일, 적동색은 비엔나, 갈색을 띤 검은색이라면 슈바르츠, 검은색이라면 포터나 스타우트 등 색으로 스타일을 나눌 수 있다.

색으로 품질을 알 수 있다

맥주가 탄화 반응을 일으키면서 변질되면 붉은색으로 바뀐다. 맥주가 가진 정화 능력도 잃어버려 색이 흐려지면서 맥주 고유의 맛과 신선한 향도 사라지고 만다. 담금 공정 중에 남는 폴리페놀이 맥아즙 속에 용출하는 경우도 붉은색으로 바뀐다. 이런 맥주는 향과 맛이 조화를 이루지 못한 조잡한 맥주다. 색은 품질을 파악하는 중요한 사인이다.

맥주 맛을 결정하는 요인

맥주 맛은 맛과 향의 상승효과로 만들어진다. 맥주는 특유의 쓴맛 외에도 산미나 단맛도 난다. 산미는 발효할 때 생기는 유기산에서, 단맛은 효모에 녹아들지 못하고 남은 다당류 등에서 형성된다. 미각 외 향이 함유한 성분도 맥주 맛에 영향을 끼친다.

Taste
맛

맥주 쓴맛을 만드는 홉

일반적으로는 홉이 가진 쓴맛 성분인 이소 알파산에 함유한 향이 쓴맛의 강약을 결정한다. 맥주에서 느낄 수 있는 쓴맛은 언제까지나 향이 남는 쓴맛이 아니라 바로 사라지는 쓴맛이 좋다고 한다. 파인 아로마 홉이나 아로마 홉 등을 사용하면 질 좋은 쓴맛을 만들 수 있다.

품질 평가를 결정하는 것

맥주 품질 평가 중에는 '관능검사'라고 부르는 인간의 오감을 사용한 검사 방법이 있다. 품질 관리에는 '분석형 관능검사'를 실시한다. ①색, 광택, 거품 생성, 거품 유지 ②향 ③맛 ④뒷맛 ⑤농후한 정도 ⑥쓴맛의 강도, 질 같은 몇 항목을 개별 평가한 다음 전체적으로 조화를 이루는지 종합 평가한다.

맥주 기초 지식

맥주 향이란?

맥주 향을 표현하는 단어는 두 가지다. 하나는 코에서 느끼는 '아로마'다. 마개를 땄을 때나 잔에 부었을 때 퍼지는 향을 말한다. 또 다른 하나는 맥주를 입에 머금었을 때 입에서 코로 빠져나가는 향 '플레이버'다. 맛과 함께 '향미'라는 이름으로 표현할 정도로 향을 중시한다.

향 성분은 200개 이상

맥주 향은 홉같이 원료에서 나오는 향, 에스테르 등 발효로 생기는 향, 시간이 흐르면서 성분이 변화해 생기는 향 등이 있다. 맥주 향을 책임지는 성분은 확인 가능한 화합물만 세어도 200개 이상이다. 맥주 향은 다양한 성분이 조화를 이루는 것이 중요하지 특정 성분이 유독 많아지는 것은 바람직하지 않다.

다양한 맥주 향 표현

맥주 향은 구체적인 식물과 식품을 예로 들어 표현하는 것이 일반적이다. 바이젠 향기는 '클로브와 넛맥과 비슷한 페놀 향과 바나나 같은 프루티한 에스테르 향'이라 표현한다. 그 외에도 '커피 같은 고소한 향'이나 '장미꽃 같은 화려한 향' 등 맥주 개성에 따라 다양한 표현을 쓴다.

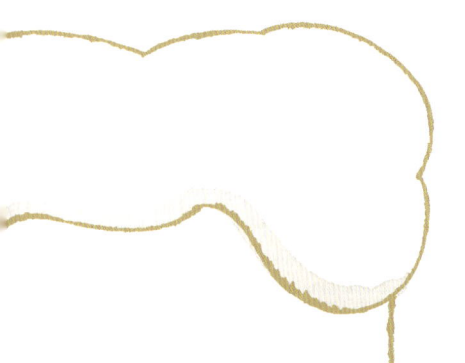

거품 성분과 강약

맥주는 거품 유지가 중요하다. 거품 속에는 탄산가스가 들어 있다. 주변 막을 강화하는 것은 단백질과 이소 알파산이다. 단백질은 맥아에서 나오고 이소 알파산은 홉에서 나오는 성분이다. 해서 이 두 원료를 충분히 사용한 올 몰트 맥주가 일반적으로 거품이 풍성하다.

Head

거품

거품이 하는 역할

거품은 맥주가 지닌 탄산가스와 향이 공기와 접촉하면서 산화하는 것을 막는 뚜껑 같은 역할을 한다. 거품 질이 좋은 맥주를 잔의 같은 위치에 입을 대고 마시면 잔 반대편에 같은 간격으로 거품 수평선이 생긴다. 이 현상을 베르장 레이스, 레이싱(Lacing, 엔젤링)이라 부른다. 맛있게 마시는 법을 나타내는 표식이다.

거품의 비결은 밭에서부터

전 세계에서 맥주 거품에 대한 연구를 진행하던 중 거품 질을 높이는 맥아에서 나오는 단백질에 관한 시험을 하게 되었다. 그 결과 거품 안정에 관련된 몇 가지 단백질이 발견되었다. 이 연구 결과는 거품 유지가 잘되는 보리의 품종 개량 등에도 활용하고 있다.

맥주 마시는 법과 온도
BEER HOW TO & HEAT

냉장고에서 바로 꺼내 차가운 맥주를 단숨에 쭉 들이켜는 것도 맛있지만,
그 외에도 맥주를 즐기는 법은 다양하다.
맛있는 맥주를 손에 넣었다면 꼭 시험해보길 바란다.

맥주는 오감으로 마신다

맥주의 진짜 맛을 즐기는 요령은 맥주 세계에 빠지는 것이다. 바로 눈앞에 놓인 한잔에 오감을 오롯이 집중해보자.

처음에는 '청각'. 병뚜껑이나 캔 꼭지를 열었을 때, '쉭' 하고 탄산이 빠지는 소리, 거품이 튀는 소리를 귀로 즐긴다. 잔에 따를 때는 거품이 풍부하게 일어나도록 신경 쓴다. 그러면 탄산가스가 적절하게 빠지면서 맥주 본연의 향미가 살아난다.

잔에 따랐다면 맥주 맛을 '시각'으로도 즐긴다. 필스너의 밝고 투명한 황금색, 칠흑 같은 스타우트의 대조. 스타일 차이는 물론이고 거품 상태와 맥주 색은 같은 스타일 맥주라도 따르는 용기와 따르는 법에 따라 다양하게 변한다.

잔을 들어 올리면서 '후각'으로 아로마를 느낀다. 이번에는 '미각'도 더해진 플레이버(향미)를 느낄 차례다. 홉 향과 맥아 향, 과일 향 등이 나타난다.

입안에서 느껴지는 거품 촉감이나 탄산이 주는 미세한 자극, 보디가 주는 무게감은 '촉각'으로 느낀다. 맥주 촉감을 목에서 생생하게 느끼려면 등을 곧게 펴고 마실 것을 추천한다. 그러면 목 넘김도 더욱 잘 느낄 수 있다.

맥주를 맛보는 포인트

- 소리를 듣는다 — 청각
- 색과 거품을 본다 — 시각
- 아로마를 느낀다 — 후각
- 단맛과 쓴맛 등 맛을 본다 — 미각
- 온도·탄산감·보디를 즐긴다 — 촉각

스타일에 맞는 온도가 있다

요리를 맛있게 먹으려면 '따뜻한 것은 따뜻할 때, 찬 것은 차가울 때' 먹어야 한다. 맥주도 맛있게 마실 수 있는 온도가 있다. 한마디로 에일은 상온에서, 라거는 낮은 온도가 맛있다.

향이 장점인 에일은 아주 차면 고유의 향을 잃는다. 향은 휘발성 물질이라 온도가 높은 편이 더 잘 느낄 수 있다. 상면 발효하는 스타우트·포터·알트·쾰슈·바이젠은 상온에서 마시면 풍부한 향을 오롯이 느낄 수 있다.

라거라도 아주 차게 두는 것은 바람직하지 않다. 아주 차가우면 맥주 성분이 응고되거나 탁해지니 거품을 유지하는 데 낭패를 볼 수도 있다. 보관할 때 온도에 세심한 관심을 기울여야 한다.

스타일에 따라 적당한 온도는 오른쪽 그림대로다. 알코올 도수가 높은 상표는 온도를 약간 높여 마셔보는 것도 좋다.

스타일에 맞는 최적 온도

- STYLE 라거 4℃~8℃
- STYLE 필스너 쾰슈 9℃
- STYLE 스페셜 스타일 화이트 에일 10℃
- STYLE 바이젠 10℃~12℃
- STYLE 스페셜 스타일 스트롱 에일 10℃~13℃
- STYLE 페일 에일, 브라운 에일 13℃
- STYLE 발리 와인 16℃

〈마시기 좋은 최적의 온도로 만들려면?〉

일반적으로 라거는 가정용 냉장고에서 3~4시간 정도 식히면 최적 온도인 4~8℃가 된다. 빨리 차게 만들고 싶다면 커다란 용기에 얼음을 채워 병과 캔을 넣어둔다.
에일과 바이젠 등 향을 즐기고 싶은 맥주는 온도가 아주 낮아지는 것을 방지하기 위해 신문지 등으로 감싸 야채칸에 보관하면 좋다.

맥주 기초 지식

맥주잔으로 맛있게 마시기
BEER GLASS

1
맥주를 마실 때는 맥주잔에 따른다

맥주를 맥주잔에 따르면 탄산이 적당히 빠져나가 입안에서 부드럽게 느껴진다. 맥주 맛을 끌어올려줄 '거품'도 생긴다. 맥주 거품은 탄산과 향이 날아가는 것을 막아주는 뚜껑 역할을 한다. 따를 때 생기는 거품과 거품을 잘 유지하면 맥주를 마지막 한 입까지 맛있게 마실 수 있다.

2
잔은 스타일로 선택한다

잔의 모양에 따라 맥주의 특징을 잘 느낄 수 있다. 1000종이 넘는 벨기에 맥주 대부분은 상표별로 전용 잔이 있을 정도로 잔 모양을 중시한다. 맥주 스타일 특징을 확실하게 느끼고 싶다면 적절한 잔을 골라야 한다. 아래는 각 스타일을 대표하는 브랜드 잔이다. 스타일에 맞는 잔을 선택할 때 참고하길 바란다.

플루트형
필스너
(필스너 우르켈)

홉 향이 날아가지 않도록 가운데가 볼록하고 입구는 좁고 길다. 좁은 모양을 따라 거품이 아름답게 위로 솟는다.

파인트 글라스
페일 에일
(바스 페일 페일)

영국과 미국은 크기와 모양이 다르다. 아로마를 중시하는 영국은 568㎖로 잔 중간을 부풀렸다. 쓴맛을 중시하는 미국은 473㎖며 잔 두께가 두껍다.

바이젠 글라스
바이젠
(바이엔슈테판, 크리스털 바이스비어)

500㎖가 표준량이다. 효모와 밀의 풍부한 아로마를 즐길 수 있도록 상부가 볼록하다.

잔은 맥주가 가진 장점을 최대한 살려주는 중요한 요소다.
상쾌한 느낌, 거품, 단맛 등 맥주 맛을 제대로 살려줄 잔을 골라보자.

3
잔 모양이 왜 중요할까?

특정 상표 오리지널 잔 중에는 스타일에 따르지 않는 것도 종종 눈에 띈다. 스타일 특성보다는 맥주가 가진 독자성을 느껴주길 바라는 마음을 담은 탓이다. 잔 주둥이가 넓은 잔은 좋은 향을 제대로 즐길 수 있다. 중간이 오목한 잔은 봉긋하게 솟아오르는 거품의 아름다움을 만끽할 수 있다. 결국, 잔은 맥주 특성에 맞춰 합리적으로 만들어진 것이다.

4
바르게 잔 씻는 법

맥주잔을 씻을 때는 '전용 스펀지를 사용'해 '자연 건조'하는 것이 좋다. 식기 씻는 스펀지를 사용하면 기름기가 묻을 수도 있다. 마른행주로 물기를 닦아내면 실이나 기름기가 잔에 옮겨붙을 수도 있다. 실과 기름기는 거품을 손상하는 원인이 되므로 전용 스펀지로 씻고 잔을 엎어 자연 건조하는 방법을 추천한다.

얇고 긴 직선형

쾰슈
(돔 쾰슈)

슈탕에(봉)라 부르며, 거품이 쉽게 꺼져 한번에 들이킬 수 있도록 200㎖들이 잔이다.

튜립형

벨지안 스트롱 에일
(듀벨)

상부가 오목해 거품을 눌러 유지하는 역할을 한다. 바깥쪽으로 퍼진 주둥이에서 에일다운 화려한 향을 느낄 수 있다.

성배형

트라피스트
(시메 블루)

잔 주둥이가 넓고 중후한 느낌을 풍기는 성배 모양. 향기가 좋고 풍부한 맛을 천천히 음미할 수 있다.

맥주 기초 지식

다양하게 즐기는 맥주잔 도감
BEER GLASS

맥주는 사용하는 맥주잔에 따라 즐기는 법이 다르다.
이벤트 분위기를 위해서나 아름다운 거품을 강조하고 싶을 때 등
마음에 드는 한잔을 위해 비장의 잔을 준비해보면 어떨까?

파울라너 마스 저그
Paulaner Mass Jug

옥토버페스트에서 사용하는 표준형 대형 잔. 축제용 500㎖들이 잔은 매년 디자인이 달라진다. 1000㎖

안덱스 뚜껑 달린 머그
Andechs Mug

페스트가 유행하던 14세기에 파리가 앉지 못하도록 고안한 뚜껑 달린 머그잔. 다 마신 뒤에 뚜껑을 열어두면 한잔 더 마시겠다는 의미로 통한다. 500㎖

파우벨 크왁 글라스 Pauwel Kwak Glass

나무받침이 달린 바닥이 둥근 잔이다. 옛날에 여관과 양조장을 운영하던 파우벨 크왁이라는 남자가 여관을 방문하던 마부들을 위해 말 위에서도 마실 수 있도록 고안했다고 한다. 300㎖

에도 기리코 글라스 '스카이트리 문양' 한 입 맥주

전통 공예 에도 기리코(江戸切子. 에도 말기에 시작한 컷글라스 공법을 사용한 유리 공예-옮긴이)로 스카이트리 프레임을 그려 넣은 잔. 스카이트리 라이트업에 맞춰 만든 에도 보라색 '가㋐'와 청백색의 '쥰㋑'이 있다. 125㎖

거품 생성 잔 야마

잔 안쪽을 가공해 간단하게 부드러운 거품을 만들 수 있는 잔이다. 잔 바닥에 산 모양 돌기가 나 있어 그곳에 맥주를 따르면 거품이 풍성해져 맥주다운 감칠맛이 잘 유지된다. 390㎖

우스하리 맥주잔

1mm보다 얇게 불어 만든 섬세한 주둥이가 특징인 잔. 일본식 장구인 쓰즈를 모티브로 한 우아하고 아름다운 자태가 입으로 천천히 맥주를 전해준다. 355㎖

마이클 잭슨 테이스팅 글라스

세계적인 맥주 평론가 마이클 잭슨이 프로듀스한, 맥주 스타일에 상관없이 잘 맞는 만능 잔이다. 색을 선명하게 보여주고 아로마를 보존해준다. 400㎖

청동 머그

열전도가 뛰어난 청동제 맥주 머그잔. 맥주를 따르면 잔 전체가 차가워진다. 보냉도 잘 되어 마지막까지 차가운 맥주를 음미할 수 있다. 350㎖

비젠야키 비어 글라스

비젠야키(도자기) 표면에 있는 흙 본연의 올록볼록한 성질이 농밀하고 크리미한 거품을 만든다. 사용할수록 맛이 살아나는 것은 도자기 제품만이 지닌 장점이다. 500㎖

COLUMN

맥주 공장 견학
맥주 제조 과정을 보러 가자!

이 세상 어른들을 위한 매력적인 음료를 만드는 맥주 공장. 어른만이 진정으로 즐길 수 있는 견학을 가보면 어떨까?

맥주 기본 원료는 맥아·홉·물이다. 이 재료들이 어떤 과정을 거쳐 맛있는 맥주로 변신하는 것일까? 그 비밀을 파고들기 위해 삿포로 맥주 규슈 히타 공장에 방문해보았다. 일본을 대표하는 물의 고향 100곳 중 하나인 히타에서 나는 명수名水로 맥주를 만드는 곳이다.

※한국에도 롯데, 하이트 등을 비롯해 다양한 맥주 공장 견학 프로그램이 있으니, 즐겁게 찾아가보자.

주소: 오이타 현 히타 시 다카세 오아자 6979
전화: 0973-25-1100(※사전 예약 필수)
www.sapporobeer.jp/brewery/shinkyusyu
견학 접수 시간: 8:50~17:00(※연말연시 제외)

생생한 맛을 체감할 수 있는 맥주 공장

1 역사를 알 수 있다

삿포로 공장 역사와 만날 수 있는 '복고 타운'. 일본 최초 비어홀이나 쇼와 시대 풍경을 재현한 코너 등 마치 옛날로 돌아간 듯한 기분으로 즐겁게 배울 수 있다.

2 공장을 견학하다

양조 시설 안에서 맥주 양조 과정에 대한 설명을 들으면서 담금 과정과 포장 등 제조 공정을 견학한다. 원료인 맥아와 홉을 직접 확인해보고 효모에 관한 영상을 보기도 한다.

3 방금 만든 '생맥주'를 맛본다

공장을 견학한 후에는 히타 시내가 한눈에 보이는 시음실로 발걸음을 옮겨 공장 직송 맥주를 마신다. 갓 만든 맥주가 풍기는 맛, 향, 쓴맛이 이루는 균형감은 최고다. 그야말로 생맥주의 진면목을 맛볼 수 있다.

4 견학이 끝나면 본격적인 식사를

공장 부지 안에는 '히타 모리 맥주원'(영업 시간은 10시~22시)이 딸려 있다. 언덕 위에서 드넓은 파노라마를 바라보며 식사할 수 있다. 게다가 에비스 맥주 비교 시음 세트도 준비해놓아 다양한 맥주를 즐길 수 있다.

맥주 도감
KNOWLEDGE OF BEER

PART 3
맥주를 좀 더 즐기자

맥주를 즐기려면
일단은 마셔봐야 한다.
가게에서도 집에서도
즐겁게, 맛있게 마시는 법을
소개한다.

가서 즐기는 본격 맥주
BEER BAR
비어 바에 가자

맥주를 즐기기 위한 장소라면 역시 비어 바다.
비어 펍, 비어 카페 등으로도 부른다.
비어 바는 어떻게 즐겨야 할까?

전 세계의 비어 바는 몇 가지 종류가 있다.

영국과 아일랜드에서는 '펍'이라 부르는 술집이 대표적이다. 펍은 퍼블릭 하우스pulbic house 약자다. 이웃을 만나고 새로운 친구를 사귀는 장소라는 뉘앙스에서도 알 수 있듯이 손님층은 지역 단골이 대부분이다. 주문과 계산 방법은 캐시 온 딜리버리(Cash On Delivery, 카운터에서 주문하면서 상품과 돈을 맞교환하는 방식)가 일반적이다. 영국에서는 단체 손님이 펍에서 마실 경우, 바잉 어 라운드Buying a Round 방식을 일반적으로 따른다. 첫 잔은 한 사람이 일행 전체 몫을 낸다. 다음 잔부터는 또 다른 사람이 일행 몫을 내는 식으로 순서대로 돈을 내고 인원수만큼 술을 마시는 '모두에게 모두가 한 잔씩 돌리'는 습관이다. 이전에는 상류층은 소파 좌석, 노동자는 카운터라는 식으로 신분을 나누어 마시기도 했지만, 오늘날은 누가 어디에 앉아도 상관없다.

독일과 체코에서는 잔이나 저그가 비면 (따로 주문하지 않아도) 웨이터가 계속 다음 잔을 내오는 가게가 있다. 이때 잔을 추가할 때마다 컵 받침에 선을 긋는다. 눈치챘겠지만 그어진 선을 보면 몇 잔 마셨는지 파악할 수 있는 시스템이다.

해서 도중에 자기 마음대로 컵 받침를 바꾸면 맥주잔 수를 속이려 한다고 생각하니 주의해야 한다. 컵 받침를 맥주잔 위에 얹어놓으면 더 마시지 않겠다는 의사 표시다.

주의할 점은 미국에서 운영하는 가게 대부분은 금연이라는 사실이다. 런던 펍도 전부 금연이다. 일본에서도 맥주의 참맛을 제공하려는 고집 있는 가게를 중심으로 금연이 늘고 있다. 맥주는 향도 중시하니 당연한 흐름이다. 향이 강한 향수를 뿌리지 않고 비어 바를 방문하는 것이 기본 매너다.

초심자라도, 혼자라도, 기죽지 말고 발을 들여 놓아보자. 비어 바는 마니아만 방문하는 벽이 높은 가게가 아니다. 맥주 그 자체가 긴장하지 않고 즐겁게 마시는 솔직한 술인 까닭이다. 건배하고 잔을 전부 비우는 것만으로도 공간 전체가 즐거워진다. 그 모습은 전 세계 공통이라 해도 과언이 아니다.

Photo by Fujiwara hiroyuki

비어 바에 가자

비어 바에서 즐기는 법

누가 뭐래도 맥주는 즐겁게 마시는 것이 가장 좋다. 그러려면 몇 가지 알아두어야 할 포인트가 있다. 비어 바에서 더 맛있게 즐기는 방법을 소개한다.

가게 고르는 법

맥주는 섬세한 술이다. 맥주병을 직사광선이 드는 장소에 두거나 맥주 통을 따뜻한 장소에 내버려두는 가게는 피한다. 생맥주는 서버 세정을 확실하게 하는지 점검해야 한다.

처음 한잔

익숙하지 않을 때는 알코올이 낮은 옅은 색 계열부터 시작해 알코올이 높은 짙은 색 계열로 진행하면 좋다. 첫 잔부터 고알코올 맥주나 로스팅 느낌이 강한 짙은 색 계열 맥주를 마시면 그 후에 마시는 맥주 맛은 느끼기 어렵다. 자신이 그날 몇 잔 정도 마실 생각인지 계획적으로 주문하는 것도 좋다.

주문 예

첫 잔 추천
필스너 우르켈
(알코올 도수 4.5% 옅은 색)

두 번째 잔 추천
베어드 맥주
앵그리 보이 브라운 에일 Angry Boy Brown Ale
(알코올 도수 6.8% 중간 짙은 색)

세 번째 잔 추천
시메 블루
(알코올 도수 9.0% 짙은 색)

맥주 마시는 법

목을 뒤로 젖혀가면서 단숨에 들이켜는 것만이 맥주 맛을 즐기는 포인트는 아니다. 맥주는 목을 축이는 것뿐 아니라 오감으로 즐기는 술이다. 색·투명도·거품이 주는 아름다움은 시각을, 향은 후각을, 맛은 미각을, 목 넘김은 촉각을 자극한다. 청각을 자극하는 잔에 따르는 경쾌한 소리와 탄산이 튀는 소리까지 천천히 느껴야지만 맥주 애호가답게 마시는 법이다.

이야기 즐기기

비어 바에 있는 다른 손님이나 가게 직원과 이야기를 나누는 것도 즐거운 일이지만 매너를 지키는 일도 중요하다. 혼자서 마시고 싶은 분위기를 풍기는 사람에게 집요하게 말을 걸거나 연인 사이에 끼어드는 것은 바람직하지 않다. 다른 사람이 마시는 맥주에 대한 험담도 피해야 한다. 처음이라면 가게 직원에게 마실 만한 맥주를 추천받아도 좋다. 재미있는 에피소드를 듣게 될지도 모르니 말이다.

익숙해지면 카운터로

지역 주민만이 모이는 영국 펍 같은 곳은 암묵적으로 자리가 정해진 경우도 종종 있다. 특히 카운터는 마스터와 대화를 나누고 서빙하는 모습을 볼 수 있는 자리라 인기가 높은 포지션이다.
만약 카운터에서 마시고 싶다면, "이 자리에 앉아도 괜찮을까요?"라고 매너 있는 한마디를 건네며 용기 내어 가보자.

맥주와 어울리는
요리 고르는 법
BEER & FOOD

다양한 스타일의 맥주를
한결 맛있게 해주는 것이 맥주와
어울리는 요리다.
맥주와 궁합이 잘 맞는 요리를 골라
멋진 페어링을 즐겨보자.

음식 재료를
색으로 맞추는 것도 페어링

스타일도 향도 맛도 다종다양한 맥주. 요리와 함께 즐기는 법도 다종다양하다. 맥주와 어울리는 요리를 어떻게 선택하는 것이 좋은가.

'독일 맥주엔 독일 요리'라는 식으로 맥주가 만들어진 지역 요리와 맞추어 음식을 선택하는 방법도 좋다. 맥주 원료와 제조법을 조사해 그 배경에 맞는 식재료와 요리법을 사용한 요리를 선택하는 방법이다. 이를테면 스파이시한 홉 향이 특징인 비교적 강한 맥주라면 스파이스가 들어간 요리를 고른다. 허브 같은 향이 나는 홉을 많이 사용한 맥주라면 허브 계열 요리를 고른다. 이것도 음식 재료를 선택하는 하나의 기준이다.

'색'도 요리를 선택하는 포인트다. 맥주 색에 음식 재료 색을 맞추는 것도 간편하게 즐기는 방법이다. 풍미와 맛은 맥주를 마시기 전까지는 파악할 수 없지만, 색은 육안으로 대충 알 수 있다. 브랜드나 지역, 스타일 같은 부분은 구태여 신경 쓰지 말고 패션 감각을 살리듯 색을 맞춰보는 것도 무난한 방법이다.

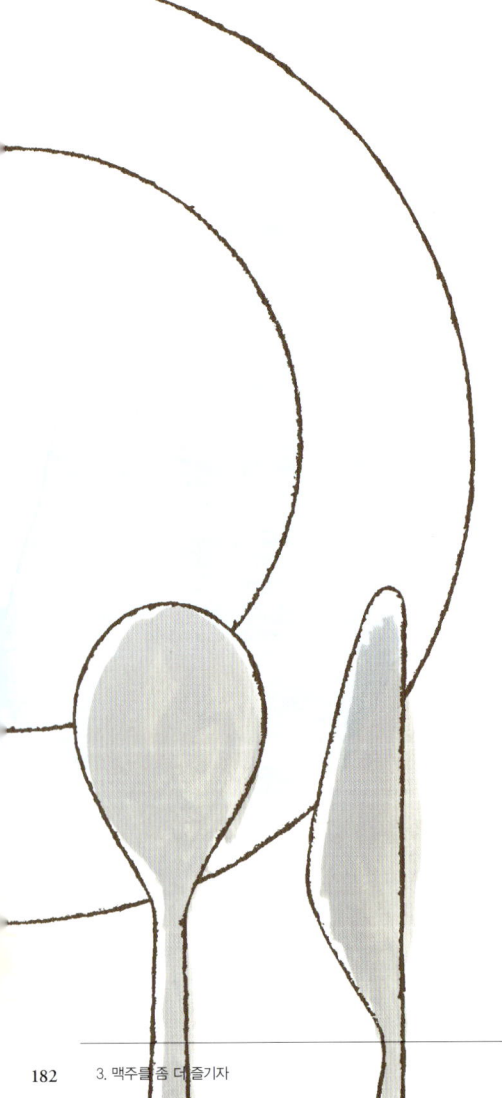

맥주와 어울리는 요리 고르는 법

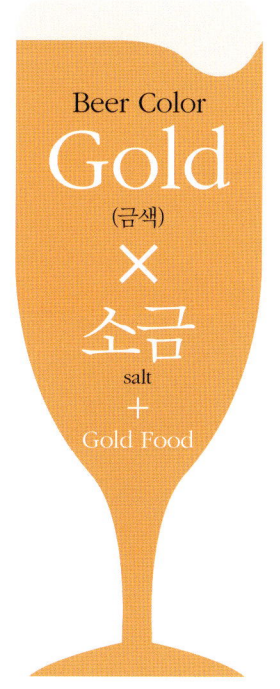

Beer Color
Gold
(금색)
× 소금 salt
+ Gold Food

황금색 맥주는 소금으로 산뜻하게 간한 요리와!
간장으로 간했다면 라거보다는 에일을!

골든 라거로 불리는 빛나는 황금색 맥주는 일반적으로 목에서 부드럽게 넘어가고 산뜻한 맛이 난다. 궁합이 좋은 요리는 황금색에서 떠올릴 수 있는 음식으로 바삭하게 갓 튀겨낸 튀김이나 콩소메, 닭고기 수프다. 소금으로 간한 음식도 추천한다.

한국과 일본에서 즐겨 마시는 라거 맥주는 날생선 특유의 비린내와 간장에 함유된 유황 화합물이 풍기는 냄새를 강하게 만들기도 한다. 이 점이 신경 쓰인다면, 같은 황금색이라도 에일을 매치하면 어떨까? 삶은 풋콩이나 두부 같은 콩류 식품도 라거 맥주와 곁들이면 풋내가 날 수도 있다.

하지만 뭐니 뭐니 해도 라거 맥주는 목 넘김이 최고라서 식사와 함께 마시는 맥주로는 안성맞춤이다.

주요 맥주

〈에일〉
- 바스 페일 에일
- 듀벨
- 요나요나 에일

〈라거〉
- 에비스 맥주
- 필스너 우르켈
- 호프브로이 뮌헨 오리지널 라거

추천 요리

- 감자 요리
  (감자튀김, 감자 샐러드, 버터 감자 등)
- 튀김 요리
  (소금 찍어 먹는 튀김, 소스 바르지 않은 크로켓 등)
- 소금에 간한 닭 요리
  (닭꼬치 소금구이, 팔보채 등 닭 육수를 쓰는 중화요리 등)
- 콩소메 맛 요리
  (양배추 롤, 포토푀, 필라프 등)

맥주와 어울리는 요리 고르는 법

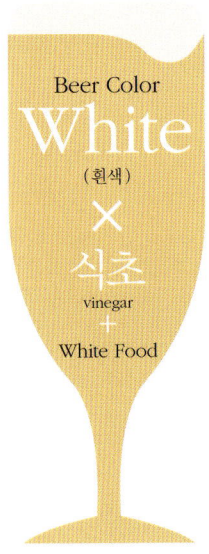

Beer Color
White
(흰색)
×
식초
vinegar
+
White Food

부드러운 화이트 맥주에는 상큼한 드레싱을!

벨기에 화이트 맥주 가운데 쓴맛이 적고 밀의 단맛, 오렌지 필과 코리앤더 향이 나는 부드럽고 상큼한 맛 맥주가 있다. 이런 맥주에는 드레싱을 끼얹은 무와 순무 샐러드, 아마즈(甘酢, 단 식초) 소스를 끼얹은 두부, 흰 살 생선 카르파초 등 흰색 음식과 단맛과 산미(식초와 감귤류)를 응용한 요리를 추천한다.

주요 맥주
- 호가든 화이트
- 에델바이스 스노 후레쉬
- 미노 맥주 유즈 화이트

추천 요리
- 요구르트와 술지게미를 사용한 요리
- 그린 파파야 샐러드
- 바나나를 이용한 디저트와 요리

갈색을 띤 고소한 맥주에는 잘 구운 간장 맛 요리를!

갈색 맥주라면 몰트를 고소하게 로스팅한 브라운 에일, 둥켈, 알트, 트라피스트 등 숙성한 맥주를 손꼽을 수 있다. 감칠맛과 쓴맛이 적당해 갈색으로 구워낸 로스트 계열 요리를 생각나게 한다. 간장·견과·깨 등을 사용한 고소한 요리와도 궁합이 아주 뛰어나다. 버섯과 기름이 오른 꽁치 등 가을에 제철인 식재료들과도 잘 어우러진다.

맥주와 어울리는 요리 고르는 법

Beer Color
Brown
(갈색)
×
간장
soy sauce
+
Brown Food

주요 맥주
- 벨텐부르거 바로크 둥켈
- 오르발
- 뉴캐슬 브라운 에일

추천 요리
- 호두와 아몬드 등 견과류
- 간장 양념 불고기
- 우엉조림
- 고기 완자, 데리야키 소스 햄버그스테이크

맥주와 어울리는 요리 고르는 법

Beer Color
Black
(검은색)
×
된장
miso
+
Black Food

묵직한 흑맥주에는 오래 조린 된장 맛 요리를!

포터·스타우트·슈바르츠 등 검은 맥주는 로스트한 쓴맛, 단맛, 감칠맛 등 색뿐 아니라 맛도 강한 맥주다. 모로미 간장(누룩과 소금을 발효시켜 간장을 만든 후 건더기를 완전히 거르지 않고 걸쭉하게 만든 간장-옮긴이)이나 장어 소스, 핫쵸 미소(오카자키 지방에서 나는 검붉고 짠 된장-옮긴이), 데미그라스 소스, 발사믹 식초 등 색이 진한 조미료라면 서로 감칠맛을 상승시켜 맛이 배가된다.

주요 맥주
- 쾨스트리처 슈바르츠비어
- 머피 아이리시 스타우트
- 풀러스 런던 포터

추천 요리
- 비프 스튜
- 먹물 오징어 파스타
- 내장탕
- 된장 우동
- 초콜릿

시큼하고 붉은기 도는 맥주에는 달콤한 과일과 디저트를!

빨간색 맥주로 대표되는 과일 맥주는 산미와 단맛이 확실해 식전주나 식후주에 잘 어울린다. 단맛 나는 전채 요리, 과일, 디저트와 마시면 좋다. 체리 맥주를 체리와 곁들여도 좋지만, 단맛을 끌어 올린 디저트와도 궁합이 잘 맞는다. 치즈를 응용한 전채 요리도 추천할 만하다.

맥주와 어울리는 요리 고르는 법

Beer Color
Red
(빨간색)
×
스위트
sweets
+
Red Food

주요 맥주
- 분 프랑부아즈
- 린데만스 카시스

추천 요리
- 토마토 샐러드
- 빨간 과일 젤리
- 카망베르 치즈와 잼
- 딸기 타르트

집에서 맥주 즐기기

맥주는 언제 어디서나 누구와 마셔도 좋지만,
누가 뭐래도 집에서 마시는 맥주야말로 우리들의 일상이다.
여유롭고 편안하게 최고로 맛있는 맥주를 마셔보자.

3번 나눠 따르기로 맛을 업그레이드!

맥주의 참맛을 끌어내는 맥주 아름답게 따르는 법

언제나 집에서 즐겨 마시는 캔맥주!
요령만 알면 어떤 맥주라도 아름다운 거품을 만들 수 있다.
프로들이 쓰는 '3번 나눠 따르기' 기술을 배워보자.

1

위에서 콸콸 따른다

수평 테이블에 맥주잔을 올려놓고 맥주를 기세 좋게 잔 절반 정도까지 따른다. 잔과 캔은 30센티 정도 거리를 떨어뜨리면 거품이 잘 일어난다.

거품이 안정되길 기다린다

거친 거품이 안정되면서 없어지길 기다린다. 아래에서 천천히 액체가 올라가면서 거품도 결이 고와지는 모습을 관찰할 수 있다. 액체와 거품이 5:5가 될 때까지 기다린다.

2

두 번째는 천천히 따른다

두 번째는 잔 가장자리에 캔 입구를 가까이 대고 천천히 조심스럽게 따른다. 그러면 뚜껑 역할을 하는 거품이 꺼지지 않고 서서히 위로 올라간다.

캔도 병도 3번 나눠 따르면 맛있고 아름다운 거품이!

맛있는 맥주의 절대 조건은 무엇인가! 크리미하고 오래 유지되는 거품이다. 이 책에서도 몇 번이나 설명했지만, 거품은 맥주가 변질하는 것을 막고 가스가 빠져나가는 것을 방지하는 뚜껑 역할을 한다. 결이 고운 거품을 만들어 맥주가 가진 진미가 빠져나가지 않은 상태를 유지하면 집에서도 최고로 맛있는 맥주를 마실 수 있다.

안타깝게도 집에서 맥주를 따르면 거품이 바로 사라져버린다는 사람들이 적지 않다. 해서 제안하는 방법이 '3번 나눠 따르기'다. 맥주를 3번 나눠 잔에 따르는 방법을 써본다면 누구라도 간단하게 아름다운 거품을 만들 수 있다.

잔은 따르기 편한 크기를 준비한다. 잔을 기울이면 거품이 잘 생기지 않으니 수평 한 테이블 위에 올려놓는다. 포인트는 거친 거품이 안정되면서 결이 고운 거품이 될 때까지 기다린 후에 다시 따르는 것이다. 잔 크기에 따라 다르긴 하지만, 3번 나눠 따르기는 평균 2분 정도 걸린다. 기다리지 못하고 한 번에 따라버리면 거품은 거친 상태로 꺼져버린다.

3번 나눠 따르기는 맥주 제조사에서도 권장하는 방법이다. 몇 번 연습해 따르는 방법에 익숙해지면 홈비어가 한결 즐거워질 것이다. 병맥주는 물론 집에서 흔히 마시는 캔맥주라도 꼭 도전해보길 바란다.

다시 거품을 기다린다
90% 정도까지 따랐다면 일단 멈추고 다시 한번 거품이 안정될 때까지 기다린다. 이때 액체와 거품 비율은 6:4면 적당하다.

마지막까지 천천히 따른다
잔 가장자리를 타고 내리도록 조금씩 조금씩 따르면서 거품을 밀어 올린다. 필스너같이 거품이 강한 맥주는 잔에서 거품이 1.5센티까지 솟아오르면 최적이다.

맥주와 거품 비율은 7:3
액체와 거품 비율은 7:3이 가장 아름답다. 몇 번 연습해보면 요령을 터득할 수 있다.

집에서 맥주 즐기기

바르게 보관해 맛을 유지한다

보관법과 냉장법

**아주 차게 하거나 동결, 고온은 금물!
보관 장소에서 나는 냄새도 주의를!**

맥주는 차게 마시는 음료라 생각하기 쉽다. 과도하게 차면 오히려 맥주 맛을 떨어뜨리니 이 점에 유의해야 한다.

맥주는 0℃ 아래로 떨어지면 얼기도 한다. 얼지는 않더라도 아주 차가워지면 색이 탁해질 수 있다. 어떤 경우라도 맥주가 지닌 고유 맛을 잃을 수 있으며, 동결되면 용기가 파손될 수도 있다. 알코올 도수가 낮을수록 얼기 쉬우니 주의를 기울여야 한다.

맥주를 고온에서 보관하면 향 균형이 깨져 색이 변할 수도 있다. 특히 직사광선 아래 보관하는 것은 피해야 한다. 햇볕이 드는 곳에 보관하면 맥주에서 고무 탄 냄새(일광취)가 난다.

이런 조건을 고려하면 맥주는 어둡고 선선한 장소에서 보관하고 마시기 전에 냉장고에서 차게 식히는 것이 좋다. 냉장 보관할 때는 냉기가 직접 닿는 곳이나 진동이 강한 문짝 쪽은 피한다.

병뚜껑이나 알루미늄 캔은 냄새를 빨아들이는 성질이 있으므로 소금이나 간장류 가까운 곳에 두면 부패할 수도 있다. 절임류나 등유 등 냄새가 강한 물질 옆에 보관하는 것도 피해야 한다.

자신만의 맥주를 만드는 즐거움

하프 & 하프 만드는 법

따르는 순서에 따라 거품과 풍미가 달라진다

필스너에 익숙한 사람은 스타우트같이 맛이 진한 짙은 색 맥주는 잘 맞지 않는다고 생각하는 경향이 있다.

하지만 역시 전 세계에서 맥주를 제대로 즐기려면 짙은 색 맥주도 도전해보고 싶을 것이다. 그런 사람들에게 추천하는 방법이 하프 & 하프다. 옅은 색과 짙은 색 맥주를 5:5 비율로 섞는 방법이다. 짙은 색 맥주가 지닌 특징을 마시기 쉬운 상태에서 즐길 수 있다.

하프 & 하프 방법은 따르는 순서에 따라 거품 색깔이 달라진다. 옅은 색 맥주부터 따르면 거품은 흰색을 띠며, 짙은 색 맥주부터 따르면 색깔 있는 거품이 만들어진다.

어떤 맥주를 고를지 망설여진다면, 익숙한 브랜드를 고르면 된다. 원료와 제조법에 공통점이 있다면 맥주끼리 궁합도 좋다. 비율도 5:5만이 아니라 1:3으로 하는 등 기분에 따라 맛과 향을 바꿔 즐겨보길 바란다. 익숙해지면 다양한 맥주 스타일에 도전해 자신만의 맥주를 찾아보는 것도 좋다.

집에서 맥주 즐기기

맥주를 즐기는 법이 다양해진다

비어 칵테일 만드는 법

포인트는 맥주를 마지막에 따르기

술이 약한 사람이나 맥주가 지닌 쓴맛을 억제하고 싶은 사람에게는 비어 칵테일을 추천한다. 알코올을 억제하고 싶다면, 대표 맥주 칵테일 음료 레드 아이를 추천한다. 최근 연구 결과로 토마토는 체내에서 알코올 분해를 돕는 성분이 있다고 밝혀졌다. 쓴맛을 부드럽게 하고 싶다면 그레이프루트 등 감귤류로 파나셰Panaché를 만든다. 홉에는 감귤류 향이 있어 산미 있는 과일과 궁합이 잘 맞는다. 추운 계절에는 단맛이 나는 핫 맥주를 만들어 마셔도 좋다. 전자레인지로 데워도 괜찮지만, 불에 올려 데우면 부드러운 맛을 느낄 수 있다.

포인트는 '맥주를 마지막에 따라 넣는 것'이다. 그러면 거품이 풍부하게 일어난 비어 칵테일을 만들 수 있다. 맥주 스타일과 섞는 소재, 분량 관련 레시피는 어디까지나 예시다. 개인 취향에 맞춰 다양한 칵테일을 만들어 즐기면 된다.

맥주를 잘 못 마시는 사람에게도 추천할 만한
비어 칵테일 레시피

레드 아이
맥주(필스너) :
토마토 주스
= 1 : 1
잔 절반까지 토마토 주스를 채운 다음 맥주를 따른다. 취향에 따라 소금이나 후추, 레몬을 곁들여도 좋다.

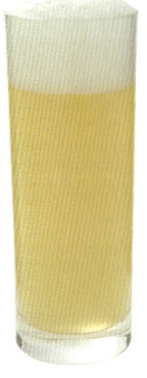

그레이프루트 파나셰
맥주(필스너) :
그레이프루트 주스
= 1 : 1
잔 절반까지 그레이프루트 주스를 따른 다음 맥주를 채운다. 파나셰는 '서로 섞는다'는 뜻이다.

핫 맥주
흑맥주(스타우트) …… 350㎖
흑설탕 …… 1큰술
시나몬 …… 적당량
맥주를 냄비에 부은 다음 약한 불로 데운다. 50~60℃쯤 되면, 설탕을 넣어 녹인다. 잔에 따르고 시나몬을 곁들인다.

맥주 관련 자격증

즐거운 대화를 위한 상식용이나 업무용까지
맥주 관련 자격은 정말 다양하다.
일본에서 취득할 수 있는 자격·검정·강습 등을 소개한다.

비어 테이스터 Beer Taster

맥주 기초 지식부터 테이스팅 방법까지 맥주에 대한 폭넓은 지식을 소유한 사람에게 주는 자격이다. '비어 테이스터 세미나'에 출석한 후 인정 시험을 받는 흐름이 일반적이다. 인정 강좌는 도쿄·오사카·요코하마 회장에서 비정기적으로 개최한다. 일본지역맥주협회 www.beertaster.org

비어 어드바이저 Beer Adviser

식음료·서비스 업계 지식과 전 세계 맥주를 적확한 전문 지식으로 고객에게 제공할 수 있는 자격이다. 자격 인정은 시험을 치르지 않는 통신 코스와 DVD로 수강한 후 인정 시험을 보는 코스 가운데 하나를 선택한다.
비어 스피릿 어드바이저 협회 www.bsa-w.com

비어 소믈리에 Beer Sommelier

맥주에 관한 지식, 매너, 요리 궁합, 비어 칵테일 제조법까지 폭넓은 지식을 익힐 수 있는 '재팬 비어 소믈리에 협회 인정 강좌를 수강한 후 인정 시험에 합격하면 딸 수 있는 자격이다. 일본에서 유일하며, 독일과 오스트리아 대사관에서 후원하는 자격증이다. 재팬 비어 소믈리에 협회 www.beersom.com

일본맥주검정(비어켄)

맥주 역사, 제조법, 마시는 법을 중심으로 폭넓은 지식을 묻는 검정이다. 맥주 즐기는 법을 넓히는 3급부터 전문 지식을 요구하는 1급까지 있다. 2012년 9월, 제1회 검정은 5000명 이상이 시험을 치렀다. 성적 우수자를 위한 특전도 제공한다. 일본맥주검정포털 www.kentei-uketsuke.com/beer

맥주 저널리스트 아카데미

맥주 역사, 제조법, 비어 스타일 등 맥주를 바르게 전달하는 문장 표현부터 브루어리 취재 방법까지 맥주 저널리스트가 되기 위한 기술을 배우는 강좌다. 수강 기간은 약 4개월이다. 강의는 현역 편집자와 프로 카메라맨이 진행한다.
일본맥주저널리스트협회 www.jbja.jp

맥주 도감
KNOWLEDGE OF BEER

맥주를 즐기기 위한 용어 모음

맥주를 마실 때나 누군가와 이야기 나눌 때 맥주 관련 용어를 알아두면 즐거움이 커진다. 외워두면 좋을 용어를 소개한다.

(ㄱ)

감칠맛·산뜻함
원료, 알코올 향, 맛 균형을 나타내는 단어다. 당분을 남겨 맛이 진한 것을 '감칠맛 있다', 남기지 않고 깔끔한 느낌을 살려준 것을 '산뜻하다'고 표현한다.

(ㄷ)

당류
당질에 포함된 물질의 일종으로 설탕·유당 등 이당류나 포도당·과당 등의 단당류를 말한다.

당질 제로
당질이란 탄수화물에서 식물 섬유를 제거한 당을 주성분으로 하는 물질의 총칭이다. 당류와 당 알코올 등이 해당한다. 당질 제로란 이 당질을 제거한 것이다.

당화
제조 공정 가운데 하나로, 맥아 속 효소 작용으로 전분을 분해해 당으로 바꾸는 과정이다.

드래프트 맥주
열처리하지 않은 맥주. 동의어는 '생맥주'다. 드래프트draft란 영어로 '떠내다'를 뜻하며, 원래는 통에서 떠올린 맥주를 가리키는 말이다.

디아세틸 diacetyl
버터 스카치나 버터 같은 풍미를 주는 발효 생성물. 영국 에일에는 매치하지만, 라거에는 적절치 못하다.

DMS dimenthyl sulfied
옥수수 캔과 비슷한 향이 난다. 끓인 시간이 짧으면 박테리아 오염 등에 의해 발생하는 오프 플레이버다.

(ㄹ)

라거(하면 발효)
10℃ 전후 온도에서 만든 하면 발효 bottom fermenting 효모로 발효하는 양조 방법이다. 하면 발효로 만든 라거 lager 맥주는 깔끔하고 샤프한 맛이 일품이다.

리얼 에일
영국 전통 맥주로 여과와 열처리를 하지 않고 용기 내에서 2차 발효해 컨디셔닝한 맥주를 가리킨다. 리얼 에일real ale은 펍에서 관리하며 정확한 타이밍을 파악해 손님에게 제공한다. 통(캐스크)에서 관리해 캐스크 컨디션드 에일Cask-conditioned Ale이라고도 부른다.

(ㅁ)

맥아
맥주 주요 원료 가운데 하나. 맥곡을 발아한 것이 맥아(몰트)다.

밀 맥주
보리 맥아 외에 밀 맥아나 밀을 사용한 맥주. 독일 바이젠, 벨기에 화이트 에일이 유명하다.

(ㅂ)

버턴화
일명 버터나이즈burtonise. 연수를 경수로 바꾸는 공정이다. 페일 에일이 탄생한 영국 도시 버턴온트렌트에서 유래했다.

병 속 발효
1차 발효를 끝낸 맥주를 병에 담을 때, 효모와 설탕을 넣고 병 속에서 2차 발효하는 방법이다. 벨기에 시메 등이 유명하다.

보디body
맥주를 표현하는 용어 가운데 하나로 목을 넘어가는 감각 등 맛의 강약을 이른다.

부원료
맥주 원료 가운데 하나로 주로 맥주 맛을 조정하는 데 사용한다. 부원료의 경우 국가에 따라 허용된 재료가 다르므로 자세한 내용은 각 나라의 주세법을 참고한다.

(ㅅ)

색(SRM/EBC)
맥주는 담그는(사용하는) 맥아 종류에 따라 색 농담이 결정된다. SRMStandard Reference Method은 주로 미국에서 사용하는 맥주와 맥아 알갱이 색도수 단위. EBCEuropean Brewery Convention는 유럽 단위. 둘 다 수치가 클수록 색이 진하다.

스모크 향smoky
원료 맥아를 연기로 그슬려 생기는 스모키한 향을 가리킨다. 라우흐비어(훈제 맥주)에서 느낄 수 있는 개성 강한 향이다. 스타우트에도 이 향이 나는 맥주가 꽤 있다.

스타일
맥주 분류법. 원료, 제조법, 알코올 도수, 색, 향, 쓴맛 등에 따라 분류한다.

신장르
'제3의 맥주'라 부르는 알코올 음료를 이른다. '맥아 사용하지 않기', '핫 포슈에 스피릿 섞기' 같은 방법으로 만든다.

(ㅇ)

IBU
International Bitterness Units 약자로, 맥주 쓴맛을 측정하는 단위. 쓴맛이 강할수록 수치가 커진다.

아로마
맥주를 표현하는 용어 가운데 하나로 코로 들어오는 향을 이른다. 아로마aroma는 몰트와 홉에서 생기거나 발효를 거쳐 생긴다.

야생 효모
공기 중에 떠다니는 천연 효모로 자연 발효에 사용한다.

에스테르esters
발효 중에 산과 알코올에서 발생하는 화합물. 바나나·서양배·사과 같은 프루티한 아로마를 만든다.

에일(상면 발효)
15~25℃ 발효 온도로 만드는 상면 발효.top fermentation 효모를 사용한 맥주 총칭. 에일ale은 프루티한 향이 나는 것이 많다.

열처리
숙성을 끝낸 맥주를 제품화하기 위해 열을 가해 살균하는 것. 열처리하면 장기 보존할 수 있다.

오프 플레이버
맥주에서 발생하는 좋지 않은 향. 오프 플레이버off-flavor는 부적절한 양조, 박테리아 등의 오염, 올바르지 않은 보관 방법이 발생 원인이다.

외관
맥주를 표현하는 용어 가운데 하나로 맥주 색, 투명도, 거품 상태 등 잔에 따랐을 때 나타나는 상태 특징을 가리킨다. 스타일마다 좋은 외관 기준이 다르다.

위젯
기압을 조절하는 특수 캡슐. 캔을 따는 순간 맥주가 자극을 받아 크리미한 거품이 생긴다. 위젯Widget은 기네스 등이 채용하고 있다.

일광취
맥주를 직사광선에 노출하면 발생하는 고무가 탄 것 같은 불쾌한 냄새를 이른다.

(ㅈ)

자연 발효
에일과 라거처럼 배양한 효모를 사용하지 않고 자연 중에 떠다니는 야생 효모를 사용한 양조 방법. 벨기에 람빅이 유명하다.

저온 백탁
맥주가 아주 차가우면 탁해지는 현상으로, 칠리 헤이즈Chill Haze라고도 한다. 맥주에 포함된 단백질이 응고되어 생기며 품질이 저하하는 원인이 된다.

주류 제조 면허
술을 제조할 수 있는 면허. 양조 면허라고도 한다. 1년에 제조할 수 있는 최저 수량을 정해놓았다. 맥주는 60㎘. 3년 동안 정해진 수량을 채우지 못하면 면허 취소다.

주류 판매업 면허
주류를 판매하기 위한 면허. 주류 도매업 면허와 일반 주류 소매업 면허 등이 있다.

(ㅋ)

캐러멜 향
꿀, 버터 스카치, 간장, 초콜릿, 커피와 비슷한 향을 총칭한다. 몰트에서 생성되는 향일 경우가 많다.

캐릭터
개성, 기질을 이른다. 몰트와 홉이 가진 개성을 표현할 때 사용한다.

크래프트 맥주
맥주 장인이 소규모 생산으로 만드는 맥주.

(ㅌ)

타닌
맥아 등에 포함된 폴리페놀 한 종류. 타닌이 산화되면 떫은맛이 나고 맥주가 변색한다.

탄산가스
발효할 때 생기는 이산화탄소 가스. 맥주를 입에 머금었을 때와 목으로 넘길 때 느낌이 좋도록 도와주며, 향미 성분이 변질하는 것을 방지한다.

토스트 향
탄내. 다크 에일과 스타우트, 포터 등에서 보이는 몰트 특징이다.

(ㅍ)

파인트
파인트pint는 용량 단위. 1파인트들이 잔을 파인트 글라스라 한다. 주로 영국과 미국 맥주에 사용한다. 영국 UK파인트는 568㎖, 미국 US파인트는 473㎖로 용량이 다르다.

페놀릭
아로마를 표현하는 용어 가운데 하나. 클로브(정향) 같은 향이 난다.

페어링
맥주와 음식이 이루는 맛있는 관계를 표현한 단어. 페어링pairing 동의어는 마리아주Mariage다.

프리미엄 맥주
원료와 양조 방법에 심혈을 기울인 고급을 지향하는 맥주 총칭.

플레이버
맥주를 표현하는 용어 가운데 하나로 코로 느끼는 향과 혀로 느끼는 맛을 합한 것이다. 플레이버flavor는 '향미'라고도 한다.

(ㅎ)

하이브리드
맥주 양조 방법 가운데 하나. 원료와 양조 방법을 혼합해 스타일을 한정하지 않는 것이 하이브리드Hybrid다.

헤드 리텐션Head Retention
거품 유지력. 거품이 얼마나 유지되는지 표현할 때 사용한다.

홉
맥주 원료 중 하나로 맥주 특유의 쓴맛과 향을 만든다.

효모
맥주를 제조하는데 빠질 수 없는 효모(이스트)는 당분을 알코올과 이산화탄소로 분해하는 미생물을 이른다. 상면 발효 효모는 발효할 때 탄산가스 거품과 함께 표면에 뜬다. 하면 발효 효모는 응집되어 바닥으로 가라앉는다. 순수 배양한 것이 아닌 양조장 내에 사는 야생 효모를 사용할 때도 있다.

BEER INDEX
스타일별 색인

맥주 이름	국가명	페이지
상면 발효		
다크 에일		
홉고블린	영국	81
둥켈 바이젠		
안덱스 바이스 둥켈	독일	30
레드 에일		
에치고 맥주	일본	148
마이보크(에일 효모 사용)		
데드 가이 에일	미국	118
바이젠 아이스보크		
아벤티누스 아이스보크	독일	33
발리 와인		
구레 맥주 발리 와인	일본	150
베를리너 바이세		
베를리너 킨들 바이세	독일	41
벨지안 스타일 스트롱 에일		
데우스	벨기에	61
스모크 & 오크	미국	113
블론드 에일		
비터 & 트위스티드	영국	82
세종		
세종 뒤퐁	벨기에	57
스카치 에일		
트라퀘어 자코바이트 에일	영국	82
스코티시 에일		
세인트 앤드루스 에일	영국	80
스트롱 골든 에일		
데릴리움 트레멘스	벨기에	53
듀벨	벨기에	52
포페링스 호멜비어	벨기에	64
스트롱 스타우트		
라이온 스타우트	스리랑카	128
스페셜 맥주		
구덴 카롤루스 클래식	벨기에	63
버펄로 스페셜 스타우트	벨기에	64
브뤼흐스 조트 블론드	벨기에	59
비켄	벨기에	60
스페셜 데 릭	벨기에	63
아메리칸 스타일 브라운 에일		
노스 아일랜드 맥주 브라운 에일	일본	149
아메리칸 스타일 IPA		
라구니타스 IPA	미국	115
모더스 호퍼랜디 IPA	미국	117
시가 고겐 맥주 IPA	일본	148
웨스트코스트 IPA	미국	110
아메리칸 스타일 페일 에일		
요나요나 에일	일본	147
이세카도야 페일 에일	일본	151
파이어 락 페일 에일	미국	112
아메리칸 앰버 에일		
앰버 스완 에일	일본	142
아메리칸 위트 에일		
나기사 맥주 아메리칸 위트	일본	151
아쿠라 맥주 사쿠라 효모 위트	일본	148
아이리시 스타일 드라이 스타우트		
엑스트라 스타우트	아일랜드	85
아이리시 스타일 레드 에일		
킬케니	아일랜드	86
아이리시 스타일 스타우트		
마쓰에 비어 헤룬	일본	150
아이리시 스타우트	아일랜드	86
알트		
사누키 맥주 슈퍼 알트	일본	150
유리게 알트 클래식	독일	40
애비 맥주		
생 푀이엥	벨기에	51
세인트 버나두스 압트 12	벨기에	53
임페리얼 스타우트		
블랙홀 임페리얼 스타우트	덴마크	98
임페리얼 IPA		
루이네이션 IPA	미국	111

BEER INDEX
스타일별 색인

맥주 이름	국가명	페이지
스루가 베이 임페리얼 IPA	일본	145
언얼스리 임페리얼 IPA	미국	116
잉글리시 스타일 브라운 에일		
뉴캐슬 브라운 에일	영국	79
잉글리시 스타일 IPA		
펑크 IPA	영국	83
잉글리시 스타일 페일 에일		
바스 페일 에일	영국	76
보딩턴 펍 에일	영국	78
블랙 아일 골든아이 페일 에일	영국	84
사무엘 스미스 오가닉 페일 에일	영국	77
스핏파이어	영국	80
켈트 블레딘 1075	영국	84
풀러스 런던 프라이드	영국	74
캘리포니아 윗		
오렌지 에비뉴 윗	미국	117
쾰슈		
가펠 쾰슈	독일	39
돔 쾰슈	독일	39
오라호 맥주 쾰슈	일본	148
크리스털 바이젠		
바이엔슈테판 크리스털 바이스비어	독일	37
트라피스트		
라 트라프 블론드	네덜란드	99
로슈포르 10	벨기에	55
베스트말레 트리펠	벨기에	55
베스트블레테렌 12	벨기에	67

맥주 이름	국가명	페이지
시메 블루	벨기에	56
오르발	벨기에	54
포터		
풀러스 런던 포터	영국	75
프루트 에일		
미노 맥주 유즈 화이트	일본	146
브루마스터 아마오우 노블 스위트	일본	150
쇼난 골드	일본	144
플랑드르 레드 에일		
듀체스 드 부르고뉴	벨기에	65
로덴바흐 클래식	벨기에	66
플랑드르 브라운 에일		
리프만 그뢰크릭	벨기에	67
허브 & 스파이스 비어		
에델바이스 스노 후레쉬	오스트리아	95
이와테쿠라 맥주 재패니즈 허브 에일 산쇼	일본	149
헤페 바이젠		
고무기노 맥주	일본	147
에딩거 바이스비어	독일	38
프란치스카너 헤페 바이스비어	독일	38
TAP 7 오리지널	독일	33
화이트 에일		
블루 문	미국	119
호가든 화이트	벨기에	50
히타치노 네스트 맥주 화이트 에일	일본	149
ESB		
풀러스 ESB	영국	75

하면 발효

과일 맥주		
미야자키 히데지 맥주 미야자키 망고 라거	일본	150
도르트문더		
에비스 맥주	일본	137
도펠보크·더블보크		
살바토르	독일	32
둥켈		
그라나토 11	체코	93
벨텐부르거 바로크 둥켈	독일	29
라거		
타이거 라거 비어	싱가포르	126
라우흐		

맥주 이름	국가명	페이지
슈렝케를라 라우흐비어 메르첸	독일	36
후지자쿠라고겐 맥주 라우흐	일본	149
라이트 라거		
코로나 엑스트라	멕시코	120
메르첸 · 옥토버페스트비어		
로만칫쿠무라(로맨틱 마을) 교자로만	일본	149
슈파텐 옥토버페스트비어	독일	27
뮌헤너 헬레스		
슈파텐 뮌헤너 헬레스	독일	26
호프브로이 뮌헨 오리지널 라거	독일	28
보크 헬		
안덱스 보크 헬	독일	31
보헤미안 필스너		
부드바이제르 부드바	체코	92
필스터 우르켈	체코	91
비엔나 스타일 라거		
네그라 모델로	멕시코	121
슈바르츠		
쇼난 맥주 슈바르츠	일본	149
쾨스트리처 슈바르츠비어	독일	35
스트롱 라거		
발티카 No.9	러시아	103
아메리칸 라거		
칭다오	중국	125
앰버 라거		
사뮤엘 아담스 보스턴 라거	미국	114
임페리얼 스위트포테이토 앰버		
코에도 베니아카	일본	143
저먼 필스너		
칠러탈 필스 프리미엄 클래스	오스트리아	94
캘리포니아 커먼 비어		
앵커 스팀 비어	미국	109
필스너		
괴서 필스	오스트리아	96
그롤쉬 프리미엄 라거 맥주 스윙 톱	네덜란드	101
기린 라거 맥주	일본	134
더 프리미엄 몰츠	일본	138

맥주 이름	국가명	페이지
모레티 맥주	이탈리아	102
버드와이저	미국	119
비트부르거 프리미엄 필스	독일	27
빈탕	인도네시아	129
사쓰마 골드	일본	150
사이공 엑스포트	베트남	131
산 미구엘 스타이니	필리핀	130
삿포로 생맥주 구로 라벨	일본	136
싱하 라거 비어	태국	127
아사히 슈퍼 드라이	일본	135
오리온 드래프트 맥주	일본	139
오야마G 맥주 필스너	일본	151
칼스버그	덴마크	97
타이완 비어 진파이	타이완	131
프리마 필스	미국	118
플렌스버거 필스너	독일	31
헬레스		
아우구스티너 헬레스	독일	41
이시가키지마 지역 맥주 마린 맥주	일본	150
하이네켄	네덜란드	100

자연 발효

람빅		
데 캄 오드 괴즈	벨기에	65
린데만스 카시스	벨기에	62
칸티용 괴즈	벨기에	58
프루트 에일		
분 프랑부아즈	벨기에	62

그 외

프리 스타일 다크 라거		
모리타 긴샤치 맥주 나고야 아카미소 라거	일본	151

BEER INDEX
맥주 이름 색인

맥주 이름	국가명	페이지
(ㄱ)		
가펠 퀼슈	독일	39
고무기노 맥주	일본	147
괴서 필스	오스트리아	96
구덴 카롤루스 클래식	벨기에	63
구레 맥주 발리 와인	일본	150
그라나토 11	체코	93
그롤쉬 프리미엄 라거 맥주 스윙 톱	네덜란드	101
기린 라거 맥주	일본	134
(ㄴ)		
나기사 맥주 아메리카 위트	일본	151
네그라 모델로	멕시코	121
노스 아일랜드 맥주 브라운 에일	일본	149
뉴캐슬 브라운 에일	영국	79
(ㄷ)		
더 프리미엄 몰츠	일본	138
데 캄 오드 괴즈	벨기에	65
데드 가이 에일	미국	118
데릴리움 트레멘스	벨기에	53
데우스	벨기에	61
돔 퀼슈	독일	39
듀벨	벨기에	52
듀체스 드 부르고뉴	벨기에	65
(ㄹ)		
라 트라프 블론드	네덜란드	99
라구니타스 IPA	미국	115
라이온 스타우트	스리랑카	128
로덴바흐 클래식	벨기에	66
로만칫쿠무라(로맨틱 마을) 교자로만	일본	149
로슈포르 10	벨기에	55
루이네이션 IPA	미국	111
리프만 그뤼크릭	벨기에	67
린데만스 카시스	벨기에	62
(ㅁ)		
마쓰에 비어 헤룬 엔무스비 맥주 스타우트	일본	150
마이 우어 보크	독일	34
모더스 호퍼랜디 IPA	미국	117
모레티 맥주	이탈리아	102
모리타 긴샤치 맥주 나고야 아카미소 라거	일본	151
미노 맥주 유즈 화이트	일본	146
미야자키 히데지 맥주 미야자키 망고 라거	일본	150
(ㅂ)		
바스 페일 에일	영국	76
바이엔슈테판 크리스탈 바이스비어	독일	37
발티카 No.9	러시아	103
버드와이저	미국	119
버펄로 스페셜 스타우트	벨기에	64
베를리너 킨들 바이세	독일	41
베스트말레 트리펠	벨기에	55
베스트블레테렌 12	벨기에	67
벨텐부르거 바로크 둥켈	독일	29
보딩턴 펍 에일	영국	78
부드바이저 부드바	체코	92
분 프랑부아즈	벨기에	62
브루마스터 아마오우 노블 스위트	일본	150
브뤼흐스 조트 블론드	벨기에	59
블랙 아일 골든아이 페일 에일	영국	84
블랙홀 임페리얼 스타우트	덴마크	98
블루 문	미국	119
비켄	벨기에	60
비터 & 트위스티드	영국	82
비트부르거 프리미엄 필스	독일	27
빙탕	인도네시아	129
(ㅅ)		
사누키 맥주 슈퍼 알트	일본	150
사무엘 스미스 오가닉 페일 에일	영국	77
사무엘 아담스 보스턴 라거	미국	114
사쓰마 골드	일본	150
사이공 엑스포트	베트남	131
산 미구엘 스타이니	필리핀	130
살바토르	독일	32
삿포로 생맥주 구로 라벨	일본	136
생 푀이엥 트리펠	벨기에	51
세인트 버나두스 압트 12	벨기에	53
세인트 앤드루스 에일	영국	80

맥주 이름	국가명	페이지
세종 뒤퐁	벨기에	57
쇼난 골드	일본	144
쇼난 맥주 슈바르츠	일본	149
슈렝케클라 라우호비어 메르첸	독일	36
슈파텐 뮌헤너 헬레스	독일	26
슈파텐 옥토버페스트비어	독일	27
스루가 베이 임페리얼 IPA	일본	145
스모크 & 오크	미국	113
스페셜 데 릭	벨기에	63
스핏파이어	영국	80
시가고겐 맥주 IPA	일본	148
시메 블루	벨기에	56
싱하 라거 비어	태국	127

(ㅇ)

맥주 이름	국가명	페이지
아벤티누스 아이스보크	독일	33
아사히 슈퍼 드라이	일본	135
아우구스티너 헬레스	독일	41
아이리시 스타우트	아일랜드	86
아쿠라 맥주 사쿠라 효모 위트	일본	148
안덱스 바이스 둥켈	독일	30
안덱스 보크 헬	독일	31
앰버 스완 에일	일본	142
앵커 스팀 비어	미국	109
언얼스리 임페리얼 IPA	미국	116
에델바이스 스노 후레쉬	오스트리아	95
에딩거 바이스비어	독일	38
에비스 맥주	일본	137
에치고 맥주 레드 에일	일본	148
엑스트라 스타우트	아일랜드	85
오라호 맥주 쾰슈	일본	148
오렌지 에비뉴 윗	미국	117
오르발	벨기에	54
오리온 드래프트 맥주	일본	139
오야마G 맥주 필스너	일본	151
요나요나 에일	일본	147
웨스트코스트 IPA	미국	110
유리게 알트 클래식	독일	40
이세카도야 페일 에일	일본	151
이시가카지마 지역 맥주 마린 맥주	일본	150
이와테쿠라 맥주 재패니즈 허브 에일 산쇼	일본	149

맥주 이름	국가명	페이지

(ㅊ)

칠러탈 필스 프리미엄 클래스	오스트리아	94
칭다오	중국	125

(ㅋ)

칸티용 괴즈	벨기에	58
칼스버그	덴마크	97
켈트 블레딘 1075	영국	84
코로나 엑스트라	멕시코	120
쾨스트리처 슈바르츠비어	독일	35
킬케니	아일랜드	86

(ㅌ)

타이거 라거 비어	싱가포르	126
타이완 비어 진파이	타이완	131
트라퀘어 자코바이트 에일	영국	82

(ㅍ)

파이어 락 페일 에일	미국	112
펑크 IPA	영국	83
포페링스 호멜비어	벨기에	64
풀러스 ESB	영국	75
풀러스 런던 포터	영국	75
풀러스 런던 프라이드	영국	74
프란치스카너 헤페 바이스비어	독일	38
프리마 필스	미국	118
플렌스버거 필스너	독일	31
필스너 우르켈	체코	91

(ㅎ)

하이네켄	네덜란드	100
호가든 화이트	벨기에	50
호프브로이 뮌헨 오리지널 라거	독일	28
홉고블린	영국	81
후지자쿠라고겐 맥주 라우흐	일본	149
히타치노 네스트 맥주 화이트 에일	일본	149

(알파벳)

COEDO Beer	일본	143
TAP 7 오리지널	독일	33

BEER INDEX
양조장 색인

※국가는 원생산지 소재지

양조장 이름	국가명	페이지
(ㄱ)		
가가와 브루어리	일본	150
가펠 양조장	독일	39
괴서 양조장	오스트리아	96
교도쇼지 코에도 브루어리	일본	143
구레 맥주	일본	150
구마자와 주조	일본	149
구멘자쿠라 맥주	일본	151
그롤쉬사	네덜란드	101
그린 플래시 양조장	미국	110
기린 맥주	일본	134
기우치 주조	일본	149
긴가고겐 맥주	일본	147
(ㄴ)		
나기사 맥주	일본	151
(ㄷ)		
다무라 혼텐	일본	148
데 릭 양조장	벨기에	63
데 캄(블렌더)	벨기에	65
돔 양조장	독일	39
뒤퐁 양조장	벨기에	57
듀벨 모르트가트사	벨기에	52
드 할브 만 양조장	벨기에	59
디아지오사	아일랜드	85, 86
(ㄹ)		
라 트라프 양조장	네덜란드	99
라구니타스 양조장	미국	115
라이온 브루어리사	스리랑카	128
로그 양조장	미국	118
로덴바흐 양조장	벨기에	66
로만칫쿠무라 크래프트 브루어리	일본	149
로슈포르 양조장	벨기에	55
리프만 양조장	벨기에	67
린데만스 양조장	벨기에	62
(ㅁ)		
마스톤즈	영국	81
모델로사	멕시코	120, 121
모리타 긴샤치 맥주	일본	151
몰슨 쿠어스 재팬	미국	119
미야자키 히데지 맥주	일본	150
미켈러 브루어리	덴마크	98
(ㅂ)		
바스 양조 회사	영국	76
바이엔슈테판 양조장	독일	37
반 덴 보쉐 양조장	벨기에	64
반 에케 양조장	벨기에	64
발티카사	러시아	103
베스트말레 양조장	벨기에	55
베어드 브루잉	일본	145
벨텐부르크 수도원 부속 양조장	독일	29
벨하게 양조장	벨기에	65
벨헤이븐 양조장	영국	80
보렌스 양조장	벨기에	60
보스턴 비어사	미국	114
보스텔스 양조장	벨기에	61
부데요비스키 부드바	체코	92
브루독 양조장	영국	83
분 양조장	벨기에	62
블랙 아일	영국	84
비트부르거 양조 회사	독일	27
빅토리 양조장	미국	118
(ㅅ)		
사무엘 스미스 올드 브루어리	영국	77
사브(SAB)밀러	영국	91
사쓰마 주조	일본	150
사이공 비어 알코올 베버리지사	베트남	131
산 미구엘사	필리핀	130
산토리 주류	일본	138
삿포로 맥주	일본	136, 137
생 푀이엥 양조장	벨기에	51
서던 티어 양조장	미국	116
성 식스투스 수도원	벨기에	67
세인트 버나두스 양조장	벨기에	53
세키노이치 주조	일본	149
셰퍼드 님 양조장	영국	80

양조장 이름	국가명	페이지
슈나이더 양조장	독일	33
슈파텐-프란치스카너 양조장	독일	26, 27, 38
스카 양조장	미국	117
스쿠르몽 수도원	벨기에	56
스톤 양조장	미국	111
시마네 맥주	일본	150
신슈 도미 시 진흥 공사	일본	148
싱하 코퍼레이션	태국	127

(ㅇ)

양조장 이름	국가명	페이지
아사히 맥주	일본	135
아시아 퍼시픽 브루어리스사	싱가포르	126
아우구스티너 양조장	독일	41
아인벡커 양조장	독일	34
아쿠라	일본	148
안덱스 수도원 부속 양조장	독일	30, 31
앤호이저-부시 인베브사	미국	30, 78, 119
앵커사	미국	109
에딩거 바이스 브로이	독일	38
에스오시(SOC) 브루잉	일본	149
에이제이아이비어(A.J.I.Beer)	일본	146
에치고 맥주	일본	148
에픽 양조장	미국	113
오르발 수도원	벨기에	54
오리온 맥주	일본	139
요 호 브루잉	일본	147
유리게 양조장	독일	40
이세카도야 맥주	일본	151
이시가키지마 맥주	일본	150

(ㅈ)

양조장 이름	국가명	페이지
장크트갈렌	일본	144

(ㅊ)

양조장 이름	국가명	페이지
칠러탈 맥주사	오스트리아	94
칭다오 맥주 주식 유한 회사	중국	125

(ㅋ)

양조장 이름	국가명	페이지
칸티용 양조장	벨기에	58
칼스버그사	덴마크	97

양조장 이름	국가명	페이지
칼텐하우젠 양조장	오스트리아	95
케이스 브루잉 컴퍼니	일본	150
켈트 익스피리언스	영국	84
코나 양조장	미국	112
코로나도 양조장	미국	117
쾨스트리처사	독일	35
킨들 양조장	독일	41

(ㅌ)

양조장 이름	국가명	페이지
타이완 타바코 & 리카	타이완	131
트라퀘어 양조장	영국	82

(ㅍ)

양조장 이름	국가명	페이지
파울라너 양조장	독일	32
풀러·스미스 앤 터너 양조 회사	영국	74, 75
프로티빈스키	체코	93
플렌스버거 양조장	독일	31
피티(PT) 멀티 빈탕사	인도네시아	129

(ㅎ)

양조장 이름	국가명	페이지
하비스턴 양조장	영국	82
하이네켄 인터내셔널	네덜란드	79, 86
하이네켄 기린	네덜란드	100
하이네켄 이탈리아	이탈리아	102
헤트 앙케르 양조장	벨기에	63
헬러 양조장	독일	36
호프브로이 뮌헨 양조장	독일	28
효코 야시키노모리 브루어리	일본	142
후지 관광개발	일본	149
휴 양조장	벨기에	53

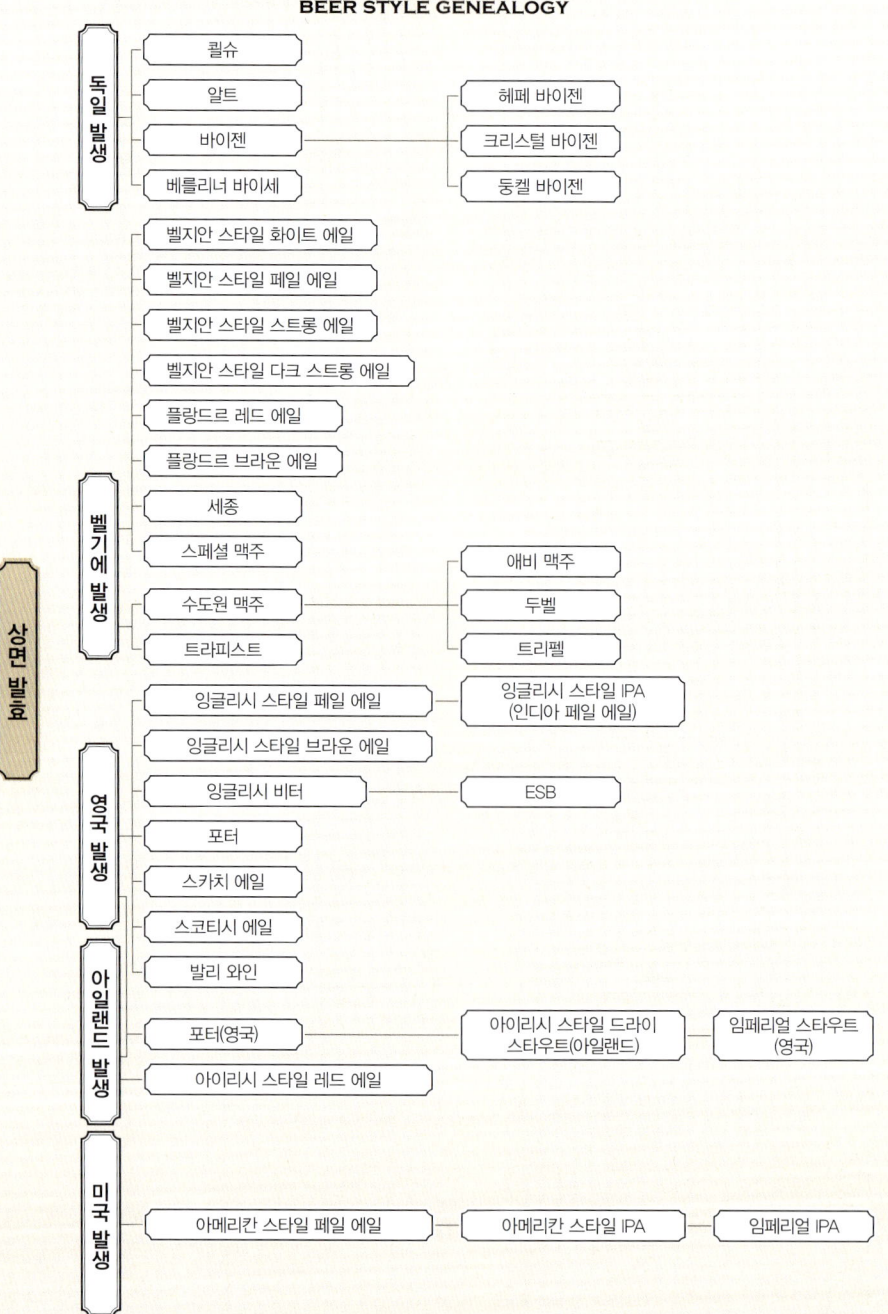

맥주 특징을 알기 위해 빼놓을 수 없는 맥주 스타일.
스타일 수는 100종류 이상에 달해 파악하는 것도 큰일이다.
대표 스타일을 발생 국가와 그 후의 발전 과정을 표시한 계통도로 알기 쉽게 정리했다.

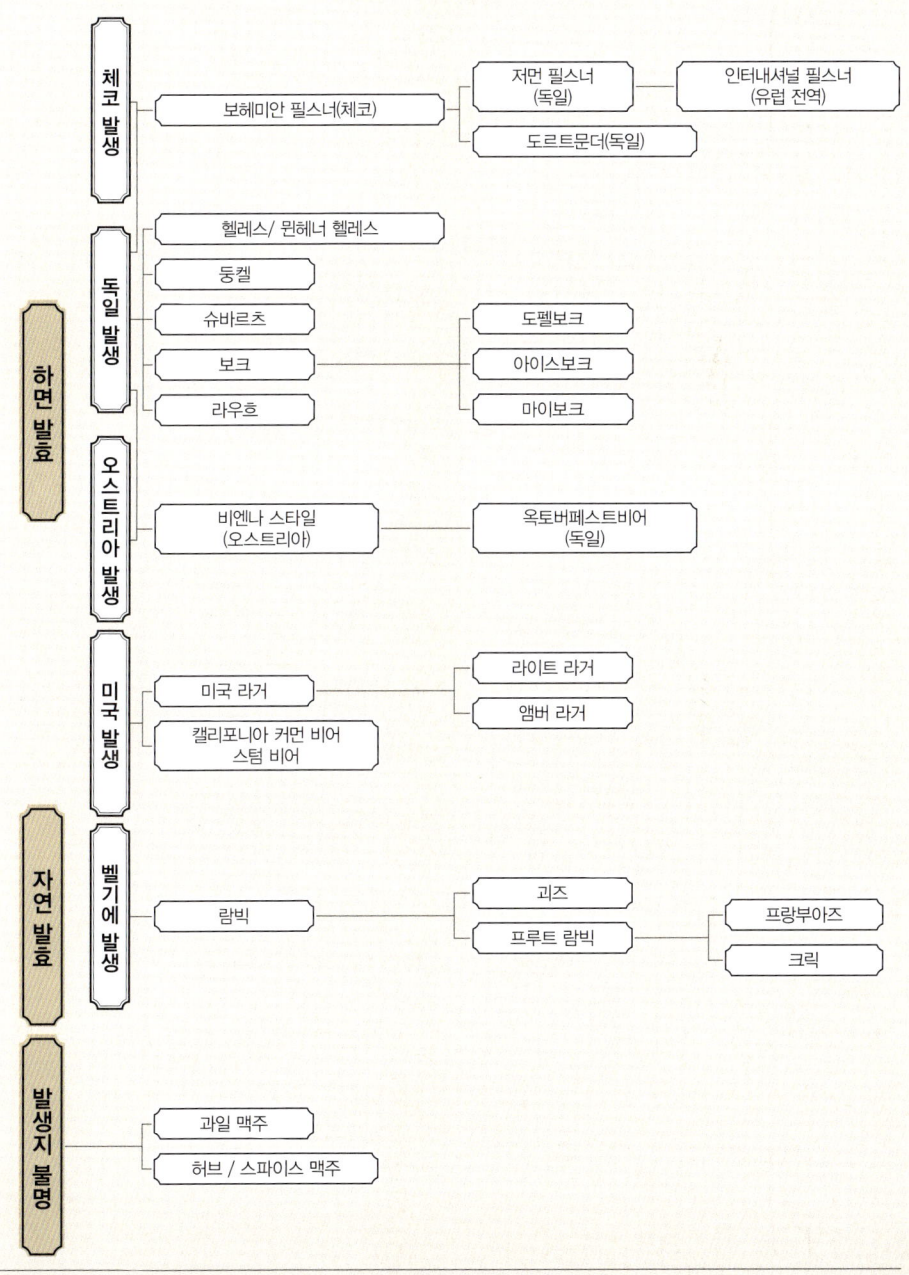

REFERENCE LIST
도판 제공처 및 일본 내 수입처

(주)아이엠에이 엔터프라이즈
(株)アイエムエーエンタープライズ
www.eyema-ent.co.jp

아이콘 유로펍(주)
アイコン・ユーロパブ(株)
www.ikon-europubs.com

(주)아쿠라
(株)あくら
www.aqula.co.jp

아사히 맥주(주)
アサヒビール(株)
www.asahibeer.co.jp

(유)예나
(有)Jena(イエナ)
www.jena.co.jp

(주)이케미쓰 엔터프라이즈
(株)池光エンタープライズ
www.ikemitsu.co.jp

이시가키지마 맥주(주)
石垣島ビール(株)
ishigaki-beer.com

이세카도야 맥주/(유)니켄차야모치카도야혼텐
伊勢角屋麦酒/(有)二軒茶屋餅角屋本店
www.biyagura.jp

(주)인 비어즈
(株)イン・ビアーズ
innbeers.com

(주)위스크 이
(株)ウィスク・イー
www.whisk-e.co.jp

(주)AQ베보루션
(株)AQベボリューション
www.aqbevolution.com

에이제이아이비어(유)
エイ.ジェイ.アイ.ビア(有)
www.minoh-beer.jp

SOC브루잉(주)
SOCブルーイング(株)
www.2002cb.co.jp

에조 맥주(주)
えぞ麦酒(株)
www.ezo-beer.com

에치고 맥주(주)
エチゴビール(株)
www.echigo-beer.jp

(주)엠스키친
(株)M's Kitchen
www.ms-kitchen.co.jp

오리온 맥주(주)
オリオンビール(株)
www.orionbeer.co.jp

가가와 브루어리/(주)렉삼
香川ブルワリー/(株)レクザム
www.sanuki-beer.com

기무라 사케 브루어리(자)
木内酒造(資)
www.kodawari.cc

(주)기무라
(株)キムラ
www.liquorlandjp.com

(주)기야
(株)木屋
www.belgianbeer.co.jp

(주)협동상사 코에도 브루어리
(株)協同商事コエドブルワリー
www.coedobrewery.com

기린 맥주(주)
キリンビール(株)
www.kirin.co.jp

(주)긴가고겐 맥주
(株)銀河高原ビール
www.gingakogenbeer.com

(주)긴키
(株)きんき
www.kinki-beer.jp

구마자와 브루잉(주)
熊澤酒造(株)
www.kumazawa.jp

구메자쿠라 맥주(주)/비어호프 감바리우스
久米桜麦酒(株)/ビアホフ ガンバリウス
g-beer.jp

구레 맥주(주)
呉ビール(株)
www.kurebeer.com

(유)케이스 브루잉 컴퍼니
(有)ケイズブルーイングカンパニー
www.brewmaster2002.com

겟케이칸(주)
月桂冠(株)
www.gekkeikan.co.jp

고니시 브루잉(주)
小西酒造(株)
www.konishi.be

(주)자토 트레이딩
(株)ザート・トレーディング
www.zato-trd.co.jp

사사키 상사(유)
佐々木商事(有)

삿포로 맥주(주)
サッポロビール(株)
www.sapporobeer.jp

사쓰마 주조(주)
薩摩酒造(株)
www.satsuma.co.jp

장그트갈렌(주)
サンクトガーレン(有)
www.sanktgallenbrewery.com

REFERENCE LIST
도판 제공처 및 일본 내 수입처

산토리 스피릿(주)
サントリー酒類(株)
www.suntory.co.jp

시마네 맥주(주)
島根ビール(株)
www.rakuten.co.jp/beerhearun

(주)주트
(株)ジュート
www.jute.co.jp

소토쿠 글래스(주)
松徳硝子(株)
www.stglass.co.jp

쇼와 무역(주)
昭和貿易(株)
www.showa-boeki.co.jp/business/internationalbrand/beer/index.html

(주)신슈 도미 시 진흥공사/라우호 맥주
(株)信州東御市振興公社/オラホビール
www.yurarikan.com

세키노이치 주조(주)/이와테쿠라 맥주
世嬉の一酒造(株)/いわて蔵ビール
www.sekinoichi.co.jp

다이에 인더스트리(주)
大榮産業(株)
daieisangyokaisha.com

(주)다마무라 혼텐
(株)玉村本店
www.tamamura-honten.co.jp

도요사사키 글래스(주)
東洋佐々木ガラス(株)
www.toyo.sasaki.co.jp

(주)나가노 트레이딩
(株)ナガノトレーディング
www.naganotrading.com

(주)나기사 맥주
ナギサビール(株)
www.nagisa.co.jp

닛폰 맥주(주)
日本ビール(株)
www.nipponbeer.jp

효코 야시키노모리 브루어리/(주)덴조카쿠
瓢湖屋敷の杜ブルワリー/(株)天朝閣
www.swanlake.co.jp

(주)히로시마
(株)廣島
www.worldbeer.co.jp

(유)히로타 글래스 크래프트 스미다에도기리코관
(有)ヒロタグラスクラフト
すみだ江戸切子館
www.edokiriko.net

후지 간코 개발(주)/후지자쿠라고겐 맥주
富士観光開発(株)/富士桜高原麦酒
www.fujizakura-beer.jp

(주)브뤼셀
ブラッセルズ(株)
www.brussels.co.jp

(자)베어드 브루잉
(資)ベアードブルーイング
bairdbeer.com

미쓰이 푸드(주)
三井食品(株)
www.mitsuifoods.co.jp

미야자키 히데지 맥주(주)
宮崎ひでじビール(株)
www.hideji-beer.jp

모리타킨샤치 맥주/와다칸(주)
盛田金しゃちビール/ワダカン(株)
www.kinshachi.jp

몰슨 쿠어스 재팬(주)
モルソン・クアーズ・ジャパン(株)
www.molsoncoors.jp

몬테 물산(주)
モンテ物産(株)
www.montebussan.co.jp

(주)요호 브루잉
(株)ヤッホーブルーイング
www.yonasato.com

(주)유와 트레이드 코퍼레이션
(株)友和貿易
www.konabeer.jp
(HPはKona Brewing)

(주)리큐어 숍 아사히야
リカーショップアサヒヤ
www.occn.zaq.ne.jp/asahiya

로만칫쿠무라 크래프트 브루어리/
(주)파머스 포레스트
ろまんちっく村クラフトブルワリー/
(株)ファーマーズ・フォレスト
www.romanticmura.com/brewery/index.html

월드 리큐어 임포터즈(주)
ワールドリカーインポーターズ(株)
www.world-liquor-importers.co.jp

BEER NO ZUKAN
Copyright © 2013 3season Co., Ltd.
All rights reserved.
Original Japanese edition published by Mynavi Publishing Corporation
This Korean edition is published by arrangement with Mynavi Publishing
Corporation, Tokyo
in care of Tuttle-Mori Agency, Inc., Tokyo through Botong Agency, Seoul.

STAFF
사진 피노그리(하시구치 타케시, 세키네 오사무)
일러스트 네기시 미호
디자인 NILSON design studio
(모치즈키 아키히데, 키무라 유카리, 사카이다 마나미)
집필협력 일본맥주저널리스트협회
(코우고 아야코, 토미에 히로유키, 네기시 키누에, 노다 이쿠코,
후지와라 히로유키, 미와 카즈노리, 야노 타츠히로)
편집, 구성 주식회사 3season(하나자와 야스코, 유다 미키코, 사토 아야카)
기획 나리타 하루카(Mynavi Publishing Corporation)

이 책의 내용은 발간 당시의 일본 국내법을 적용하고 있습니다.
일본 외의 국가에서 사용하는 경우, 그 나라의 법률 등을 확인 바랍니다.

맥주도감

1판 1쇄 발행 | 2016년 1월 25일
1판 4쇄 발행 | 2021년 10월 22일

감수 일반사단법인 일본맥주문화연구회, 일본맥주저널리스트협회
옮긴이 송소영
펴낸이 김기옥

실용본부장 박재성
편집 실용2팀 이나리, 장윤선
영업 김선주
커뮤니케이션 플래너 서지운
지원 고광현, 김형식, 임민진

디자인 제이알컴 | 인쇄·제본 민언프린텍

펴낸곳 한스미디어(한즈미디어(주))
주소 121-839 서울시 마포구 양화로 11길 13(서교동, 강원빌딩 5층)
전화 02-707-0337 | 팩스 02-707-0198 | 홈페이지 www.hansmedia.com
출판신고번호 제 313-2003-227호 | 신고일자 2003년 6월 25일

ISBN 978-89-5975-945-3 (13590)

책값은 뒤표지에 있습니다.
잘못 만들어진 책은 구입하신 서점에서 교환해 드립니다.